权威·前沿·原创

皮书系列为

“十二五”“十三五”国家重点图书出版规划项目

BLUE BOOK

智库成果出版与传播平台

河南省社会科学院哲学社会科学创新工程试点项目

河南蓝皮书
BLUE BOOK OF HENAN

河南城市发展报告（2022）

ANNUAL REPORT ON URBAN DEVELOPMENT OF HENAN(2022)

构建城镇化发展新格局

主　编／王承哲　王建国
副主编／王新涛　李建华

社会科学文献出版社
SOCIAL SCIENCES ACADEMIC PRESS (CHINA)

图书在版编目(CIP)数据

河南城市发展报告.2022：构建城镇化发展新格局 / 王承哲，王建国主编.-- 北京：社会科学文献出版社，2021.12

（河南蓝皮书）

ISBN 978-7-5201-9309-2

Ⅰ.①河… Ⅱ.①王… ②王… Ⅲ.①城市经济-经济发展-研究报告-河南-2022 Ⅳ.①F299.276.1

中国版本图书馆 CIP 数据核字（2021）第 221755 号

河南蓝皮书

河南城市发展报告（2022）

——构建城镇化发展新格局

主　　编 / 王承哲　王建国

副 主 编 / 王新涛　李建华

出 版 人 / 王利民

组稿编辑 / 任文武

责任编辑 / 丁　凡

文稿编辑 / 王　倩

责任印制 / 王京美

出　　版 / 社会科学文献出版社 · 城市和绿色发展分社（010）59367143

地址：北京市北三环中路甲 29 号院华龙大厦　邮编：100029

网址：www.ssap.com.cn

发　　行 / 市场营销中心（010）59367081　59367083

印　　装 / 天津千鹤文化传播有限公司

规　　格 / 开 本：787mm × 1092mm　1/16

印 张：17.75　字 数：263 千字

版　　次 / 2021 年 12 月第 1 版　2021 年 12 月第 1 次印刷

书　　号 / ISBN 978-7-5201-9309-2

定　　价 / 128.00 元

主要编撰者简介

王承哲 河南省社会科学院党委委员、副院长、研究员。马克思主义理论研究和建设工程重大项目首席专家，河南省和郑州市国家级领军人才。主持马克思主义理论研究和建设工程重大项目、国家社科基金重大项目“网络意识形态工作研究”“新时代条件下农村社会治理问题研究”两项以及国家社科基金一般项目一项。著有《意识形态与网络综合治理体系建设》等多部专著。主持省委省政府重要政策的制定工作，主持起草了《华夏历史文明传承创新区实施方案》《河南省文化强省规划纲要》等多部重要文件。参与纪念马克思诞辰200周年大会中央领导讲话起草工作、中宣部《习近平中国特色社会主义思想学习纲要》撰写工作等，受到中宣部嘉奖。获得省部级一、二等奖多项。

王建国 河南省社会科学院城市与环境研究所所长、研究员。河南省优秀专家，全省宣传文化系统“四个一批”人才，河南省学术技术带头人，河南省城乡规划专家委员会委员，河南省青年科技创新杰出奖获得者。主持和参与各类课题100余项，其中主持完成国家社科基金课题4项；独立发表论文120余篇，主编、合著及参与撰写著作20余部；获各类优秀成果奖近40项，其中省部级一等奖9项；参与《中原城市群发展规划》《中原经济区建设规划纲要》等规划的研究和起草工作；主持承担完成了40多个厅市县“十二五”“十三五”“十四五”规划的编制工作；有多项研究成果得到省委省政府主要领导批示。

摘　要

2021年10月，河南省第十一次党代会提出：要确保高质量建设现代化河南，确保高水平实现现代化河南，全面实施"十大战略"，在新征程上奋勇争先，更加出彩。将实施以人为核心的新型城镇化战略作为"十大战略"之一，要坚持规模和质量双提升，龙头带动和整体联动相结合，持续优化城镇化空间布局，着力转变城镇化发展方式，不断强化新型城镇化对全省高质量发展的强力支撑作用。

《河南城市发展报告（2022）》围绕"构建城镇化发展新格局"这一主题，立足河南发展实际，从强化城市功能、加强区域联动、推进县域城镇化高质量发展、打造高质量生活空间等方面，系统、全面地研究和探讨了构建城镇化发展新格局的思路和对策建议，以推动和支撑河南新型城镇化的高质量发展。

《河南城市发展报告（2022）》总报告分为两篇报告，《充分发挥城镇化新格局对高质量发展的支撑作用——2021年河南新型城镇化发展回顾与2022年展望》，系统梳理、分析了2021年河南构建新型城镇化发展新格局的主要做法、成效以及存在的问题，对2022年河南构建城镇化新格局支撑高质量发展面临的机遇挑战和未来发展趋势进行了分析和展望，并提出了2022年河南构建城镇化新格局支撑高质量发展的对策建议。《河南新型城镇化发展质量评价》，从人口城镇化、经济城镇化、社会城镇化、空间城镇化和生态城镇化五个维度，构建河南新型城镇化质量测评指标体系，对2019年河南省18个省辖市新型城镇化质量进行综合评估与分析，在此基础上，提出了进一步提升新型城镇化质量的对策建议。其他专题报告分别从提升中心城市和节点城市功能、推进都市圈一体发展、加强区域合作联动、提高县城综合承载能力、加强城市空间利用等方面着手，提出进一步构建完善城镇化发展新格局的对策建议。

关键词： 新型城镇化　城镇化发展新格局　质量评价

目 录

Ⅰ 总报告

Ⅱ 城市功能篇

Ⅲ 区域联动篇

Ⅳ　县域城镇化篇

Ⅴ　城市空间篇

总 报 告

General Reports

B.1

充分发挥城镇化新格局对高质量发展的支撑作用

——2021 年河南新型城镇化发展回顾与 2022 年展望

河南省社会科学院课题组*

摘　要： 河南加快转变城镇化发展方式，要坚持规模和质量双提升，龙头带动和整体联动相结合，优化城镇化空间布局，不断强化新型城镇化对高质量发展的支撑作用。与此同时，河南新型城镇化建设也面临速度和质量的双重压力，以及各类传统和非传统风险交织、资源环境约束趋紧等挑战，迫切需要从优化空间布局、打造核心引擎、提升节点承载能力、构建新型城乡关系、提升城市治理能力等方面着手，进一步完善城镇化新格局。

* 课题负责人：王建国，河南省社会科学院城市与环境研究所所长、研究员，研究方向为区域经济、城市经济。课题组成员：王建国、王新涛、柏程豫、李建华、左雯、吴旭晓、韩鹏、郭志远、彭俊杰、易雪琴、金东、赵中华、盛见、赵执。执笔人：王建国、王新涛、盛见、金东、赵执。

关键词： 新型城镇化　新格局　高质量发展

2021 年 10 月，河南省第十一次党代会提出：要确保高质量建设现代化河南，确保高水平实现现代化河南，全面实施“十大战略”，在新征程上奋勇争先，更加出彩。要将实施以人为核心的新型城镇化战略作为“十大战略”之一，要坚持龙头带动和整体联动相结合，推动中心城市“起高峰”、县域经济“成高原”，加快形成以中原城市群为主体、大中小城市和小城镇协调发展的现代城镇体系，为河南新型城镇化和经济社会高质量发展提供战略支撑。

一　2021年河南构建新型城镇化发展新格局回顾

2021 年河南坚持中心城市和副中心城市双带动，坚持城市群和都市圈双引领，坚持中心城市和县域经济双支撑，着力构建主副引领、两圈带动、多点支撑的城镇化发展新格局，推动河南新型城镇化发展规模和发展质量双提升。

（一）主要做法

2021 年河南全省围绕推进新型城镇化健康持续快速发展，推进国家中心城市建设和副中心城市建设，强化郑州、洛阳两大都市圈引领，加强百城建设提质工程和县城城镇化补短板强弱项工作，完善体制机制推动农业转移人口有序市民化，新型城镇化发展新格局初步显现。

1. 进一步突出中心城市和副中心城市双带动

近年来，我国经济社会发展的空间组织形式和要素承载形态正在发生深刻变化，中心城市及所在的城市群、都市圈正在成为集聚发展要素、承载发展要素的主要空间形态。河南高度重视中心城市、都市圈和城市群的发展，积极发挥中心城市及都市圈的引领带动作用，通过“强核赋能”提升中心城市能级、完善引领功能、提高辐射带动能力，不断加强郑州国家中心城市建设。相比较于其他8个国家中心城市，郑州在经济总量、国际化程度、城市建设等方面还存在明显的差距。2021年，郑州以建设现代化国家中心城市为总目标，抢抓黄河流域生态保护和高质量发展、中部地区崛起等战略机遇，以加快建设国际综合交通枢纽和开放门户、国家先进制造业基地、国家历史文化名城、黄河流域生态保护和高质量发展核心示范区为战略定位，围绕“东强、南动、西美、北静、中优、外联”的城市发展布局，以高质量发展制造业、高水平扩大对外开放、高品质推进城市建设管理等系列行动计划为抓手，积极应对特大暴雨和新冠肺炎疫情的冲击，奋力实现发展方式加快转变、发展质量持续提升。2021年1~9月，郑州地区生产总值同比增长7%，全市规模以上工业增加值同比增长14.7%，社会消费品零售总额同比增长10.1%，进出口总值同比增长46.8%，综合实力显著增长，国家中心城市的影响力和辐射带动能力持续增强。2021年，面对疫情、汛情等多重冲击，建强副中心、形成增长极，成为洛阳引领全省发展核心引擎的战略目标，坚持在经济增长、科技创新、改革开放、城市功能、文旅融合上协同推进，坚持在经济总量、发展质量、增长动能上统筹兼顾，坚持在产业发展能级、城乡建设水平、社会治理效能、人民生活品质、生态环境质量上全面提升，坚持在提升自身综合发展实力和增强周边辐射带动能力上双向发力，统筹做好疫情防控和灾后重建工作，全市经济社会保持稳步恢复态势和平稳运行趋势。2021年1~9月，洛阳地区生产总值同比增长6.9%，全市规模以上工业增加值同比增长6.7%，社会消费品零售总额同比增长11.5%，进出口总值同比增长71.4%。

2. 着力强化两大都市圈引领

按照《2021年郑州都市圈一体化发展工作要点和重大项目》的部署和要求，郑州都市圈强化发展规划统领作用，推进产业协同、公共服务、水资源配置等专项规划和许港产业带、郑新产业带等重点产业带规划编制工作，着力健全“1+N+X”的规划体系，统筹都市圈内各市县的规划衔接工作，其中，涉及郑州、开封、新乡、焦作、许昌5市的168个重大项目，2021

年预计完成投资1372亿元。围绕共建互联互通的都市圈，加快郑州都市圈轨道交通线网规划编制，加快畅通都市圈高速公路网、城际快速网，加快推进新型基础设施互联互通，加快构建现代化水网体系。围绕共建产业协同的都市圈，高标准建设郑开科创走廊，统筹推进开港、许港产业带规划建设，提质推进郑新产业带规划建设，提速推进郑焦产业带规划建设。围绕共建绿色魅力的都市圈，强化黄河流域生态保护和高质量发展，协同推进生态保护修复。围绕共建开放包容的都市圈，协同推进高水平开放平台建设，引导都市圈企业携手“走出去”，推进信用一体化建设，打造“信用免押金都市圈”。围绕共建品质宜居的都市圈，加强优质教育资源和医疗资源协作联动，推进公益性文化体育设施相互开放，构建同城化公共服务体系，探索建立都市圈内标准统一的互认机制。促进郑州都市圈一体化发展项目落地，建立健全重点企业、重点项目市级领导分包制度，定期举行市长联席会议，合力推进郑州都市圈一体化高质量发展。2021年是洛阳都市圈发展规划全面发力实施的第一年，按照《洛阳市推动现代化都市圈建设2021年工作要点》的部署和要求，围绕推进产业互补协同发展、推进生态环境共保共治、推进文化旅游共促共融、推进基础设施共建共享、联合打造内陆开放高地、推进公共服务共利共惠等方面，不断加强都市圈城市的沟通协作，强力推进实施328个重大项目，其中在2021年计划投资达到1790亿元，为都市圈一体化发展建设提供项目支撑。

3. 持续推进百城建设提质工程

2021年，河南省委、省政府持续将深入融合推进百城建设提质工程和文明城市创建工作作为“打好新型城镇化牌”的有力抓手，遵循“安全、整洁、有序、智能”的方针，以“有机更新让城市更宜居”为主题，以建设宜居城市、生态城市、精致城市、人文城市、安全韧性城市、文明城市为目标，重点实施城市清洁行动、城市交通畅通行动、旧城区改造提质行动、城市建设安全攻坚行动“四大行动”。在围绕建设宜居城市，补齐城市建设短板；围绕建设生态城市，推进蓝绿空间修复提升；围绕建设精致城市，推进城市管理科学化、智能化、精细化；围绕建设人文城市，推进历史文化和自然景观保护利用；围绕建设安全韧性城市，提高安全保障能力；围绕建设文明城市，努力提升城市建设内涵等6个方面，各省辖市、各县（市、区）都谋划了大量的项目，并提高2021年的开工率。在省辖市中，以许昌市为例，2021年许昌市共谋划实施百城建设提质工程项目386个，截至9月，开工率超过83%，已完成投资额占年度计划投资额的比重超过75%。在县（市、区）中，以栾川县为例，2021年栾川县重点实施市政基础设施、生态环境建设、公共服务设施、城市功能修补、棚户区改造和老旧小区组团连片改等59个项目，截至9月，已完成投资额占年度计划投资额的比重达到67%。

4. 高水平建设城镇协同区

2021年，加快提升区域中心城市规模能级，吸引人口经济要素加快集聚，通过区域中心城市的发展，引领带动南部高效生态经济示范区、北部跨区域协同发展示范区、东部承接产业转移示范区等城镇协同区融合发展。南阳按照建设富强活力南阳、法治诚信南阳、低成本创业南阳、幸福美丽南阳、高效清正南阳的目标，坚持项目为王、产业为基、企业为根、创新为要、转型为纲，强力实施“十大行动”，加快建设新兴区域经济中心。安阳市紧紧围绕建成新时代区域中心强市目标，努力推动实现科技创新能力区域领先、产业实力区域领先、城市规模能级区域领先、基本公共服务区域领先、生态治理能力区域领先、文旅融合发展区域领先、社会治理效能区域领先、党的建设水平区域领先的目标，奋力塑造“活力古都，出彩安阳”的新形象。商丘市紧紧抓住打造经济发展强市、科技创新强市、城乡融合强市、幸福宜居强市、文化发展强市、平安建设强市、党建引领强市的战略目标，更加积极主动融入长三角一体化国家战略，在打造中原—长三角经济走廊中率先破局，加快推动商丘由交通区位优势向枢纽经济优势的升级转型。南阳、信阳、驻马店持续深化与长江经济带对接协作，加快建设南部高效生态经济示范区。商丘、周口、漯河积极对接长三角一体化发展，加快建设东部承接产业转移示范区。安阳、鹤壁、濮阳加快融入京津冀协同发展，加快建设北部跨区域协同发展示范区。三大城镇协同区强化跨市域交通对接、功能衔接和产业链接，推动优势互补相向发展。

5. 不断创新新型城镇化和城乡融合发展体制机制

2021 年，河南有序推进农业转移人口市民化，不断降低门槛、简化程序、优化流程，促进农业转移人口等非户籍人口在城镇便捷落户。全面放宽郑州中心城区落户条件限制，探索推出都市圈户口通迁和居住证互认制度，推进城镇基本公共服务常住人口全覆盖。落实基本公共服务标准，健全居住证持有者基本公共服务提供机制，提高农业转移人口在教育、医疗、住房、就业等方面的公共服务质量。稳步推进国家和省级城乡融合发展试验区改革，促进城乡基础设施统一规划、建设和管护，促进基本公共服务实现全民覆盖、普惠共享、城乡一体。2021 年 8 月，国家发展改革委办公厅发布《关于推广第三批国家新型城镇化综合试点等地区经验的通知》，河南共 5 项改革举措入选第三批国家新型城镇化综合试点等地区经验，其中，在推动城市智慧化运行方面，新密将近万个停车位统一纳入智慧停车信息平台，并释放出约 0.3 万个机关事业单位停车位，实现市民出行就近停车、错峰停车；在促进城市低碳化改造方面，鹤壁新建建筑全面执行绿色建筑标准；在健全农村资产抵押担保融资机制方面，长葛实行“农村承包地经营权抵押 + 贷款保证保险 + 政府风险补偿资金”，发放贷款约 4.5 亿元；在健全科技成果入乡孵化转化机制方面，长葛引入中国农科院等科研机构和种业企业，共建现代种业研发平台；在推进城市公共服务向乡村延伸方面，登封按照二级综合医院标准建成 5 个县域医疗次中心，把优质医疗资源引入基层。

（二）取得成效

2021 年，河南加强发挥中心城市、都市圈和城市群的辐射带动作用，不断完善城镇基础设施和公共服务设施，持续创新新型城镇化和城乡融合发展的体制机制，在城镇化发展的规模、城镇化发展的质量、区域和城乡融合发展的程度上都取得明显进展。

1. 常住人口城镇化率稳步提升

根据第七次全国人口普查结果，2020 年全省城镇常住人口达到 5507.86 万人，常住人口城镇化率达到 55.43%。与 2010 年第六次全国人口普查相比，城镇人口增加 1885.88 万人，乡村人口减少 1352.32 万人。和 2010 年相比，2020 年城镇常住人口城镇化率提高 16.6 个百分点，年均增长 1.66 个百分点。城镇化进程加速明显，城镇化建设实现了“加速跑”，大规模的农业农村人口向城镇迁移流动的趋势仍在延续。初步预计，2021 年常住人口城镇化率与 2020 年相比，将提高 1.5 个百分点以上。

2. 新型城镇化质量明显提高

河南在抓龙头、做强城市经济“柱石”的同时，抓联动、夯实县域经济“基石”，城镇化的产业支撑动力明显增长，产业集聚区和服务业“两区”发展在促进产城融合发展的同时，为城镇化提供了有力支撑。180 个产业集聚区初步形成装备制造、现代食品 2 个万亿级，电子信息、汽车及零部件、生物医药、新型材料、现代化工 5 个 3000 亿级和现代轻纺、智能家居、软件及信息技术服务等 12 个千亿级产业集群。170 多个服务业“两区”加快了城区服务业发展，进而形成一批服务业产业集群，培育城区新的增长点，服务业在城区经济中的比重持续提升。通过协调推进百城建设提质工程和文明城市建设，推进城市生活垃圾分类，垃圾分类覆盖率加快提升；开展城市交通综合治理，规范管理路内停车泊位，合理增设限时、分时、错时和夜间临时停车泊位，城市智慧停车建设加快推进；加大城镇老旧小区改造力度，加快老城区有机更新，城镇老旧小区改造和建成棚改安置工作加快推进；长期制约城镇综合承载能力提高的短板和弱项明显消除，城镇综合功能品质显著提升。

3. 郑州和县城“两头”带动作用明显增强

第七次全国人口普查结果显示，郑州市以 1260 万的常住人口，从 2010 年的全省第三跃居第一，成为河南省唯一常住人口超过 1000 万的城市。10 年间，郑州市常住人口增加 397 万，增长 46%，占全省常住人口的

12.68%。全省10年新增534万人，74%增加在郑州，郑州展现出超强的人口吸纳能力。在9个国家中心城市中，10年间，常住人口增量最多的城市为成都，增加了689万人口，其次为广州（增长597.6万人）和西安（增长448.5万人）。郑州人口增量在9个国家中心城市中排名第4位。2010～2020年县级市和县城吸纳的农业农村转移人口占新增城镇人口的比重达到56.1%，成为吸纳农业转移人口的主阵地之一。有的县城常住人口占全县常住人口的比重约为1/3，但是在县城上学的小学生和初中生数量占全县小学生和初中生数量的比重远远超过1/3，进而吸引各个年龄阶段的群体到县城生活定居，加速了县域就近就地城镇化进程。

4. 区域城镇化不平衡发展有所改善

长期以来，河南城镇化的空间分布特征是郑州、洛阳两大都市圈省辖市城镇化率高，如郑州、开封、许昌、新乡、焦作、洛阳、济源、平顶山、三门峡等省辖市的城镇化率相对较高，2020年郑州和洛阳两个城市的常住人口城镇化率分别达到78.4%和65%。中部地区的漯河常住人口城镇化率也相对较高；相比较而言，豫东北、豫东、豫东南和豫南地区的濮阳、商丘、南阳、信阳、周口、驻马店等省辖市的城镇化率仍然较低，2019年这几个省辖市的常住人口城镇化率仍然低于50%，没有完成以乡村型社会为主体社会向以城市型社会为主体社会的历史性转变。但是和2019年相比，2020年濮阳的常住人口城镇化率从46.8%提高到50%，南阳的常住人口城镇化率从47.7%提高到50.6%，信阳的常住人口城镇化率从49%上升到50.1%。2020年濮阳市的常住人口为377.2万人，南阳市的常住人口为971.3万人，信阳的常住人口为623.4万人，三个省辖市常住人口合计达到1971.9万人，占全省常住人口的比重超过19.8%，三个省辖市的常住人口城镇化率都超过50%，标志着广大豫东、豫南地区完成了以乡村型社会为主体社会向城市型社会为主体社会的历史性转变。和2010年相比，2020年河南常住人口城镇化率达50%及以上的省辖市，从1个增加到15个，河南城镇化的空间布局和形态进一步优化（见表1）。

表 1　2010 年、2019 年和 2020 年河南及各省辖市常住人口城镇化率

单位：%

河南及各省辖市	2010 年	2019 年	2020 年
郑州	63.6	74.6	78.4
开封	36	50.3	51.8
洛阳	44.3	59.1	65
平顶山	41.4	55.5	53.4
安阳	38.6	53.3	53
鹤壁	48	61.3	61
新乡	41.1	54.9	57.6
焦作	47.1	60.9	63
濮阳	31.5	46.8	50
许昌	39.1	54.1	53.6
漯河	39.2	54	54.8
三门峡	44.3	57.7	57.3
南阳	33	47.7	50.6
商丘	29.8	44.8	46.2
信阳	34.4	49	50.1
周口	29.7	44.4	42.6
驻马店	29.8	44.6	44.1
济源	49.4	63.6	67.5
河南全省	38.8	53.2	55.4

资料来源：河南"七普"人口数据和《河南统计年鉴》（2011 年、2020 年、2021 年）。

5. 城乡融合发展程度持续提高

2020 年，河南城镇居民人均可支配收入达到 34750.34 元，同比增长 1.6%；农村居民人均可支配收入达到 16107.93 元，同比增长 6.2%；农村居民人均可支配收入增速比城镇快 4.6 个百分点，城乡居民收入比由 2015 年的 2.36 缩减至 2020 年的 2.16。2021 年，河南省全面启动乡村建设行动，制定完善专项行动方案，建立健全工作推进机制，在乡村基础设施建设、农村基本公共服务体系建设、农村人居环境整治提升等方面，顺利实施了一批项目，推动城乡融合发展。乡村规划加快科学编制，县域村庄分类和布局规划、乡镇国土空间规划、1000 个乡村建设示范村的村庄规划编制工作顺利推进，各地乡村风貌塑造方向进一步明确。县域城乡交通一体化行动、县域城乡清洁能源建设一体化行动、县域城乡信息通信网络建设一体化行动、县域城乡广播电视建设一体化行动、县域城乡物流体系建设行动、农村房屋品质提升行动、农村供水保障行动等七项县域内城乡基础设施一体化行动加快推进，农村路网、清洁能源、5G 网络、快递物流、“智慧广电 +” 公共服务等生产生活条件显著改善。县域城乡教育服务均等化行动、县域公共文化服务均等化行动、县域医疗卫生服务均等化行动、县域社会保障均等化行动等四项县域内城乡基本公共服务均等化行动加快推进，乡村义务教育学校办学条件、公共文化服务体系、医疗卫生服务体系以及农村留守儿童、妇女、老年人关爱服务体系等都得到加强和改善。农村“厕所革命”、农村生活污水治理、农村生活垃圾治理和村容村貌整体提升等四大农村人居环境整治提升行动加快推进，农村无害化改造、农村黑臭水体治理、农村生活垃圾收运处置、农房及院落风貌整治都取得显著成效。

（三）存在问题

1. 新型城镇化总体水平低

河南新型城镇化的发展，无论是规模速度还是质量均与全国水平存在不小差距。城镇化率低于全国平均水平。根据第七次全国人口普查数据，2020 年河南常住人口城镇化率为 55.43%，低于全国 63.89% 的平均水平，与《国家新型城镇化规划（2014—2020 年）》中提出的“到 2020 年末全国常住人口城镇化率要达到 60%”的发展目标相比还有不小差距。省域内，仅有郑州、洛阳、焦作、三门峡、新乡、鹤壁、济源城镇化率超过全省平均水平，不足省辖市数量的一半。占全国总人口比重略有下降。河南常住人口 9936.55 万人，占全国常住人口的比重为 6.88%，与第六次全国人口普查结果相比，降低了 0.14 个百分点。人均 GDP 不足全国平均水平的八成。2020 年，河南人均 GDP 为 29112.67 元，仅相当于全国平均水平的 77%，在中部仅高于山西省。城乡居民收入消费水平偏低。2020 年，全省居民人均可支配收入为 24810.10 元，人均消费支出为 16142.63 元，低于全国平均水平。

城乡居民的人均可支配收入比值为2.16、人均消费比值为1.69，分别比全国平均水平高0.4和0.28，尽管城乡居民之间的收入差距、消费差距小于全国，但收入和消费水平整体偏低。城镇综合承载能力不强。城市基础设施欠账较多，人均道路面积、人均公共绿地等指标均低于全国平均水平，特别是中小城市在公交系统、地下管网、生活垃圾处理等基础设施建设方面存在不足；就业、教育、医疗、生态环境等公共服务供给与居民的需求层次之间有差距；户籍人口城镇化率远低于常住人口城镇化率，农村转移人口市民化保障机制不健全，制约了全省城镇化发展质量的提升。

2. 新型城镇化区域不平衡

城镇化空间分布不均衡。省会郑州“一城独大”，城镇化率达到78.4%，在全省居首位。越是靠近郑州的城市城镇化率水平越高，距离郑州越远的地区城镇化规模相对偏小，质量相对偏低。就地城镇化水平不均衡。林州、原阳、新密、巩义等县域经济发达、工业基础雄厚的地区，就地城镇化水平偏高；淅川、邓州等生态文明建设重点区域，就地城镇化水平相对较低。县域城镇化发展不均衡，县级城市吸纳农村转移人口的主阵地作用未得到充分发挥。城镇集聚人口能力不均衡。一些中小城镇发展基础较弱、综合实力不强，产业发展落后于城镇化水平，能够提供的就业岗位有限，对农业转移人口的集聚和吸纳能力不足；公共交通、地下管网、公共绿地、供电、给水、燃气等基础设施建设水平落后，新型基础设施不健全，公共服务供给品质不高，不能满足居民对美好生活的需求。

3. 新型城镇化发展内生动力不足

河南省存在的人口红利衰减、创新能力不足、新旧动能转换不畅等问题，导致产业转型和提升发展质量效益的支撑能力不足。现代农业的推动力不足。土地生产率和农业劳动生产率偏低，农产品精加工比重仅占全国的20%，农业发展质量和效益不高，现代农业对新型城镇化的推动力不足。工业的需求拉动力不足。工业化仍处于中期阶段，能源、化工等传统产业占比偏大，制造业占GDP比重较“十三五”末有所下降，相邻区域产业同构化、同质化发展及高新技术供给不足等问题制约城市人口承载能力的提升。河南省投资和消费中省外购入占比很大，产业结构性矛盾突出，供应链不完备、供需协同发展水平不高，有效供给能力不足，对新型城镇化发展的需求拉动力不高。现代服务业的后续动力支撑不足。一方面，城乡居民收入水平与全国平均水平相比偏低，居民对高品质、多样化、个性化商品和服务的需求不旺盛，对服务业转型升级的促进作用不强。高素质劳动力稀缺，对技术密集型、知识密集型高端服务业发展的推动力不强。另一方面，河南省第三产业占比偏低，发展相对落后。生产性服务业的专业化和高端化、生活性服务业的品质化和多元化、先进制造业和现代服务业的深度融合等方面发展不足，服务业最大就业容纳器作用没有得到充分发挥，河南新型城镇化进一步发展的后续动力不足。

4. 中心城市发展能级不高

省会郑州不够大不够强。2020 年，郑州 GDP 占全省 GDP 比重为 21.8%，尽管在十年间增长了近 3 个百分点，但与其他省会城市相比，经济首位度依然偏低；GDP 增速在全省排名第 7，比增速最高的城市低了 0.6 个百分点；对周边城市的引领带动作用不足，郑开同城化，郑新、郑焦、郑许一体化发展进程亟须加快。洛阳副中心城市地位不稳固。2020 年，洛阳市经济总量不足郑州的一半，与郑州相比差距较大；洛阳的副中心城市地位还没有完全建立起来，对济源、平顶山、三门峡等周边城市的引领带动作用有限；地铁、机场等交通基础设施不完善，“1 小时集疏圈”尚未形成，城市综合承载能力和辐射力不高。地区性中心城市多点支撑不足。部分地区性中心城市的中心城区常住人口规模和城区面积偏小，经济总量优势不突出，城市品牌和特色不鲜明，与周边城市的联动活跃度不高。中小城镇发展特色不足。部分县域产业支撑力不足，对农业转移人口的吸引力承载力不够。小城镇资源禀赋优势发挥不充分，尚未形成具有独特优势的特色产业生态和城镇风貌。

5. 城市安全保障能力有待提升

公共安全基础设施不健全。城市生态环境、自然灾害、极端天气等风险预警系统和公共卫生应急体系不健全，大数据在城市应急管理中的应用不充分，避难场所管理、防灾物资储备和避灾救灾联动机制仍需完善，城市对突发风险的应对力和恢复力有待进一步提升。精细化、法治化、专业化、多元主体参与的公共安全治理体系不健全，城乡社区在基层治理中的作用发挥不充分，社会公众参与基层治理的渠道不通畅，联防联控、群防群治、共建共享的防控体系不完善。群众互助自救意识不足。公共安全和社会治理专业人才的培养力度不够，应急避免和防灾救灾教育体系不完善，基层社会的防灾救灾科普工作推进不足，居民的应急互助自救意识和能力亟待提升。

二　2022年河南构建城镇化新格局支撑高质量发展的形势分析

近年来，河南省城镇化发展迅速，成效显著，常住人口城镇化率达到55.43%，仍处于较快发展阶段。2021年是“十四五”开局之年，城镇化的发展环境出现许多新变化，构建城镇化新格局支撑高质量发展将面临新的机遇和挑战。

（一）面临的机遇和有利条件

当前，河南省构建城镇化新格局支撑高质量发展面临国家重大战略叠加、城乡区域协调发展、持续深化改革、新型城市建设等多方面发展机遇，具有许多有利条件。

1. 国家重大发展战略为河南构建城镇化新格局带来新机遇

构建新发展格局、促进中部地区崛起、推动黄河流域生态保护和高质量发展是现阶段重点实施的三大国家战略。三大国家战略交汇叠加，战略叠加效应、政策集成效应、发展协同效应集中显现，有助于河南省抢抓战略机遇构建城镇化新格局，加快推进城镇化高质量发展。

加快形成以国内大循环为主体、国内国际双循环相互促进的新发展格局，是党中央根据我国发展阶段、环境、条件变化做出的战略决策，有利于充分发挥国内市场优势，释放巨大内需潜力，以畅通国内大循环联通国际大循环，推动经济健康持续发展，这是今后我国经济高质量发展的重要举措，国家也将出台推动构建新发展格局的具体措施和引导政策，进一步推动消费结构、产业结构、城乡结构的优化调整，为提高城市经济发展的质量和韧性、强化城市的国内外循环节点功能、构建城镇化发展新格局创造了有利的经济大环境。

黄河流域生态保护和高质量发展事关中华民族伟大复兴。当前，河南省推进黄河流域生态保护和高质量发展具有多方面优势，面临难得的发展机遇。近年来，河南省生态文明建设全面推进，成效显著，坚持绿色发展和绿水青山就是金山银山理念已深入人心，人民群众追求青山、碧水、蓝天、净土的愿望不断加强。深入实施黄河流域生态保护和高质量发展国家战略，有助于进一步强化政府生态文明建设和高质量发展的责任和信心，大幅提高生态文明建设和高质量发展的成效，使不断强化、常态化的生态文明建设成为构建城镇化新格局、推进城镇化高质量发展的重要动力。

中部地区包括山西、安徽、河南、湖北、江西、湖南六省，承东启西、连南接北，资源要素丰富、市场潜力巨大、文化底蕴深厚。为推动中部地区快速发展，早在 2006 年，国家就开始实施促进中部崛起战略。促进中部地区崛起战略实施以来，特别是党的十八大以来，中部地区粮食生产基地、能源原材料基地、现代装备制造及高技术产业基地和综合交通运输枢纽地位更加巩固。但经济发展水平差别较大、产业结构偏“重”、经济联系紧密度和融合度不高等发展不平衡不充分的问题依然突出。近年来中部崛起战略进入加速提挡提质阶段，特别是 2021 年 4 月出台的《中共中央 国务院关于新时代推动中部地区高质量发展的意见》①，有助于河南省加快新旧动能转换，在推进高质量发展上迈出新步伐，在增强城乡区域协调发展中开拓新路径，在构建城镇化新格局上迎来新机遇。

2. 城乡区域协调发展为河南构建城镇化新格局拓展新空间

目前，我国经济已由高速增长阶段转向高质量发展阶段，正处在转变发

① 《〈中共中央 国务院关于新时代推动中部地区高质量发展的意见〉发布》，中华人民共和国中央人民政府网站，http://www.gov.cn/xinwen/2021-07/22/content_5626665.htm。

展方式、优化经济结构、转换增长动力的攻关期，城乡区域协调发展也步入高质量发展阶段，呈现更高的要求和更为丰富的内涵，主要表现为以城市群和都市圈为主体形态的大中小城市和小城镇协调发展，以县城为城镇化重要载体的城乡融合发展，这将为河南构建城镇化新格局拓展新空间。

现阶段，区域经济发展动力极化现象日益突出，就中原经济区和中原城市群而言，郑州作为国家中心城市和中原城市群中心城市，洛阳作为中原城市群副中心城市的区域极化发展趋势较为明显，区域辐射带动作用不断增强，安阳、商丘、南阳、周口、信阳、三门峡等城市立足自身区位交通优势，逐步强化与周边地区协同发展的趋势。特别是南阳市作为豫西南重镇，紧邻陕西和湖北，区位优势明显，经济基础较好，文化底蕴深厚，要强化南阳副中心城市职能，与信阳、驻马店协作互动，建设豫南高效生态经济示范区。

目前，乡村振兴战略进入全面推进、全面实施阶段，全面强化以工补农、以城带乡，推动城乡融合向纵深发展，形成工农互促、城乡互补、协调发展、共同繁荣的新型城乡关系。在新型城镇化与乡村振兴双轮驱动下实现城乡融合协调发展，将有助于河南省推进以县城为重要载体的城镇化建设，落实好县域治理“三起来”的基本遵循。县域治理“三起来”就是把县域作为城乡融合的重要空间，以强县富民为主线、改革发展为动力、城乡贯通为途径，提高县城综合承载力和乡村服务能力，推动县域经济高质量发展。

3. 持续深化改革为河南构建城镇化新格局增添新动力

党的十八大以来，全面深化改革从夯实根基、构建框架，到全面推进、积聚势能，再到系统集成、协同高效，一路蹄疾步稳、坚毅前行、持续深化，有助于为河南省构建城镇化新格局增添新动力，实现新突破。将构建城镇化新格局与持续深化改革紧密结合起来，发挥持续深化改革的关键作用。

在持续深化市场化改革的关键领域，实施高标准市场体系建设行动，统筹推进激发市场主体活力、加强产权和知识产权保护、建立统一大市场等改革举措，充分发挥市场在资源配置中的决定性作用，破除阻碍要素自由流动的体制机制障碍，为构建城镇化新格局提供有利的市场经济环境。在持续深化以人为本的新型城镇化领域，完善财政转移支付与农业转移人口市民化挂钩、建立财政性建设资金对吸纳落户较多城市的基础设施投资补助、健全农户“三权”市场化退出等机制，以及实施根据人口流动实际调整人口流入流出地区教师、医生等编制定额和基本公共服务设施布局等改革举措，将直接为构建以人为本的城镇化新格局赋予新动能。

在持续深化高水平开放发展领域，进一步深化商品、服务、资金、土地、技术、人才、信息数据等要素流通开放，统筹推进城乡之间、区域城市之间的规则、规制、管理、标准等体制机制建设，着力构建城乡之间、区域城市间要素开放流通的制度通道，塑造市场化、法治化、国际化的营商环境，有助于为构建城镇化新格局赋予开放发展的良好环境。在持续深化全面绿色转型领域，深入推进生态文明建设体制机制改革，按照2030年前碳排放达峰目标，统筹制定宜居城市、绿色城市建设的行动方案，建立健全绿色低碳循环的城镇化发展体系，使城镇化发展建立在资源高效利用、生态环境严格保护、温室气体排放有效控制的基础上，为构建城镇化新格局增添绿色低碳新动能。

4. 新型城市建设为河南构建城镇化新格局擦亮新底色

现阶段，我国城镇化发展正由前期加速发展向中后期品质提升、高质量发展转变，城市建设也由资源低效配置的传统城市建设向资源优化配置的新型城市建设迈进。新型城市建设是一条以人为本的低消耗、低污染、高智能、高效率的集约化城市建设道路，应该是建设宜居、创新、智慧、绿色、韧性、人文城市的有机统一。因此，新型城市建设为河南省构建城镇化新格局增添新底色、提高品质创造了条件。

宜居城市建设是对交通拥堵、生态破坏、垃圾围城等各种城市病问题的积极回应。要抓住国家推进城市更新和河南省推进百城建设提质工程的机遇，无论是新城建设还是老城更新，都要把创造优良人居环境作为中心目标，努力把城市建设成人与人、人与自然和谐共处的美丽家园。创新城市建设是贯彻新发展理念、推动高质量发展的必然要求。党的十九届五中全会强调，坚持创新在我国现代化建设全局中的核心地位。省委工作会议将“实施创新驱动、科教兴省、人才强省战略”作为全面实施“十大战略”首要战略。因此，创新城市建设既是落实国家战略和河南省实施好“十大战略”的客观要求，也是加快河南新旧动能转换、培育高质量发展新优势的现实需要。智慧城市建设有助于大幅提高城市建设、管理和运营效率，特别是随着人工智能（Artificial Intelligence）、区块链（Blockchain）、云计算（Cloud Computing）、大数据分析（Big Data Analysis）等大数据技术的加速发展和全面运用，智慧城市建设条件更加成熟。绿色城市建设已进入新阶段，除了推动城市公共绿地、城区绿色生活圈、环城生态防护圈等传统城市生态建设外，更要积极倡导绿色交通出行、绿色城市建设、绿色城市管理运营方式。韧性城市建设是积极应对城市不确定性和各种风险的重要举措。随着现代城市建设和发展，各类传统和非传统风险对城市运行带来的挑战越来越明显，大力推进韧性城市建设的必要性和紧迫性更加突出。新型城市建设中最能体现“以人为本”的是人文城市建设。其实，城市的本质在于提供一种“有价值、有意义、有梦想”的工作和生活方式[①]，所以理想城市就是文化城市，推进人文城市建设是新型城镇化的核心内涵。

（二）面临的挑战和不利因素

在认识有利条件和发展机遇的同时，更要充分认识河南省构建城镇化新格局支撑高质量发展面临的诸多挑战和不利因素，要发挥优势，正视挑战和不利因素，变“挑战”为“动力”。

1. 新型城镇化建设面临速度和质量的双重压力

2020 年我国城镇化率达到 63. 89%，处于 60% 到 80% 之间，根据城镇化“诺赛姆曲线”，城镇化仍处在“加速发展阶段”。但也有学者认为这种出自“新大陆”国家的城市化规律并不能完全符合我国实际。如仇保兴认为，由于新大陆国家以外来移民为主，有农庄却无农村，而我国则是多农村而少农庄，所以运用“诺赛姆曲线”对我国城镇化进程做出的判断并不准

---

① 刘士林：《建设中国城市科学　服务人类城市时代》，《特区实践与理论》2017 年第 1 期。

确。我国第三阶段的城镇化进程的拐点将早于主流经济学家预测的2025~2030年，而且已经出现了拐点，在历经该拐点后，城镇化速度较之前会快速下降，地区间城镇化水平差异将进一步拉大。①

实际上，近年来我国城镇化速度已呈现稳中趋缓态势。从“九五”到“十三五”（不含2020年）的实际看，我国城镇化率分别提高1.44个、1.35个、1.39个、1.23个和1.13个百分点，在保持快速增长水平的同时，也显示出逐渐放缓的迹象。② “十四五”时期城镇化的速度将进一步趋缓。城镇化速度不断趋缓，为城镇化品质提升和高质量发展提供了机会，这成为我国城镇化未来发展的主要特征。

河南省作为农业人口大省，新型城镇化发展面临速度和质量的双重压力。一方面，户籍人口和常住人口城镇化率均较低且相差较大，城镇化任务较重。根据第七次全国人口普查数据，2020年河南省常住人口城镇化率为55.43%，比全国平均城镇化率低8.46个百分点，与北京（87.5%）、上海（89.3%）、天津（83.48）、浙江（72.17%）的城镇化水平差距更大。在总体城镇化速度放缓的背景下，河南城镇化任务更加艰巨，压力更大。另一方面，随着经济由高速增长阶段转向高质量发展阶段转变，高质量发展成为新型城镇化重心。这就倒逼河南省城镇化从根本上转变发展方式，从资源投入粗放、资源环境成本较高、居民需求满足度较低的城镇化模式，快速向“以人为本”、低耗费和低成本、资源高效配置的高质量发展方式转变。

2. 各类传统和非传统风险对城市运行带来挑战

无论是大城市还是中小城市，都是一个巨大的复杂的经济社会运行系统。随着城镇化进程的不断发展，人口和各类要素的集聚，城市面临的不确定性和各种风险也在不断叠加，且集聚的规模和强度越大，面临的风险和挑战越大，风险管理已成为城市治理的重要内容。这些风险和挑战主要包括突

① 仇保兴：《以县城为重要载体的城镇化建设需关注十二个拐点》，《建筑时报》2021年8月2日，第7版。

② 郑鑫：《新型城镇化从“规模与速度”向“质量与品质”转变》，综合开发研究院，2021年3月22日。

发性传染病、地震、火灾、洪涝、极端气候灾害、恐怖袭击、群体性事件、金融危机、交通拥堵等传统和非传统安全风险和挑战。当前，我国城镇化率已达到63.89%，意味着超过60%的人口工作生活在城市中，与人口集聚相配套的是，有超过60%的建筑、能源、资金、技术、信息、生产、财富持续集聚到大中小各类城市。随着人口和要素的集聚，我国城市运行面临比以往更多、更复杂、影响更大的威胁和挑战。

河南省城镇化率虽然较全国平均水平低，但也超过了55%，经济社会快速向以城市型社会为主体转变，大中小城市同样面临各种传统和非传统安全风险和挑战，特别是2021年夏季郑州、新乡、开封、焦作、鹤壁、安阳、洛阳等城市遭遇百年难遇的极端暴雨灾害天气，给城市运营管理带来巨大的风险和挑战，暴露了城市运营管理的脆弱性和风险性。为此，在城镇化发展进程中，要从规划、建设、管理和运营的各个环节入手，下大力气统筹好城市的发展和安全问题，在生态、防灾救灾、公共服务设施、经济运行、社会运转等领域，强化韧性城市建设，着力克服城市的脆弱性，大幅提高防范各类风险的韧性和能力，确保每个城市都能够有效应对各种风险和挑战。①

3. 城镇化进程中面临的资源环境约束日益突出

改革开放以来，我国城镇化进程快速推进，常住人口城镇化率由1978年的17.9%提高到2020年的63.89%。然而，纵观过去40多年城镇化的推进模式，其是一种典型的粗放外延发展模式，集中表现为各城市热衷于摊大饼式的“土地城镇化”，土地开发过于粗放，能源消耗上以石化能源为主，高污染、高消耗、高排放，资源环境代价大、成本高，资源环境约束问题突出。面对约束日益突出的资源环境，我国加快推进发展方式转变、经济结构优化、增长动力转换，努力实现经济社会高质量发展。特别是2020年9月，国家主席习近平在第七十五届联合国大会一般性辩论上明确提出，我国“二氧化碳排放力争于2030年前达到峰值，努力争取2060

① 白瑜：《脆弱与韧性：极端挑战下的城市体检》，《半月谈》2021年第9期。

年前实现碳中和"，将进一步促使经济向高质量发展方向转变。与经济高质量发展相对应，城镇化发展也要提高质量和效益，走出一条集约高效、绿色低碳的新型城镇化道路。

作为欠发达地区，河南省城镇化水平低、任务重，面临的资源环境约束也比其他地区更加突出。首先，耕地红线对城镇化土地使用形成硬约束。人多地少是我国基本国情，耕地是农业和粮食生产的基础性条件。作为农业大省和国家粮食主产区，耕地的充足和优质保障事关国家粮食安全大局。"十四五"期间，国家将实施最严格的耕地保护制度，强化耕地数量保护和质量提升，严守18亿亩耕地红线，遏制耕地"非农化"、防止"非粮化"，规范耕地占补平衡，严禁占优补劣①，这必然对城镇化用地形成巨大压力。

其次，水资源短缺形势十分严峻。河南省属于严重缺水省份，常年缺水50亿立方米，人均水资占有量410立方米，仅为全国人均水平的20%，居全国第24位，长期低于人均500立方米这一国际公认的极度缺水边缘标准。同时，缺水导致地下水超采，使地下水枯竭、地面下沉，豫北地下水漏斗区面积超过1万平方千米。另外，一些地区水资源污染严重，进一步加重了水资源紧张的形势，2020年河南全省国考河流监测断面中，水质符合Ⅳ类标准的比例仍有22.3%。②

再次，河南省工业结构偏"重"，能源消费结构又以煤炭为主，高污染、高排放，对生态环境危害较大，全年城市空气质量优良天数比例66.7%③，优良以下天数仍占到33.3%，有10个城市位于京津冀大气污染传输通道和汾河平原大气污染防治重点区域。

在资源环境约束下，河南省城镇化发展道路应该加快由传统粗放发展模式向集约高效的高质量发展模式转变。在理念上，要牢固树立生态文明的理

① 《中华人民共和国国民经济和社会发展第十四个五年规划和2035年远景目标纲要》，中华人民共和国中央人民政府网站，http://www.gov.cn/xinwen/2021-03/13/content_5592681.htm。

② 王建国主编《黄河流域生态保护和高质量发展的河南担当》，社会科学文献出版社，2021，第217~218页。

③ 《2020年河南省国民经济和社会发展统计公报》，河南省人民政府网站，http://www.henan.gov.cn/2021/03-08/2104927.html。

念，提高居民和城市管理者的绿色生态意识；在实践中，要提高资源配置效率、大力保护生态环境，倡导绿色交通、绿色建筑、绿色生产生活方式，促进城市经济社会与资源环境可持续发展，着力建设宜居城市和绿色城市。

（三）河南构建城镇化新格局支撑高质量发展的趋势与展望

1. 城镇化空间格局进一步优化

以中原城市群为主体、大中小城市和小城镇协调发展的多中心、组团型、网络化和集约化空间格局加快形成，郑洛“双核”的引领带动作用、区域中心城市的多级联动作用和县域经济的基础支撑作用进一步增强，产城融合发展和城际专业化分工协作促进全省产业结构调整和空间布局优化，城市间、城乡间产业关联度不断提高，中小城市产业配套和就业人口容纳能力进一步提升，跨越行政界线的协同发展与规模效应，推动城镇化空间布局进一步优化。郑洛“双核”引领作用进一步加强。省会郑州持续做大做强做优，洛阳副中心城市建设提级扩能，郑州、洛阳以交通等基础设施互联互通、公共服务共建共享、产业分工协作、区域市场一体化等为重点，推动郑洛都市圈联动融合发展取得明显成效。若干地区性中心城市发展壮大。支持南阳建设副中心城市，支持安阳、商丘等区域性中心城市培育壮大特色产业，加强优势互补、错位发展，城市规模和发展能级不断提升。县域发展活力进一步被激发。百城建设提质工程深入推进，县域综合承载能力和创新能力不断提升。县域依托比较优势积极参与全球产业链供应链分工，在深度融入新发展格局中找到自身定位，依托“一县一省级开发区”发展壮大产业实力，增强对农业转移人口的承载力和吸引力，推动全省形成“多级支撑”“大中小协调”的均衡化城镇化格局。

2. 城市功能品质进一步提升

城市规划质量进一步提升。坚持践行“创新、协调、绿色、开放、共享”的发展理念，基于环境容量和综合承载能力，科学布局城市的生产、生活、生态空间，推动城市发展方式向内涵提升式转变。系统考虑城市功能定位、文化特色和建设管理等因素，基于人口分布、功能融合和设施服务半径等，统筹推进中心城区、产业园区、集镇和乡村的建设，按照绿色低碳循环的理念推进城市基础设施建设，高标准建设“里子工程”“避险工程”，全面提升城市抵御风险的能力，构建人与自然和谐共处的优良人居环境。将民生改善作为评价城市规划实施的重要依据，把全生命周期健康管理的理念融入城市规划、建设、管理全过程，健全规划的公众参与、专家咨询、风险评估机制，做好郑州、洛阳的城市体检工作，动态维护和贯彻好城市规划。城市功能短板进一步补齐。“断头路”“瓶颈路”加快贯通，城市路网密度进一步提升。城市更新持续推进，城中村、老旧小区、棚户区、老旧管网等改造进度加快，住宅适老化改造等适时推进，绿色建筑的应用更加广泛，居民住房条件切实改善。生态环境质量不断提升，城镇优质教育供给持续增加，以疫病预防控制、应急救灾为重点的医疗卫生服务体系不断完善，公共图书馆、博物馆、体育馆等文体设施体系更加健全，以社区和街道为依托的便民服务网络更加完善，城市的综合承载能力不断提升。城市品质品位进一步提升。历史文脉、传统街区、重点文物的保护修复力度加大，城市特色被较好地保存。依托历史文化资源、红色资源、黄河资源等打造特色文化产业园，高标准建设富有内涵、彰显河南特色、体现文化意蕴的城市客厅、地标建筑等，城市的文化品位和品牌形象进一步提升。

3. 城市治理现代化水平进一步提高

坚持以人民为中心的价值取向，以“政治、自治、法治、德治、智治”融合为牵引，做好城市治理系统化、整体化的制度设计，构建富有河南特色的精细化、专业化、法治化、多元化城市治理体系。城市治理基础能力进一步提升。运用大数据完善“城市大脑”，推动各类信息互联互通和归集共享，健全突发事件应急预警和处置系统，提升服务城市治理决策的效率。加强“互联网+服务平台”建设，提高城市公共服务信息化便民化水平。推动城市基础设施智能高效、融合创新发展，提升就业、教育、医疗卫生等公共服务供给质量和水平。城市基层治理体系更加完善。社区网格建设进一步加强，城市治理资源加大向基层，尤其是社区网格下沉的力度，社区管理和服务机制更加健全，社会公众参与城市治理的渠道更加畅通，联防联控、群防群治的基层治理体系更加健全，城市善治水平进一步提升。乡村基层治理水平不断提升。党组织领导下的共建共治共享乡村治理格局更加完善，优质农村公共服务供给力度进一步加大，基层干部法治化工作水平不断提升，村民自治组织规范化发展，农民的法治意识、法治素养不断提高，乡风更加文明、民风更加淳朴，人民群众更有获得感、幸福感、安全感。

4. 城乡融合发展程度进一步深化

产权制度日益健全，农村集体产权制度和农村宅基地制度改革试点工作持续深入推进，城镇建设用地等公共资源按常住人口规模配置的水平不断提升。统一开放、竞争有序的现代市场体系基本形成，土地、人才、金融、科技成果、知识产权、数据等生产要素在城乡自由流通和高效集聚。中小城镇顺应制造业分工细化和产业链延伸的趋势，加强开发区等载体建设，增强产业转移承接能力和产业配套服务能力。支持乡村发挥比较优势发展特色农业，推动农村一、二、三产业融合发展，支持农村培育新业态新模式，促进城乡产业加速融合。交通、供电、给排水、供气、绿化等传统基础设施改造升级力度不断加大，新型基础设施城乡一体化建设进程加快，基础教育、职业教育、就业、医疗卫生、公共文化等公共服务优质均衡发展，城乡基础设施的互联互通和公共服务的衔接融合不断增强，城乡人居环境的落差不断缩小。户籍、社会保障等制度进一步完善，政府主导、多方协同、成本共担的农村转移人口市民化机制日益健全，城乡统一的居住证管理制度日趋成熟，农村转移人口市民化的通道更加畅通，城乡关系失衡的局面得到有效改善，城乡发展差距不断缩小。

三　2022年河南构建城镇化新格局支撑高质量发展的对策建议

在新的历史起点上，河南提出要确保高质量建设现代化河南，确保高水平实现现代化河南。“两个确保”以高质量发展为主题，既体现了总量要求，又强调了发展的质量和效益，是推动河南由经济大省迈向经济强省的方向指南。锚定“两个确保”，全面实施以人为核心的新型城镇化战略，充分释放城镇化红利，是推进经济持续健康发展、加快建设现代化河南的必然要求和有效举措。

（一）优化城镇化空间布局和形态

坚持统筹规划、合理布局、分工协作、以大带小，结合资源环境承载能力和主体功能区规划，加快形成“主副引领、两圈带动、三区协同、多点支撑”的高质量发展动力系统，着力构建以中原城市群为主体、大中小城市和小城镇协调发展的多中心、组团型、网络化、集约型空间格局。

一是全面优化国土空间布局。聚焦土地利用效率偏低、城乡用地结构不合理等问题，坚持省、市、县、乡四级同步编制国土空间规划，科学划定城镇开发边界、永久基本农田、生态保护红线三条控制线，形成上下无缝衔接的“一张图”，并以此推进城镇空间布局和开发强度、发展潜力相适应，有序引导人口流动，倒逼新型城镇化集约节约发展。二是健全中原城市群一体化发展机制。制定中原城市群一体化发展“十四五”实施方案，加强中原城市群内城市间合作，建立城市间重大事项重大项目共商共建机制。引导中原城市群市场联动发展，统筹规划商品流通基础设施布局，推动跨地域跨行业商品市场互联互通。依托各类交通通道，以市场化、法治化的方式加强合作，打造科技创新与制度创新双轮驱动、产业与城市一体化发展的合作走廊。三是加快郑州都市圈、洛阳都市圈一体化发展。健全都市圈常态化协调协商发展机制，引导城市间相向发展、融合联动。制定和实施郑州都市圈、洛阳都市圈轨道交通发展规划，打造“轨道上的都市圈”，促进各类交通方式无缝衔接、便捷换乘。加快郑开之间、洛济之间同城化的建设进度，出台相应的激励措施。探索共建合作园区等合作模式，共同开拓发展空间。加强都市圈优质教育资源和医疗资源协作联动，推动公益性文化体育设施相互开放。四是不断激发县域经济发展新活力。深入推动县域治理“三起来”，持续推进以县城为重要载体的城镇化建设，把乡镇建设为服务农民的区域中心，把“一县一省级开发区”作为重要载体，推进县域经济在新发展格局下全面参与市场分工，深度融入国内大循环、国内国际双循环。

（二）打造新型城镇化的核心引擎

郑州和洛阳作为国家中心城市和中原城市群副中心城市，要立足城市功能定位，合理疏解中心城区非核心功能，强化要素集聚和科技创新，大力推进高端服务业和高端制造业发展，着力成为新型城镇化的核心引擎和融入新发展格局的战略枢纽，更好发挥规模效应和辐射带动作用。

与其他国家中心城市相比，郑州在市域面积、人口规模、经济总量、科技创新等方面还存在不小的差距，要进一步强化全省发展龙头作用，当好“国家队”、提升国际化，全面提升服务和融入国家战略能力，增强集聚、裂变、辐射、带动能力。要围绕产业链完善创新链，大力发展科技服务业，构建服务机构健全、产业链条完善、产业规模适度、组织形式新颖、投入渠道多元、区域特色突出的科技服务体系，打造优质创新资源的汇集地和辐射地。加快中原鲲鹏生态创新中心运营、“5G+”示范工程实施，推进信息安全、智能传感器等新一代信息技术产业成规模上水平，将中原科技城建设为全省科技创新重要策源地。加快推进郑州机场三期、郑州南站、郑州枢纽小李庄车站、郑许市域铁路等项目建设，进一步优化现代综合交通运输枢纽体系。持续优化城市区域治理，积极推动郑州行政区划调整，提高城市统筹资源配置能力。

作为中原城市群副中心城市，洛阳应当紧抓构建新发展格局战略机遇，顺应人口、经济要素加快向中心城市集聚和区域经济多极化发展趋势，增强核心竞争力，建强副中心，形成增长极，在更多领域实施改革重塑，实现换道领跑，在做强自身中更好地融入大局和服务全局。要持续优化城市空间布局，推动城市网络化、多中心、组团式发展，提高产业、人口、科技、信息等要素资源的集聚能力。结合产业与院所，统筹军工与民用，推进产业链与创新链无缝融合，全力建设先进装备制造、新材料、高端石化、电子信息、节能环保等先进制造业集群。加快打通南北向高铁通道，协同推进公路、机场、枢纽场站和城市交通设施建设，加快构建功能完善、衔接畅通、运作高效的现代化立体交通网络。发挥文化旅游资源优势，促进文化和旅游深度融合，推动跨国跨区域全方位合作交流和交往平台建设，着力提高城市的软实力和吸引力。

（三）提升节点城市综合承载功能

以南阳、商丘、安阳等城市为重点，依据区位交通、产业基础、发展潜力等，在豫南、豫东、豫北地区培育壮大若干区域中心城市和门户城市，推动解决区域发展不协调问题，强化现代化河南建设的多级支撑。

作为传统的人口大市、中部地区重要的交通枢纽以及豫鄂陕交界地区的区域性中心城市，南阳要紧紧抓住副中心城市建设重大机遇，要进一步发挥生态和文化优势，加强对接长江经济带，全面推进新兴区域经济中心建设，努力成为具有较强吸纳集聚能力和重要影响力的副中心城市，与信阳、驻马店协同建成豫南高效生态经济示范区。立足于本地要素资源禀赋和未来发展潜力，南阳应当在坚持系统性谋划、整体性推进的同时，以制造业高质量发展为主攻方向，推进纺织服装、油碱化工、装备制造、绿色食品、冶金建材等主导产业锻长板、补短板，在转型升级中做大做强，进一步促进新能源、新材料、电子信息、生物医药等新型产业发展壮大。同时，大力发展现代生产性服务业，打造全国重要的现代物流中心、区域商贸中心和区域金融中心。在开放发展方面，加快建设全国性综合交通枢纽，着力增强卧龙综保区、国家级跨境电商综试区和零售进口试点城市引领带动能力，在制度型开放上迈出更大步伐。

商丘是全国性综合交通枢纽城市，也是河南对外开放的“东大门”，历史文化底蕴深厚，产业发展基础良好。在推进区域性中心城市建设中，商丘要积极拓展对外开放空间，充分发挥对接长三角的地缘优势，积极承接优质产业产能转移，打造东部承接产业转移示范区，努力成为河南融入长三角的“桥头堡”以及中原城市群和长三角地区区域合作的重要纽带。在制造业发展方面，要立足于建设新型工业城市，以产业基础高级化和产业链现代化为重点，做强主导产业，推动形成食品、装备制造、纺织服装及制鞋、新材料、电子信息等五大千亿级产业集群，并在县域层面建设一批百亿级特色产业集群。在交通物流领域，大力推进现代物流强市建设，加快推进区域交通网络化，打造豫鲁苏皖四省区域商贸物流中心、仓储物流中心、冷链物流中心、区域性集疏分拨中心。

安阳是我国八大古都之一，文化遗存丰富，工业基础雄厚，地理位置优越，处于中原城市群和京津冀周边协同发展区的叠合地带，是豫晋冀三省交界地区的区域性中心城市。未来一段时期，安阳要以建设新时代区域性中心强市为目标，叫响"殷都"品牌，积极推进综合经济实力重返全省第一方阵，走出一条高质量发展之路。为此，应当以制造业高质量发展为强市之基，做大做强精品钢及深加工、高端装备制造、新能源汽车及零部件、文化旅游等千亿级主导产业集群，培育壮大电子信息、生物医药、新材料、新能源等百亿级新兴产业集群，改造提升精细化工等传统优势产业，建设陆港型国家物流枢纽承载城市，促进实体经济、科技创新、生产性服务业、数字经济协同发展，打造区域先进制造业和交通物流中心。

（四）推进城市安全保障能力建设

习近平总书记指出，安全是发展的前提，发展是安全的保障，安全和发展要同步推进。① 随着长期以来城镇化和城市快速发展，当前城市进入风险隐患的凸显期、高发期，基础设施和公共服务设施等逐步老化，运行维护不及时，存在风险隐患，再加上城市人口密集，放大了风险隐患危害。如何更好地防范风险，提高城市安全保障能力，增强城市的"免疫力"和"恢复力"，已经成为人们普遍关注的重大课题。韧性城市拥有良好的抗压、存续和适应能力，能够对各类风险进行事前感知、快速应对和自我修复。建设韧性城市已被正式写入国家"十四五"规划，全国不少城市也纷纷行动起来，围绕韧性城市建设进行积极探索。对于接连遭受新冠肺炎疫情侵袭和罕见暴雨的河南而言，加快韧性城市建设步伐、全面提高城市风险治理现代化水平显得尤为迫切和必要。

一是多主体共商城市风险治理。调动多元主体参与城市风险治理，是更

① 《十八大以来重要文献选编》（下），中央文献出版社，2018，第 309 页。

好防范化解各类风险的现实需要。城市是由个人、企业、社会组织等不同利益主体构成的复杂巨系统，风险灾害所引发的连锁反应庞杂多样，无论是政府大包大揽还是公众各行其是，都将是难以承受之重。只有让有为政府、有效市场、有机社会紧密配合，才能奏出共责共担的“交响乐”，让城市风险治理更加协调有度、精准到位、扎实有效。二是多领域开展城市韧性建设。城市的韧性体现在经济、社会、生态、组织等多个领域，既包括建筑、交通、基础设施等工程韧性，也包括法律法规、应急管理、宣传教育、心理干预、区域协同等非工程韧性。只有分清轻重缓急，统筹推进“硬件”“软件”“心件”建设，全方位、立体式淬炼城市韧性，使城市拥有一定的资源富余和腾挪空间，才能最大限度地处理风险造成的扰动。三是全过程筑牢城市安全屏障。由于城市风险愈加呈现多发性、叠加性、传导性等特征，“头痛医头、脚痛医脚”的治理模式已然捉襟见肘。唯有将城市视作有机生命体，从全过程、全要素、全场景着眼，强化互补与衔接，构建事前预警、事中应对、事后复原的全周期管理闭环，方可让城市拥有抵御风险的“免疫系统”。

（五）推动城市治理体系和治理能力现代化

实现国家治理体系和治理能力现代化，离不开高质量的城市治理。随着我国城镇化进程的不断深入，城市面临着日益繁杂的治理挑战。人民城市人民建，人民城市为人民。必须把以人民为中心的发展思想贯穿于城市治理的全过程，以提升城市建设和管理品质为导向，着力推进理念创新、方式创新和制度创新，使城市治理不断走向科学化、智慧化、长效化。

一是坚持理念创新，提高城市治理科学化水平。从系统论的视角来看，城市是由若干子系统构成的复杂巨系统，各子系统之间以及子系统内部各要素之间相互关联、各有分工，在协调融合中形成一个有大脑、有神经、有肢体、有新陈代谢的生命体。因此，要树立全周期管理的理念，敬畏城市、善待城市。新时期的城市治理既需要多元主体的共同参与，也要严格规范各类主体的治理行为和参与秩序，构建和谐有序的城市生态、生产、生活空间。二是坚持方式创新，提高城市治理智慧化水平。在新一轮科技革命和产业变革中，城市的治理方式正在被重构和重塑，应当持续强化城市治理的科技“含金量”，运用大数据、云计算等一系列前沿科技增强对城市的感知、分析和判断能力，让城市运行更加聪明、更有智慧。三是坚持制度创新，提高城市治理长效化水平。要聚焦城市居民最关心、最头疼的各类民生问题，注重微创新、微改进的过程式管理，在教育、就业、医疗、社会保障等方面不断优化公共服务供给，让城市更有温度。要健全和完善各类治理主体之间，特别是政府各部门之间、各层级之间的协同化水平，进一步强化问题导向，形成更加精准高效的组织架构和治理机制。

需要特别指出的是，随着各类传统和非传统风险的日渐增多，强化应急管理越来越成为推进城市治理体系和治理能力现代化的重要方面。中共中央、国务院2021年4月出台《关于加强基层治理体系和治理能力现代化建设的意见》，提出要健全常态化管理和应急管理动态衔接的基层治理机制。加强常态化管理与应急管理的动态衔接，对基层治理是如此，对城市治理而言亦是如此。强化城市应急防控能力建设是提高城市治理现代化水平的应有之义，只有统筹做好常态化管理和应急管理，不失时机地完成两者间的协调转换，才能更好地维护城市的运行安全和广大市民的生命财产安全。

（六）塑造人民群众高品质生活空间

坚持以人民为中心的城市建设理念，把补短板、惠民生作为城市功能与品质提升的出发点和落脚点，深入推进城市有机更新，围绕道路交通、市容市貌、卫生保洁等方面持续发力，优化城市生态环境，推动城市内涵式发展，全方位打造幸福宜居的高品质生活空间。

一是统筹布局，建设城市基础设施和公共服务设施。加快推进市政公用设施提档升级，实施黑臭水体整治、公厕建设、供水水质提升、道路交通畅通、供暖燃气延伸、地下综合管廊建设等市政基础设施建设工程。分类推进老旧小区改造，改建配套小区设施，改造人居环境，提高服务水平。优化城市公共服务功能布局，合理确定建设标准，完善文化、体育、教育、医疗、养老等设施布局，着力提高群众最关心的公共服务设施建设运营水平。

二是加快建设新型智慧城市。构建以“城市大脑”为核心的运行管理体系，基于区块链、大数据、物联网、人工智能等开展智慧化治理，做好智慧政务、智慧市政、智慧旅游、智慧环保、智慧交通、智慧社区、智慧医疗、智慧养老等应用平台建设，通过持续推进政务服务、城市管理、交通出行、公务服务等智慧化进程，有效提升城市治理能力和水平。

三是提高城市建设的品位和形象。强化自然景观、人文底蕴与城市布局形态的有机融合，挖掘、彰显、整合、串联城市各类自然、人文和当代建造等特色资源，构建让居民“望得见山、看得见水、记得住乡愁”的城市特色空间体系。加强污染防治攻坚，提升生态环境质量，加强城市绿地与区域内各类生态空间的衔接，构建通风廊道，建设城乡一体、内外有机联系的绿地生态网络，着力打造生态园林城市。积极开展各类文化遗产的系统保护、传承和弘扬，深入挖掘展示各级城市的文化素材，合理构建城市文化景观，将历史文化元素融入城市规划建设管理全过程，推动文旅产业与科技、生态、体育、休闲、研学等深度融合，实现保护固态、传承活态、发展业态的有机统一。

（七）提高农业转移人口市民化水平

坚持以人为本、共享发展的理念，以让农业转移人口“进得来、留得住、过得好”为目标，以深化户籍制度改革和优化基本公共服务提供机制为路径，打破阻碍劳动力自由流动的不合理壁垒，促进人力资源优化配置。

一是全面放开除郑州市中心城区之外的各类城镇落户条件，探索实行经常居住地登记户口制度。推动公共资源按常住人口规模进行配置，进一步完善城镇各类基本公共服务与常住人口的挂钩机制。试点推进郑州都市圈、洛阳都市圈户口通迁、居住证互认。优化郑州、洛阳、南阳、商丘、安阳等城市人口结构，吸引留学归国人员、高校毕业生、职业院校毕业生、技术工人等落户就业。二是聚焦重点人群。新生代农民工、已经举家迁移或实现稳定就业的农民工，其思想观念、生活方式已基本融入城市社会，有在城市定居的强烈意愿，应当将其作为重点群体，加快推进农业转移人口市民化进程。三是建立健全促进农业转移人口市民化的激励机制。促进新增建设用地计划指标与吸纳落户数量相挂钩，强化对农业转移人口市民化工作的奖励支持，完善财政、土地、社保、教育、医疗、住房等配套政策，切实维护好进城落户农民的宅基地使用权、土地承包权以及集体收益分配权，推动非户籍人口落户城镇，推动具备条件有意愿的农业转移人口及其他常住人口进城落户。四是全面提升居住证覆盖率。将户口没有迁移的进城人员纳入居住证管理范围，全面落实和增加居住证权益保障，提高居住证持有人对城镇义务教育、住房保障等公共服务的实际享有水平，缩小以至消除居住证和常住户口之间的待遇差别。五是着力提升农业转移人口就业能力。加强对新生代农民工等农业转移人口的职业技能培训，支持企业特别是规模以上企业或吸纳农民工较多企业开展岗前培训、新型学徒制培训和岗位技能提升培训，并按规定给予培训补贴。

（八）构建适应高质量发展的新型城乡关系

习近平总书记指出，在现代化进程中，如何处理好工农关系、城乡关系，在一定程度上决定着现代化的成败。[①] 党的十九届五中全会提出，要强化以工补农、以城带乡，推动形成工农互促、城乡互补、协调发展、共同繁荣的新型工农城乡关系，加快农业农村现代化。这为从全局和战略高度来把握和处理工农关系、城乡关系提供了基本遵循。现阶段，河南正处于城镇化加速与提质、大力推进乡村建设和乡村振兴的关键时期，统筹新型城镇化与乡村振兴，处理好城乡建设发展的关系，实现以城带乡、城乡融合发展，可谓正当其时、意义深远。

构建新型城乡关系，目的是通过城乡在经济、社会、文化、生态等领域的融合发展，有效解决城乡收入差距明显、城乡要素流通不畅、城乡基础设施和公共服务均等化水平不高等问题，从而打破城乡二元结构壁垒，释放巨大的发展红利。一是推进城乡基本权益平等化。以落实农民长期而有保障的土地使用权为重点，加快推进农村土地管理制度改革，赋予农民更多财产性

---

① 《习近平谈治国理政》（第三卷），外文出版社，2020，第255页。

权利，增加农民财产收益。二是推进城乡基本公共服务均等化。把基本公共服务资源配置的重点放在农村，加强和完善乡村基础设施建设，使城乡居民能够享受到大体同质的医疗、教育等公共服务。三是推进城乡居民收入均衡化。紧紧抓住“粮头食尾、农头工尾”，围绕“产业链、价值链、供应链”三链同构，着力提升农业效益和竞争力，提高农民的劳动生产率和组织化程度，以促进农民增收为中心任务推动共同富裕。四是推进城乡要素配置合理化。加快推进农业生产要素价格的市场化改革，促进城乡要素自由流动、平等交换和合理配置，形成统一、开放、竞争、有序的城乡要素配置市场体系。五是推进城乡产业融合化。乡村经济的多元化发展需要城市的科技改造传统农业，需要城市的工业延长农业产业链条，需要城市的互联网产业丰富乡村的产业业态，要积极推进城市的人才下乡、工商资本下乡、科技下乡和金融下乡，在城乡经济融合互动中深入推进农业供给侧结构性改革，加快实现农业转型升级，发展壮大乡村产业。

参考文献

《关于印发〈2021 年郑州都市圈一体化发展工作要点和重大项目〉的通知》，河南省发展和改革委员会网站，http：//fgw. henan. gov. cn/2021/06 －29/2173109. html，2021 年 6 月 21 日。

《洛阳市人民政府办公室关于印发洛阳市推动现代化都市圈建设 2021 年工作要点的通知》，洛阳市人民政府网站，http：//www. ly. gov. cn/html/1/2/10/29/13/79/472/10941597. html，2021 年 6 月 3 日。

《河南省人民政府办公厅关于印发河南省乡村建设行动实施方案的通知》，河南省人民政府网站，https：//www. henan. gov. cn/2021/05 －21/2148974. html，2021 年 5 月 18 日。

《国家发展改革委办公厅关于推广第三批国家新型城镇化综合试点等地区经验的通知》，中华人民共和国中央人民政府网站，http：//www. gov. cn/zhengce/zhengceku/2021 －08/31/content_ 5634330. htm，2021 年 8 月 26 日。

唐任伍：《我国城镇化进程的演进轨迹与民生改善》，《改革》2013 年第 6 期。

赵永平、王可苗：《公共服务供给、空间溢出与新型城镇化发展质量》，《经济体制改革》2020 年第 2 期。

B.2 河南新型城镇化发展质量评价

河南省社会科学院课题组*

摘　要： 实施以人为核心的新型城镇化战略是河南省第十一次党代会提出的“十大战略”之一。本报告从新型城镇化基本内涵出发，构建了包含人口城镇化、经济城镇化、社会城镇化、空间城镇化和生态城镇化5个维度33个具体指标的新型城镇化质量测评指标体系，运用指数功效函数和均方差法相结合的评价模型，对2019年河南省18个省辖市新型城镇化质量进行综合评估和排序。基于补短板、强弱项的思路，提出了进一步提升新型城镇化质量的对策建议。

关键词： 新型城镇化质量　指数功效函数　均方差法　河南省

城镇化是新兴经济体发展的重要引擎，深入推进以人为核心的新型城镇化是我国全面建成小康社会、实现社会主义现代化的必由之路。十八大以来，按照中央部署，河南加快转变城镇化发展方式，深入推进城乡一体化发展，持续完善城镇化空间布局，着力提升城市综合承载能力，常住人口城镇化率实现历史性突破，达到54.2%。可以说，城镇已经成为河南地区人口和经济社会高质量发展的主要载体。当下，我国进入新发展阶段，新型城镇化建设也迈上新征

---

* 课题负责人：王建国，河南省社会科学院城市与环境研究所所长、研究员，研究方向为区域经济、城市经济。课题组成员：王建国、王新涛、柏程豫、李建华、左雯、吴旭晓、韩鹏、郭志远、彭俊杰、易雪琴、金东、赵中华、盛见、赵执。执笔人：王建国、王新涛、吴旭晓、柏程豫、赵中华。

程，而河南城镇化水平与全国平均水平还存在一定差距。为确保高水平、高质量建设现代化河南，立足时代背景，结合我国经济发展蓝图，在2021年9月召开的河南省委工作会议上，以人为核心的新型城镇化战略被列入省委“十大战略”。而河南省第十一次党代会也明确指出，加快推进新型城镇化，推动中心城市“起高峰”、县域经济“成高原”。基于此，本报告对2019年河南新型城镇化发展质量进行系统评估，总结提炼河南推进新型城镇化建设过程中的经验和亮点，剖析问题与不足，并据此提出新形势下河南深入推进以人为核心的新型城镇化的对策建议，对于我们深刻认识河南新型城镇化发展特征，以更高水平和更高质量的城镇化推动经济社会高质量发展，具有重要的现实意义和实践意义。

一　评价指标的选取

在不同经济社会发展阶段，城镇化进程面临的主要矛盾存在差异，城镇化的核心任务往往有所变化。因此，科学合理界定城镇化质量内涵，就成为城镇化质量研究的重要前提，因为城镇化质量内涵决定了评价指标体系设计，并影响最终评价结果。在新发展阶段，城镇化质量的核心内涵是转移人口市民化进程及其引起的经济转型、社会进步、空间优化和环境响应等多维变化质量。基于研究赓续和适度创新思路，本报告一方面与《河南省城镇化质量评价报告（2013）》一脉相承，依然从人口城镇化、经济城镇化、社会城镇化、空间城镇化和生态城镇化5个维度出发选取指标；另一方面，对不同维度的评价指标进行与时俱进的调整和完善，将双循环新发展格局和城乡融合发展等新内容添加进来。

在人口城镇化维度，取消了原来的城镇从业人员在岗职工平均工资（元）和人均教育财政支出（元）这2个指标，添加了常住人口城镇化率（%）、城市人口密度（人/公里^2）、大专及以上人口比例（%）等3个指标；其中，城市人口密度是各市城镇常住人口数与市域行政区域土地面积之间的比值，大专及以上人口比例是常住人口中拥有大专及以上学历的人数与常住总人口的比值。

在经济城镇化维度，删除了原来的人均社会消费品零售总额（万元）、GDP/固定资产投资额和城乡居民人均储蓄存款（万元）等3个指标，并将城乡居民收入比归入社会城镇化维度，增加了市区经济总量占比（%），第二、第三产业固定资产投资占比（%），研发经费投入强度（%），实际利用省外资金相当于地区生产总值比例（%），对外贸易依存度（%）；研发经费投入强度是R&D经费投入占GDP的比重，后两个指标主要是考虑国内国际双循环对城市经济的影响。

在社会城镇化维度，基于公共服务均等化的考量，对指标进行了较大调整。随着基本医保全面普及和城镇户均私家轿车拥有比例的大幅度提升，取消了城镇基本医疗保险参保比例（%）和城区万人拥有公共交通车辆（标台）这2个指标。删除了人均公共财政预算支出（元）、教育财政支出占GDP比例（%）两个指标，并将建成区排水管道密度（公里/公里^2）这一指标移到空间城镇化维度。适应信息化和知识化发展时代潮流，增加了万人互联网用户数（户）、每百人公共图书馆藏书数（册）两个指标。针对社会广泛关切的教育公平问题，增加了城镇普通初中专任教师占比指标。

在空间城镇化维度，指标做了一定调整，保留了市区人口密度（万人/公里^2）、市区经济密度（万元/公里^2）和市区人均道路面积（米^2）。建成区排水管道密度（公里/公里^2）这一指标更能体现城镇空间利用水平，因此将这一指标从社会城镇化维度调入。此外，为更好地体现城市空间利用情况，本次评价用城市开发强度（%），即城市建成区面积与行政区面积之比，来替代建成区面积占国土面积的比重这一指标。

在生态城镇化维度，为了体现环保攻坚战成果以及响应省里碳达峰、碳中和行动计划，去除了人均公共绿地面积（米^2）这一指标，增加了万元地区生产总值能耗（吨标准煤/万元）、市区人均日生活用水量（升）和空气质量优良率（%）等3个指标；其中，空气质量优良率是各城市全年空气质量优良天数占比。

具体情况见表1。

表1　河南省新型城镇化质量评价指标体系

一级指标	二级指标	三级指标	编号	属性	权重
新型城镇化质量A	人口城镇化 B_1 0.266	常住人口城镇化率	C_1	正向	0.215
		城乡从业人员比	C_2	正向	0.192
		第二、第三产业从业人员比	C_3	正向	0.199
		城市人口密度	C_4	正向	0.193
		大专及以上人口比例	C_5	正向	0.200
	经济城镇化 B_2 0.231	人均地区生产总值	C_6	正向	0.126
		市区经济总量占比	C_7	正向	0.109
		财政一般预算收入相当于地区生产总值比例	C_8	正向	0.116
		第二、第三产业固定资产投资占比	C_9	正向	0.111
		第二、第三产业增加值占比	C_{10}	正向	0.135
		研发经费投入强度	C_{11}	正向	0.137
		实际利用省外资金相当于地区生产总值比例	C_{12}	正向	0.150
		对外贸易依存度	C_{13}	正向	0.115
	社会城镇化 B_3 0.202	城镇基本养老保险参保比例	C_{14}	正向	0.118
		万人互联网用户数	C_{15}	正向	0.118
		城镇普通初中专任教师占比	C_{16}	正向	0.150
		城乡居民收入比	C_{17}	正向	0.127
		每万人执业(助理)医师数	C_{18}	正向	0.106
		每百人公共图书馆藏书数	C_{19}	正向	0.107
		燃气普及率	C_{20}	正向	0.127
		用水普及率	C_{21}	正向	0.146
	空间城镇化 B_4 0.179	城市开发强度	C_{22}	正向	0.205
		市区人口密度	C_{23}	正向	0.218
		市区经济密度	C_{24}	正向	0.222
		建成区排水管道密度	C_{25}	正向	0.190
		市区人均道路面积	C_{26}	正向	0.164
	生态城镇化 B_5 0.122	万元地区生产总值能耗	C_{27}	负向	0.141
		建成区绿化覆盖率	C_{28}	正向	0.122
		市区人均日生活用水量	C_{29}	负向	0.152
		市区污水处理率	C_{30}	正向	0.167
		市区生活垃圾无害化处理率	C_{31}	正向	0.149
		保洁面积占建成区面积比例	C_{32}	正向	0.130
		空气质量优良率	C_{33}	正向	0.138

二　评价模型的构建

（一）指标的无量纲化方法

使用指数功效函数对三级指标数据进行无量纲化和标准化处理，具体计算公式如下：

$$d = 60e^{-\frac{x-x^s}{x^h-x^s}\ln(0.6)}$$

式中，d 是经指数功效函数转换量化后的得分，其取值区间为［60，100］；x 是各指标数据实际统计值，x^h 和 x^s 分别是满意值和不允许值；对于正向指标而言，x^h 和 x^s 取各指标的最大值和最小值；对于负向指标而言，情况刚好相反。

（二）指标权重的确定方法

本报告采用均方差法对各指标权进行赋权。均方差法与熵值法、极差法均属于突出局部差异型客观赋权法，与熵值法、极差法一样遵循“差异驱动”原理，突出指标的可辨别性原则，不具有任何主观色彩，确保评价过程的透明性和再现性。其基本思想为：权重系数是各指标在指标总体中的变异程度及对其他指标影响程度的度量，赋权的原始信息直接来自客观环境，根据各个指标提供的信息量大小来确定相应指标的权重系数。均方差法的突出优点是更符合统计学原理，计算过程相对直观简洁，计算效率相对更高。具体计算公式如下：

$$w_j = \frac{s_j}{\sum_{k=1}^{m} s_k}, j = 1,2,\cdots,m$$

式中：$s_j = \sqrt{\frac{1}{n}\sum_{i=1}^{n}(x_{ij} - \bar{x}_j)^2}, j = 1,2,\cdots,m$

而 $\bar{x}_j = \frac{1}{n}\sum_{i=1}^{n} x_{ij}, j = 1,2,\cdots,m$

（三）城镇化质量评价模型

此次测评采用数据驱动模型进行客观评估。三级指标权重 w_j 通过均方差法得到，将各指标的权重系数与对应的功效系数 d_{ij} 进行相乘后累加求和，就可以获得二级指标质量指数 B_i：

$$B_i = \sum_{j=1}^{m} w_j d_{ij}$$

进而求出一级指标质量指数：

$$A = \sum_{i=1}^{n} w_i B_i$$

式中，A 代表一级指标质量指数，w_i 是运用均方差法求得的二级指标权重。

三　河南省新型城镇化质量测评

为了便于分析和体现河南省新型城镇化质量的层次性，根据城市的一、二级指标得分的梯度分布可以将 18 个省辖市分为 3 个梯队：第一梯队为高分梯队（得分≥80 分），第二梯队为中间梯队（70 分≤得分＜80 分），第三梯队为一般梯队（得分＜70 分）。

（一）子系统专项指标

1. 人口城镇化子系统

从常住人口城镇化率看，排在前三位的依次是郑州、济源、鹤壁，排在后三位的依次是商丘、驻马店、周口。从城乡从业人员比看，排在前三位的依次是郑州、濮阳、济源，排在后三位的依次是驻马店、周口、信阳。从第二、第三产业从业人员比看，排在前三位的依次是郑州、鹤壁、洛阳，排在后三位的依次是开封、信阳、南阳。从城市人口密度看，排在前三位的依次是郑州、漯河、焦作，排在后三位的依次是南阳、信阳、三门峡。从大专及以上人口比例看，排在前三位的依次是郑州、济源、洛阳，排在后三位的依次是驻马店、新乡、周口。综合来看，省会郑州在人口城镇化方面的各项指标得分都是省内最高，且显著超过了排在第二位的城市（见表2）。

表2　人口城镇化子系统各指标得分

城市	C_1	C_2	C_3	C_4	C_5
郑州市	100.00	100.00	100.00	100.00	100.00
开封市	66.31	63.08	64.90	68.71	65.51
洛阳市	76.98	68.67	79.97	65.02	70.53
平顶山市	72.43	64.26	65.42	68.20	64.97
安阳市	69.73	63.17	74.75	73.77	64.46
鹤壁市	79.91	68.37	80.62	72.33	66.81
新乡市	71.71	65.17	75.00	69.48	60.37
焦作市	79.41	69.21	78.82	75.64	69.61
濮阳市	62.53	72.15	71.20	70.13	65.48
许昌市	70.77	65.12	69.80	73.34	64.20
漯河市	70.58	67.08	66.69	76.14	66.53
三门峡市	75.18	68.12	65.74	60.00	68.15
南阳市	63.52	62.20	60.00	61.89	61.60
商丘市	60.48	62.15	71.35	66.44	61.59
信阳市	64.87	60.00	61.15	61.43	63.27
周口市	60.00	60.01	68.66	66.97	60.00
驻马店市	60.27	60.90	67.56	62.87	60.51
济源市	83.07	71.97	77.60	64.05	79.26

资料来源：根据《河南统计年鉴2020》数据计算而得。

2. 经济城镇化子系统

从人均地区生产总值看，排在前三位的依次是郑州、济源、焦作，排在后三位的依次是驻马店、南阳、周口。从市区经济总量占比看，排在前三位的依次是济源、郑州、漯河，排在后三位的依次是商丘、驻马店、周口。从财政一般预算收入相当于地区生产总值比例看，排在前三位的依次是郑州、三门峡、济源，排在后三位的依次是南阳、周口、信阳。从第二、第三产业固定资产投资占比看，排在前三位的依次是郑州、漯河、商丘，排在后三位的依次是信阳、南阳、三门峡。从第二、第三产业增加值占比看，排在前三位的依次是郑州、济源、许昌，排在后三位的依次是南阳、驻马店、信阳。从研发经费投入强度看，排在前三位的依次是洛阳、新乡、郑州，排在后三位的依次是信阳、驻马店、周口。从实际利用省外资金相当于地区生产总值比例看，排在前三位的依次是鹤壁、安阳、济源，排在后三位的依次是驻马店、信阳、郑州。从对外贸易依存度看，排在前三位的依次是郑州、济源、三门峡，排在后三位的依次是驻马店、平顶山、商丘。综合来看，在经济城镇化子系统中，省会郑州在其中5项指标上的得分依然是全省最高，但市区经济总量占比（C_7）这一指标上位居第二，与第一位的济源还是存在着较为显著的差距，而在实际利用省外资金相当于地区生产总值比例（C_{12}）这一指标上，郑州则排在全省最末位（见表3）。

表3　经济城镇化子系统各指标得分

城市	C_6	C_7	C_8	C_9	C_{10}	C_{11}	C_{12}	C_{13}
郑州市	100.00	84.96	100.00	100.00	100.00	91.28	60.00	100.00
开封市	66.27	70.77	72.06	89.93	68.95	72.16	85.20	61.73
洛阳市	76.38	73.12	76.91	85.28	89.50	100.00	68.70	61.70
平顶山市	64.29	70.24	76.15	86.71	83.09	81.31	82.17	60.30
安阳市	62.51	71.79	77.00	94.20	79.24	74.89	97.39	61.35
鹤壁市	70.37	74.36	74.92	92.35	85.29	67.11	100.00	61.68
新乡市	65.63	68.75	71.27	95.78	79.70	93.13	80.06	61.55
焦作市	78.41	66.34	67.03	97.70	88.01	82.16	81.11	63.91
濮阳市	62.85	71.44	70.91	90.23	71.62	69.43	67.89	63.78
许昌市	78.14	65.11	65.03	93.27	89.75	79.69	67.16	63.48
漯河市	69.67	81.20	69.32	99.67	79.60	66.39	68.91	62.66
三门峡市	71.70	70.32	88.80	60.00	77.93	75.82	88.74	69.32
南阳市	60.47	65.87	64.21	79.02	65.95	70.60	67.75	63.12
商丘市	61.15	64.51	68.32	98.03	66.34	67.90	83.60	60.00
信阳市	62.36	65.82	60.00	80.61	60.00	61.89	60.61	60.57
周口市	60.00	60.00	60.45	85.00	66.14	60.00	72.08	61.83
驻马店市	60.83	63.51	68.02	89.33	61.81	60.86	61.74	60.54
济源市	87.79	100.00	83.22	93.27	93.17	88.79	95.80	80.93

资料来源：根据《河南统计年鉴2020》数据计算而得。

3. 社会城镇化子系统

从城镇基本养老保险参保比例看，排在前三位的依次是济源、郑州、新乡，排在后三位的依次是商丘、驻马店、濮阳。从万人互联网用户数看，排在前三位的依次是郑州、济源、焦作，排在后三位的依次是信阳、南阳、周口。从城镇普通初中专任教师占比看，排在前三位的依次是济源、鹤壁、郑州，排在后三位的依次是新乡、信阳、商丘。从城乡居民收入比看，排在前三位的依次是焦作、济源、郑州，排在后三位的依次是商丘、洛阳、濮阳。从每万人执业（助理）医师数看，排在前三位的依次是郑州、洛阳、开封，排在后三位的依次是信阳、驻马店、南阳。从每百人公共图书馆藏书数看，排在前三位的依次是郑州、洛阳、三门峡，排在后三位的依次是濮阳、周口、信阳。从燃气普及率看，排在前三位的依次是漯河、济源、南阳，排在后三位的依次是驻马店、信阳、郑州。从用水普及率看，并列第一的是郑州、安阳、新乡、济源，排在后三位的依次是许昌、洛阳、驻马店。综合来看，在社会城镇化子系统中，省会郑州在7 项指标上能够排到全省前三位，但在燃气普及率（C_{20}）这项指标上明显落后，排在了全省最末位（见表4）。

表4　社会城镇化子系统各指标得分

城市	C_{14}	C_{15}	C_{16}	C_{17}	C_{18}	C_{19}	C_{20}	C_{21}
郑州市	95.74	100.00	90.08	97.92	100.00	100.00	60.00	100.00
开封市	82.01	65.83	64.12	81.85	73.04	66.02	92.89	77.73
洛阳市	76.03	78.75	89.14	71.28	74.76	80.83	98.98	60.05
平顶山市	72.98	66.63	61.67	76.49	65.82	64.29	83.39	90.19
安阳市	82.18	75.71	62.87	81.56	72.47	62.95	92.26	100.00
鹤壁市	74.86	72.53	96.79	97.44	67.99	70.44	87.66	86.32
新乡市	86.97	77.66	60.68	85.52	70.75	68.87	93.52	100.00
焦作市	74.17	81.10	76.69	100.00	68.56	65.29	81.61	98.29
濮阳市	60.00	74.76	73.86	60.00	67.43	61.91	85.50	87.00
许昌市	75.82	69.90	66.44	94.47	64.08	67.12	88.06	76.07
漯河市	69.91	66.48	71.81	88.37	62.95	69.76	100.00	97.96
三门峡市	76.16	75.61	75.04	85.55	69.16	70.85	82.45	85.81
南阳市	70.38	60.94	82.98	80.53	60.00	64.54	99.55	85.81

续表

城市	C_{14}	C_{15}	C_{16}	C_{17}	C_{18}	C_{19}	C_{20}	C_{21}
商丘市	67.25	66.67	60.00	71.83	62.65	64.90	86.87	93.75
信阳市	81.72	61.67	60.12	81.57	60.30	60.00	65.78	84.20
周口市	72.27	60.00	68.56	76.93	61.71	60.69	85.60	93.27
驻马店市	64.61	61.68	68.25	76.84	60.20	63.46	79.87	60.00
济源市	100.00	84.44	100.00	98.34	65.63	66.90	100.00	100.00

资料来源：根据《河南统计年鉴2020》数据计算而得。

4.空间城镇化子系统

从城市开发强度看，排在前三位的依次是济源、郑州、新乡，其中济源和郑州得分都在90分以上，显著超过排在第三位的新乡，而新乡与其后的洛阳差距不大；排在后三位的依次是商丘、三门峡、信阳。从市区人口密度看，排在前三位的依次是商丘、郑州、洛阳，排在后三位的依次是驻马店、南阳、信阳。从市区经济密度看，排在前三位的依次是济源、郑州、洛阳，其中济源和郑州得分较高，遥遥领先于其后的一众城市；排在后三位的依次是商丘、三门峡、信阳。从建成区排水管道密度看，排在前三位的依次是安阳、漯河、濮阳；排在后三位的依次是洛阳、三门峡、信阳。从市区人均道路面积看，排在前三位的依次是许昌、驻马店、周口，排在后三位的依次是商丘、洛阳、郑州。综合来看，在空间城镇化子系统中，省会郑州表现一般，有3项指标排在全省第二位，建成区排水管道密度（C_{25}）这项指标排在全省第12位，市区人均道路面积（C_{26}）则排到了全省最末位（见表5）。

表5　空间城镇化子系统各指标得分

城市	C_{22}	C_{23}	C_{24}	C_{25}	C_{26}
郑州市	91.67	95.85	97.58	73.51	60.00
开封市	62.25	74.26	61.14	73.84	75.86
洛阳市	73.55	85.27	69.33	69.78	64.66
平顶山市	66.68	64.85	67.07	74.83	69.46
安阳市	65.32	72.46	64.78	100.00	73.94
鹤壁市	63.13	66.13	61.84	76.11	75.80

续表

城市	C_{22}	C_{23}	C_{24}	C_{25}	C_{26}
新乡市	73. 57	76. 01	68. 21	69. 81	67. 93
焦作市	68. 29	76. 75	64. 28	80. 18	70. 93
濮阳市	68. 21	67. 38	66. 78	85. 76	68. 90
许昌市	63. 51	62. 74	62. 07	72. 28	100. 00
漯河市	61. 80	76. 86	62. 91	98. 02	72. 14
三门峡市	60. 13	82. 14	60. 29	63. 83	65. 49
南阳市	62. 20	60. 28	61. 01	77. 96	66. 40
商丘市	60. 46	100. 00	60. 62	71. 19	65. 32
信阳市	60. 00	60. 00	60. 00	60. 00	67. 14
周口市	70. 37	69. 65	62. 94	80. 00	77. 83
驻马店市	61. 94	61. 55	60. 75	80. 68	80. 15
济源市	100. 00	67. 18	100. 00	76. 31	74. 35

资料来源：根据《河南统计年鉴 2020》数据计算而得。

5. 生态城镇化子系统

从万元地区生产总值能耗看，排在前三位的依次是周口、开封、南阳；排在后三位的依次是安阳、鹤壁、济源。从建成区绿化覆盖率看，排在前三位的依次是商丘、驻马店、信阳；排在后三位的依次是新乡、周口、三门峡。从市区人均日生活用水量看，排在前三位的依次是鹤壁、南阳、信阳；排在后三位的依次是驻马店、濮阳、安阳。从市区污水处理率看，排在前三位的依次是南阳、洛阳、焦作；排在后三位的依次是濮阳、鹤壁、开封。从市区生活垃圾无害化处理率看，郑州、开封、平顶山、安阳、鹤壁、新乡、焦作、濮阳、许昌、漯河、信阳、周口、驻马店、济源都表现优秀，三门峡、南阳、商丘表现略弱，洛阳在这方面则还需要加大改进力度。从保洁面积占建成区面积比例看，排在前三位的依次是商丘、濮阳、漯河；排在后三位的依次是周口、信阳、三门峡。从空气质量优良率看，排在前三位的依次是信阳、三门峡、驻马店；排在后两位的依次是焦作、安阳。综合来看，在生态城镇化子系统中，各城市在不同专项指标上的表现有强有弱，并未有某个城市在大多数指标上都能保持优势排名（见表6）。

表 6　生态城镇化子系统各指标得分

城市	C_{27}	C_{28}	C_{29}	C_{30}	C_{31}	C_{32}	C_{33}
郑州市	96.14	74.08	76.65	79.87	100.00	65.08	69.48
开封市	98.23	73.60	77.63	60.00	100.00	70.53	69.48
洛阳市	90.18	70.88	80.69	97.50	60.00	67.34	69.48
平顶山市	82.36	76.20	80.47	82.90	100.00	74.20	73.36
安阳市	72.11	77.27	60.00	79.65	100.00	75.64	60.00
鹤壁市	71.49	82.37	100.00	61.21	100.00	72.01	72.57
新乡市	85.58	70.67	76.56	63.28	100.00	69.96	80.46
焦作市	83.08	77.65	81.91	90.62	100.00	71.66	64.74
濮阳市	84.59	72.41	65.33	62.53	100.00	85.00	75.38
许昌市	95.02	75.90	82.61	79.76	100.00	73.77	73.76
漯河市	87.22	78.62	83.15	80.19	100.00	82.46	72.18
三门峡市	83.50	60.00	90.37	75.23	86.78	60.00	96.27
南阳市	98.22	78.78	97.74	100.00	81.15	70.55	76.62
商丘市	86.34	100.00	94.23	85.81	79.55	100.00	79.59
信阳市	88.05	88.47	95.67	70.29	100.00	61.68	100.00
周口市	100.00	67.02	71.69	67.54	100.00	63.82	78.73
驻马店市	92.19	90.56	67.42	88.13	100.00	79.54	88.73
济源市	60.00	77.88	76.29	89.43	100.00	64.75	69.86

资料来源：根据《河南统计年鉴 2020》数据计算而得。

（二）子系统质量指数

根据上述各子系统三级指标的功效系数及其综合权重，计算得到各子系统的质量指数。

1. 人口城镇化子系统质量指数

在人口城镇化方面，郑州的质量指数达到 100，遥遥领先于省内其他城市。济源、焦作、鹤壁、洛阳 4 市的指数在 72 到 76 之间，处于中间梯队，4 个城市差距不大，其中指数最高的是济源（75.42）。余下 13 个城市指数均在 70 以下，处于一般梯队，各城市之间差距也较小（见图 1）。

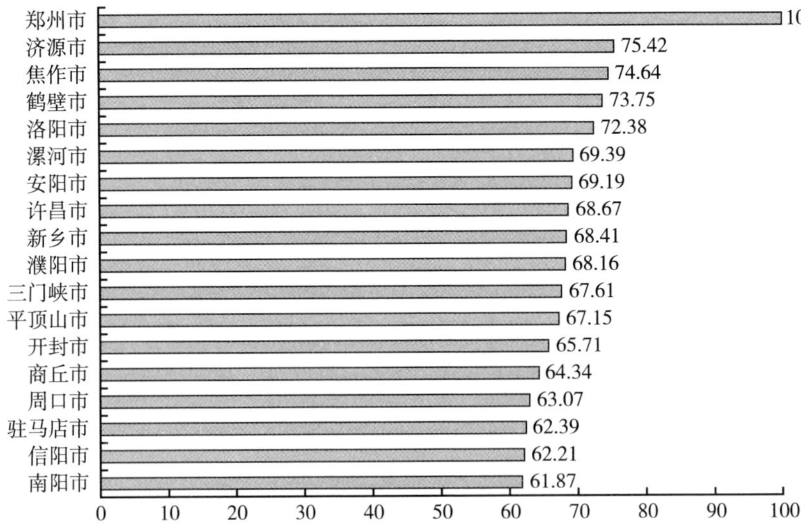

图1　2019年河南省辖市人口城镇化质量排名

资料来源：根据《河南统计年鉴2020》数据计算而得。

2. 经济城镇化子系统质量指数

在经济城镇化方面，郑州、济源分列第一、第二位，指数分别为91.17和90.47，都处于高分梯队。洛阳等12个城市处于中间梯队，其中洛阳指数最高（79.25）。余下还有4个城市，其指数在63到68之间，处于一般梯队。总体来看，高分梯队的郑州和济源与排在其后的城市拉开了较为明显的差距，但各梯队内部城市之间的差距不大（见图2）。

3. 社会城镇化子系统质量指数

在社会城镇化方面，郑州、济源依然是分列第一、第二位，指数分别为92.65和90.74，二者差距较小，此后依次还有鹤壁（82.85）、焦作（81.57）和新乡（80.81），共有5个城市处于高分梯队。处于中间梯队的有漯河（79.31）、濮阳（72.00）等11个城市。最后信阳、驻马店2个城市处于一般梯队，但与中间梯队的差距并不大（见图3）。

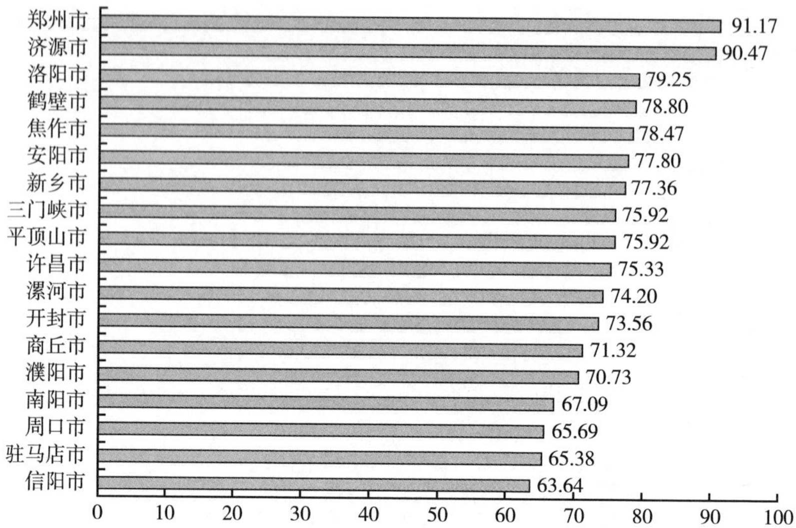

图2　2019年河南省辖市经济城镇化质量排名

资料来源：根据《河南统计年鉴2020》数据计算而得。

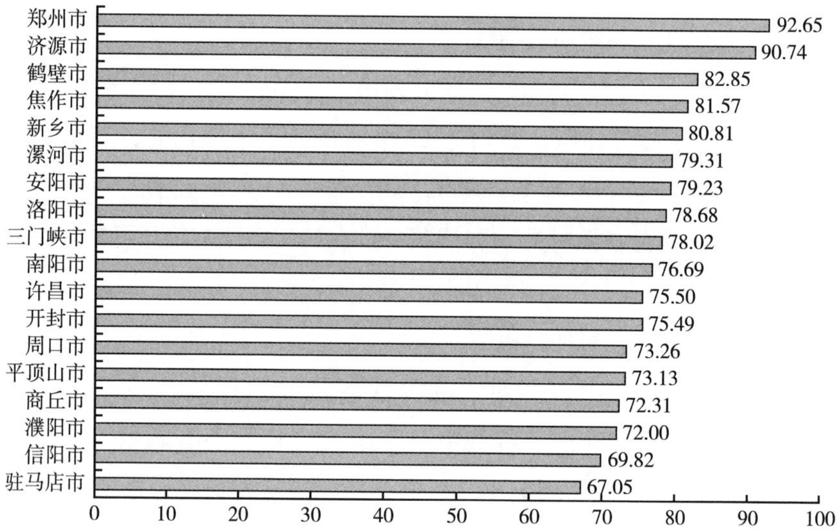

图3　2019年河南省辖市社会城镇化质量排名

资料来源：根据《河南统计年鉴2020》数据计算而得。

4. 空间城镇化子系统质量指数

在空间城镇化方面，仍然是郑州、济源领先，指数分别为 85.24 和 84.13，属于高分梯队。属于中间梯队的有安阳（74.76）、许昌（70.69）等 9 个城市。属于一般梯队的有开封（69.06）、信阳（61.17）等 7 个城市。郑州和济源的表现稍微突出，且济源与郑州的差距很小，其他城市表现尚可。但对比其他子系统来看，空间城镇化子系统的质量指数整体偏低（见图 4）。

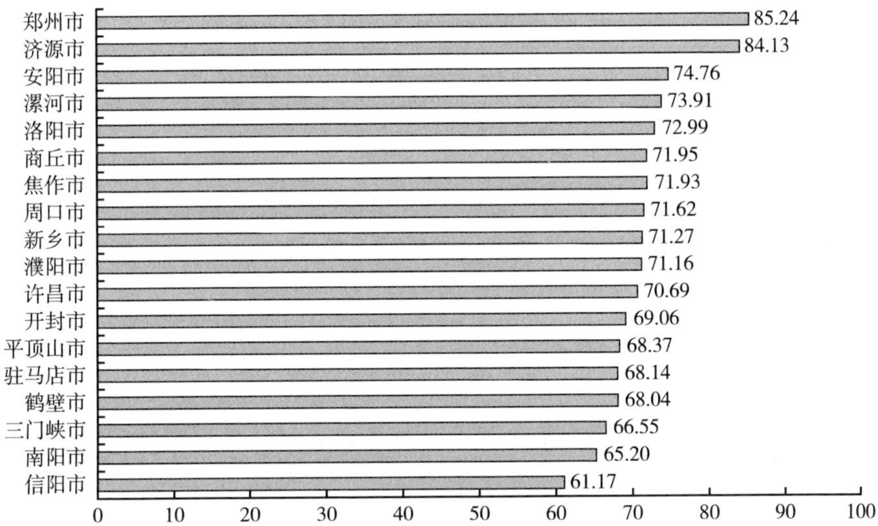

图 4　2019 年河南省辖市空间城镇化质量排名

资料来源：根据《河南统计年鉴 2020》数据计算而得。

5. 生态城镇化子系统质量指数

在生态城镇化方面，有 9 个城市进入高分梯队，其中商丘排在第一位，指数为 88.96，郑州排在第九位，即高分梯队的最后一位，指数为 80.61。另外从鹤壁到安阳 9 个城市全部属于中间梯队，指数在 75 到 80 之间。没有城市处于一般梯队。总体来看，各城市差距不大，质量水平整体相对较高，但高分城市的质量水平并不突出（见图 5）。

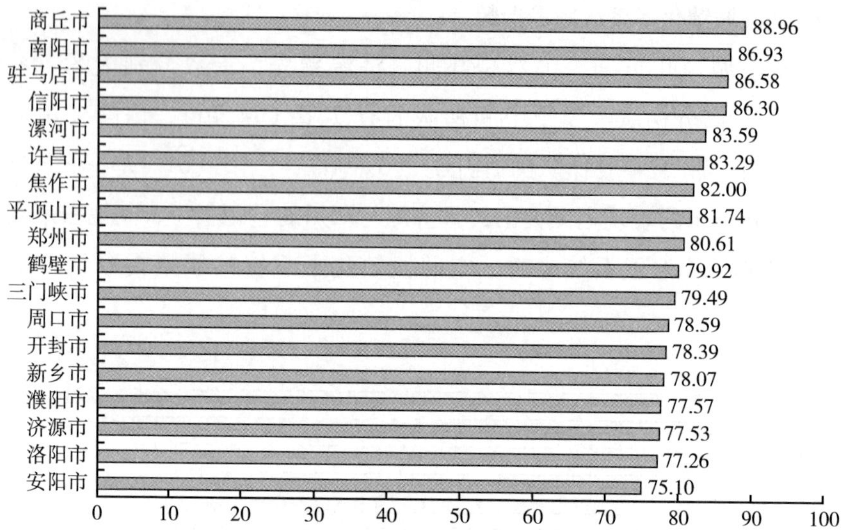

图5　2019年河南省辖市生态城镇化质量排名

资料来源：根据《河南统计年鉴2020》数据计算而得。

（三）城镇化综合质量

根据各子系统的质量指数及其综合权重，通过计算可得到河南省各城市的城镇化综合质量指数。按照指数得分，18个城市可分为三个梯队：高分梯队包括郑州、济源2个城市，其中郑州的城镇化综合质量最高，指数达到91.47，显著超过排在第二位的济源（指数为83.82）。中间梯队包括焦作、鹤壁、洛阳、漯河、安阳、新乡、许昌、三门峡、平顶山、商丘、开封、濮阳共12个城市，其中焦作的综合质量指数为77.34，在全省排第三位，与第二位的济源有较为明显的差距，而本梯队内的城市之间差距相对较小（综合质量指数在71.21～77.34）。一般梯队则包括南阳、周口、驻马店、信阳共4个城市，这些城市承担了粮食生产重任，农业生产规模大，农村人口占比高，因此在新型城镇化发展上稍弱于省内其他城市（见图6）。

郑州在人口城镇化、经济城镇化、社会城镇化与空间城镇化四个维

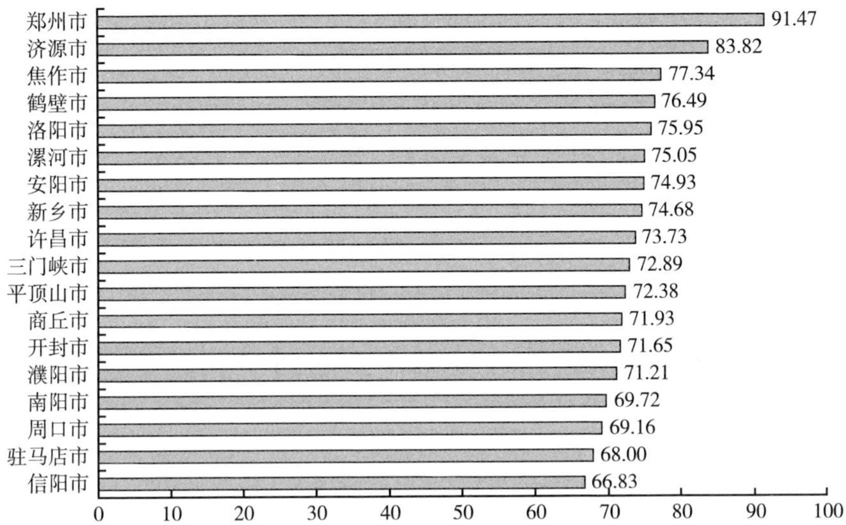

图 6　2019 年河南省辖市城镇化综合质量排名

度上都位居全省榜首，特别是在人口城镇化方面表现尤为突出（质量指数为 100），在经济城镇化和社会城镇化方面也表现较好（质量指数都为 91.17 和 92.65），但是在空间城镇化方面表现一般（质量指数为 85.24）。而在生态城镇化方面，郑州仅排在全省第九位，质量指数仅为 80.61，与其他维度的质量指数相比有着较为显著的差距。郑州作为省会城市、国家中心城市，非农产业吸纳就业容量大，吸引了大量农业转移人口，在良好的基础条件下人口市民化进程更为顺畅，经济转型、社会进步也更快。但是在城市空间优化方面还有待加强，未来应进一步提升城市规划建设水平，优化城市布局，着力提高城市综合承载能力，使城市空间能够更好地承载城市经济社会运转。而在生态环境方面，郑州必须要高度重视，加快转变发展方式，加强生态环境保护，以更好地适应新型城镇化推进的需要。

济源在经济城镇化、社会城镇化与空间城镇化三个维度上都排在全省第二位，且与郑州差距很小，其中在经济城镇化、社会城镇化两个维度上的得分较高（质量指数都为 90.47 和 90.74），这显示其在城镇化进程中经济转型与社会进步发展较好；与郑州一样，济源在空间城镇化维度上的得分也不突出（84.13），表现相对一般，未来还需要在优化城市空间方面做更多的努力；济源在人口城镇化维度虽然仍排在全省第二位，但得分与郑州差距很大，仅为75.42，说明济源在转移人口市民化方面还有待改善。此外，在生态城镇化维度上，济源的表现较差，排在全省倒数第三位，这也是济源在未来需要着力改进的方向。

四　提升河南省新型城镇化发展质量的对策建议

“十四五”时期是河南加速推进实施以人为核心新型城镇化战略、谱写新时代中原更加出彩绚丽篇章的关键时期。未来河南应以都市圈建设、区域中心城市建设为引领，推动城乡协调发展，加速完善现代产业体系，加紧培育完整内需体系，有力夯实新时代新型城镇化的现实基础，确保现代化河南建设开好局、起好步，以高水平城镇化支撑经济社会高质量发展。

（一）加快都市圈建设，为新型城镇化提供引领示范

进入新的发展阶段，我国人口和各类经济要素将加速向都市圈城市群聚集，都市圈的扩容将成为新阶段我国城镇化的主要形式之一，甚至成为驱动城镇化发展的核心动力。由此，河南应强力打造郑州、洛阳两大都市圈，通过都市圈建设推动河南城市群的建设与发展。一是通过不断优化产业结构、积极布局新兴产业、建设国际综合交通枢纽和内陆地区对外开放门户，强化郑州在河南的龙头带动作用。二是通过充分挖掘、发挥自身优势，不断提高自主创新能力，实施科技引领发展战略，做优做强先进装备制造、新材料和高端石化等优势产业集群，不断提升洛阳对周边城市的辐射带动作用。三是提升郑州、洛阳都市圈及周边城市的关联度和协同性，依托城市经济基础、发挥各自资源优势，面向产业链、创新链在产业布局上形成互动和有效链接，通过基础设施、公共服务一体化发展、均等化发

展，使开封、许昌、平顶山、新乡、济源和焦作等与郑州、洛阳形成更紧密关联。

（二）促进区域城市协调发展，为新型城镇化增加空间载体

抓住新一轮国家推动中部地区高质量发展的战略机遇，优化国土空间布局，构建都市圈城市群相互呼应、区域中心城市紧密联动的发展新格局。一是促进区域中心城市与周边地区协同发展。提升安阳和商丘等区域中心城市的规模能级，不断壮大主导产业，积极培育特色优势产业，推进城市依据比较优势实施错位发展。二是提升县城发展质量。深化户籍制改革，加快农业转移人口市民化，科学布局县域生产、生活和生态空间，推动县域教育、医疗等公共服务资源优化配置，使县城积极融入周边中心城市发展。三是积极发挥郑州国家中心城市在新时代推动中部地区高质量发展中的龙头作用，加快推动中原城市群高质量发展，加强河南与其他中部省份的省际协作和交界地区的协同发展，全力打造全国重要增长极。

（三）加快产业转型升级，为新型城镇化提供坚实支撑

产业是城市发展的基础，是城镇化赖以持续推进的原生动力。为更好地推进新型城镇化，河南尤其需要加快构建以先进制造业和新兴服务业为核心的现代产业体系。一是着力推动制造业加能提效。郑州、洛阳及许昌等城市可重点推动装备制造智能化、成套化和服务化发展，不断提升装备制造的竞争优势和关键基础件供应能力，三门峡和南阳等重点巩固传统食品加工优势。二是建设新兴服务业强省。推动现代物流、现代金融和信息服务等主导的生产性服务业专业化、高端化发展，顺应居民消费升级大趋势，推动家政、育幼、教育培训、文化旅游、健康养老等新兴服务业高品质多样化发展。三是推动产学研用深度融合，围绕河南各地市主导支柱产业转型和战略新兴产业培育发展需求，深挖郑州大学、河南大学、中信重工等科技资源“富矿”，以科技创新为河南现代产业体系注入强劲发展动能。

(四)加快培育城镇内需体系,为新型城镇化激发内在活力

“双循环”发展格局下,居民消费升级将成为城镇化发展的关键。充分提高城镇居民消费水平,激发市场活力,将是河南推进城镇化发展的关键一招。一是提高城乡居民收入水平,驻马店、商丘、平顶山等城市尤其需大力实施扩大中等收入群体行动计划,推动中等收入群体扩围增收,健全劳动、资本、知识、技术、管理、数据等要素由市场评价贡献、按贡献决定报酬的机制,深化城镇机关和事业单位工资制度改革,促进收入合理增长,强化支付保障,拓宽居民经营性、财产性收入渠道。二是推进重点领域消费提档升级,以郑州、洛阳、济源为代表的收入相对较高城市应多措并举促进汽车等商品消费,落实新能源汽车购置相关财税支持政策,推动家用电器加速置换,扩大文旅消费。培育消费新增长点,积极发展平台经济、共享经济、宅经济,促进线上线下融合消费双向提速,完善“智能+”消费体系,鼓励社会资本进入服务消费领域,以打通农村消费堵点与提升农村消费品质为重点,健全完善农村物流配送体系,充分释放农村消费潜力。三是优化提升消费环境,鼓励消费金融创新,规范发展消费信贷,打通消费金融堵点。积极发展假日经济,畅通消费者维权渠道。

参考文献

河南省社会科学院课题组:《河南省城镇化质量评价报告(2013)》,社会科学文献出版社,2014。

黄敦平、陈洁:《我国新型城镇化质量综合评价》,《统计与决策》2021年第12期。

苏红键:《城镇化质量评价与高质量城镇化的推进方略》,《改革》2021年第1期。

袁晓玲、贺斌、卢晓璐、陈美伶:《中国新型城镇化质量评估及空间异质性分析》,《城市发展研究》2017年第6期。

焦欢:《对19个副省级及以上城市的城市能级测评》,《国家治理》2019年第6期。

孙平军、罗宁:《西南经济核心区中心城市城镇化结构质量比较分析——以成都、重庆为例》,《地理科学》2021年第6期。

城市功能篇

Urban Function

B.3 增强郑州国家中心城市龙头带动作用*

吴旭晓**

摘　要： 增强郑州国家中心城市龙头带动作用，是发挥郑州都市圈系统效应、引领中原城市群一体化发展、支撑中部地区高质量崛起、高效服务国家发展大局的现实需要。本报告在量化评估郑州的龙头地位、辐射能力和带动能力基础上，从人口和经济首位度、创新竞争力、经济结构、城镇化和城镇居民可支配收入水平等维度分析了郑州带动作用较弱原因。从增强郑州市综合发展动能、提升周围城市综合水平、畅通中心城市与外围城市联动渠道等方面提出增强郑州龙头带动作用的对策建议。

关键词： 国家中心城市　辐射带动作用　郑州

---

* 本报告是2021年度河南省社会科学院创新工程一般项目“双循环新发展格局下郑州都市圈的目标定位及实现路径研究”（21A30）的阶段性成果之一。

** 吴旭晓，河南省社会科学院副研究员，博士，研究方向为城市与环境。

河南省第十一次党代会指出，郑州作为国家中心城市，必须当好国家队、提升国际化，引领现代化河南建设。郑州不仅是郑州都市圈的中心城市，而且是被国家定位为国际性综合交通枢纽之一的城市，还是国家“一带一路”倡议的重要支撑点城市，更是新时代“双循环”新发展格局下联动我国东西部发展的战略衔接城市。同时我们要看到，郑州周围还存在诸如武汉、西安、合肥等经济科技实力雄厚的城市，可以研判，2017 年 1 月国家发改委复函支持郑州建设国家中心城市，既是中央对近十年来郑州经济社会发展成绩的充分肯定，也是中央基于郑州的区位优势和巨大潜力而做出的战略布局。作为火车拉来的城市，郑州由于地处中原腹地，开放发展的步伐慢于东部沿海地区，其经济总量长期不及发达省份的一个地级市，2020 年在全国城市 GDP 排行榜中仅名列第 16 位，中原城市群“领头羊”和国家中心城市的作用尚未得到有效发挥。因此，站在新发展起点，如何做到有所为有所不为、锻长板与补短板“齐头并进”，坚持精心谋划和精准发力，确保多重“目标—任务—约束”之间的动态平衡，全面增强郑州国家中心城市龙头带动作用，以重点突破带动全局整体跃升，发挥郑州都市圈的系统效应，引领中原城市群一体化发展，支撑中部地区高质量崛起，高效服务国家发展战略，就显得尤为迫切和重要。

一　郑州国家中心城市龙头带动作用现状分析

近年来，郑州以建设国家中心城市为目标导向，坚持以人民为中心，整合各种经济、社会、科技和生态资源，积极推动城镇化发展方式转型，实现了城市人口规模和经济社会发展质量双提升。但郑州建设国家中心城市的终极目标，不只是要提升自身的综合竞争力，更是要发挥郑州在多元空间层次中的龙头带动作用，尤其是实现郑州都市圈同城化发展和中原城市群一体化发展。但当前郑州在辐射带动方面仍存在短板，郑州与广州、成都、武汉等国家中心城市的综合发展水平差距仍在扩大。因此，很有必要量化分析郑州国家中心城市辐射带动作用的基本现状，以便为在新发展格局下更好地发挥郑州国家中心城市的龙头带动作用找准政策发力点。

（一）龙头地位分析

为了突出重点，本报告仅从经济体能、创新水平和人均可支配收入三个维度分析郑州在省内的龙头地位。

1. 经济体能遥遥领先

表 1 呈现的是 2012 ~2020 年河南省各省辖市 GDP 变化情况。

表 1　2012 ~2020 年河南省各省辖市国内生产总值

单位：亿元

城市	2012 年	2013 年	2014 年	2015 年	2016 年	2017 年	2018 年	2019 年	2020 年
郑州市	5549.8	6201.8	6777.0	7311.5	8114.0	9193.8	10143.3	11589.7	12003.0
开封市	1207.1	1363.5	1492.1	1605.8	1755.1	1887.5	2002.2	2364.1	2371.8
洛阳市	2981.1	3140.8	3284.6	3469.0	3820.1	4290.2	4640.8	5034.9	5128.4
平顶山市	1495.8	1556.9	1637.2	1686.0	1825.1	1994.7	2135.2	2372.6	2455.8
安阳市	1566.9	1683.6	1791.8	1872.3	2029.8	2249.9	2393.2	2229.3	2300.5
鹤壁市	545.8	622.1	682.2	715.7	771.8	827.7	861.9	988.7	981.0
新乡市	1619.8	1766.1	1917.8	1975.0	2167.0	2357.8	2526.6	2918.2	3014.5
焦作市	1551.3	1707.4	1844.3	1926.1	2095.1	2280.1	2371.5	2761.1	2123.6
濮阳市	989.7	1130.5	1253.6	1328.3	1449.6	1585.5	1654.5	1581.5	1650.0
许昌市	1716.2	1903.3	2087.2	2171.2	2377.7	2632.9	2830.6	3395.7	3449.2
漯河市	797.1	861.5	941.2	992.6	1081.9	1165.0	1236.7	1578.4	1573.9
三门峡市	1127.3	1204.7	1240.1	1251.0	1325.9	1447.4	1528.1	1443.8	1450.7
南阳市	2340.7	2498.7	2675.6	2866.8	3115.0	3345.3	3566.8	3815.0	3925.9
商丘市	1397.3	1538.2	1697.6	1812.2	1989.2	2195.6	2389.0	2911.2	2925.3
信阳市	1397.3	1581.2	1757.3	1879.7	2037.8	2194.5	2387.8	2758.5	2805.7
周口市	1574.7	1790.7	1989.8	2089.7	2263.9	2459.7	2687.2	3198.5	3267.2
驻马店市	1373.5	1542.0	1691.3	1807.7	1973.0	2175.0	2370.3	2742.1	2859.3
济源市	430.9	460.1	480.5	492.5	538.9	600.1	641.8	687.0	703.2

资料来源：《河南统计年鉴》（2013 ~2021 年）和 2020 年各市国民经济和社会发展统计公报。

郑州市 GDP 长期位列省内第一，2017 年起在建设国家中心城市的政策红利驱动下，GDP 更是拾级而上。与 GDP 一直排在全省第二位的中原城市群副中心城市洛阳市相比，2012 年郑州市 GDP 是洛阳市的 1.86 倍，2020 年上升到 2.34 倍。与 GDP 一直排在全省倒数第一位的济源市相比，2012 年郑州市 GDP 是济源市的 12.88 倍，2020 年上升到 17.07 倍。与郑州都市圈的周围城市开封市、新乡市、焦作市和许昌市相比，2012 年郑州市 GDP 只有四个周围城市 GDP 总和的 91%，2017 年郑州市 GDP 略高于四个周围城市 GDP 总和，2020 年郑州市 GDP 是四个周围城市 GDP 总和的 1.1 倍。显然，郑州市经济体能在省内遥遥领先，其龙头地位不断巩固。

2. 创新水平优势突出

中心城市是都市圈的创新源，在都市圈形成和发展过程中，中心城市凭借自身优势吸附和集聚各种创新资源，从而成为都市圈中创新水平最高的城市，中心城市创新发展过程中的知识、技术、人才和产品的溢出效应，就可能辐射带动周围城市发展。

郑州市是河南省名副其实的创新龙头，不仅是河南省高校在校学生数量最多的城市，也是全省科技人才最集中的城市，更是河南省创新水平最高的城市。2020 年郑州市无论是有效发明专利数量还是专利密度均位居全省省辖市的首位。郑州市的有效发明专利数量在 2020 年达到 17328 件，比同属郑洛新国家自主创新示范区的洛阳市与新乡市的总和还多 6288 件；专利密度达到 16.74 件/万人，比全省排名第二的洛阳高出 43.4%（见图 1）。

3. 人均可支配收入一枝独秀

党的十八大以来郑州市人均可支配收入在全省各省辖市中一直处于领跑位置。2020 年郑州市人均可支配收入达到 37275 元，比排名全省第二位的济源市高出 7262 元，是排名全省倒数第一位周口市的 1.95 倍，是全省人均可支配收入的 1.5 倍；此外，郑州市还是河南省唯一超过全国人均可支配收入水平的城市。

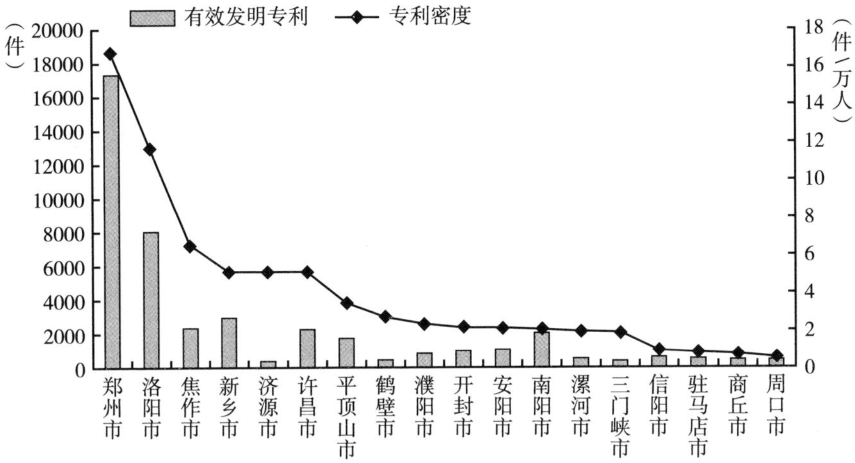

图1　2020年河南省各省辖市发明专利水平

资料来源：2020年河南省各省辖市有效发明专利统计表。

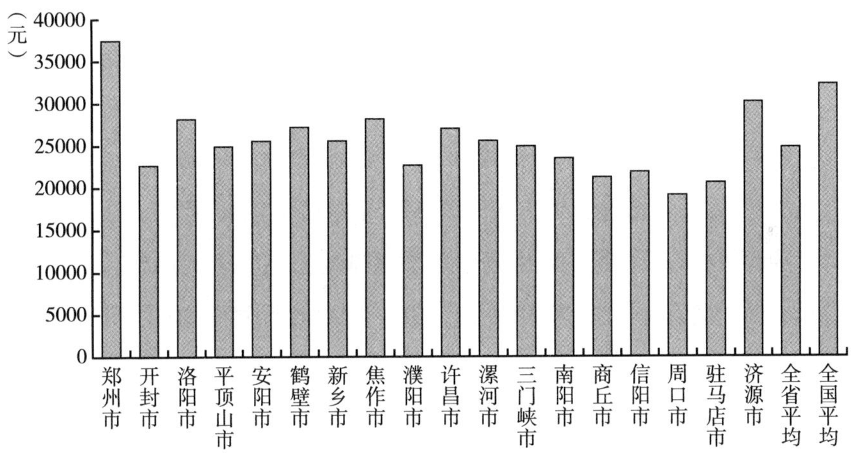

图2　2020年全国、河南省及各省辖市人均可支配收入

资料来源：笔者自制。

（二）辐射能力分析

运用空间引力模型计算郑州都市圈的中心城市郑州与周围城市之间的经济联系强度，分析国家中心城市郑州的辐射能力，结果见表2。

表 2　2012～2020 年郑州都市圈中心城市郑州市与周围城市经济联系强度

年份	郑州市—开封市	郑州市—新乡市	郑州市—焦作市	郑州市—许昌市
2012	432.27	482.19	414.19	282.44
2013	489.60	537.26	463.00	317.24
2014	535.12	592.88	508.73	351.51
2015	582.06	631.99	546.35	377.31
2016	646.49	704.34	606.14	421.18
2017	719.62	790.15	679.82	477.15
2018	789.81	872.02	740.78	527.98
2019	928.09	1014.13	864.22	626.42
2020	1071.78	1200.06	841.94	702.31

资料来源：笔者计算得到。

2012～2020 年都市圈中心城市郑州市对周围城市开封市、新乡市和许昌市的辐射能力均呈现逐年增强的演变态势，辐射能力由高到低依次为新乡市、开封市和许昌市。2016 年以后郑州对开封的辐射能力每年上一个台阶；对新乡的辐射能力呈现跨越式提升，2018～2019 年实现一次跨越，2019～2020 年又实现一次跨越。2012～2019 年郑州市对焦作市的辐射能力也是逐年增强，2020 年郑州市对焦作市的辐射能力出现小幅度回调，原因在于，受新冠肺炎疫情的严重冲击，2020 年焦作市经济出现负增长，焦作市 GDP 由 2019 年的 2761.1 亿元下滑到 2020 年的 2123.6 亿元，下跌了 23.1%。

（三）带动能力分析

国内外的研究表明，周围城市与中心城市之间的经济落差程度与中心城市的带动能力存在非线性相关关系，“中心—外围”城市之间的经济落差程度越大，周围城市对中心城市辐射作用的承接能力就越小，中心城市对周围城市带动能力也就越低。本报告使用相对发展系数来描述郑州国家中心城市对周围城市的带动能力。为了便于说明情况，本报告仅计算郑州都市圈中郑州市对周围城市的带动能力，结果见表 3。

表3　2012～2020年郑州都市圈中心城市郑州市对周围城市的带动能力

年份	郑州市—开封市	郑州市—新乡市	郑州市—焦作市	郑州市—许昌市
2012	0.217	0.292	0.280	0.309
2013	0.220	0.285	0.275	0.307
2014	0.220	0.283	0.272	0.308
2015	0.220	0.270	0.263	0.297
2016	0.216	0.267	0.258	0.293
2017	0.205	0.256	0.248	0.286
2018	0.197	0.249	0.234	0.279
2019	0.204	0.252	0.238	0.293
2020	0.198	0.251	0.177	0.287

资料来源：笔者计算得到。

整体上看，郑州市对周围城市的带动作用比较低，2014年以后带动系数均小于0.3，并呈现波动式下滑态势。2012～2019年郑州都市圈核心城市郑州对周围城市的带动能力由高到低依次为许昌市、新乡市、焦作市和开封市；2020年情况出现新变化，开封市和焦作市的位置对换，郑州市对这两个城市的带动系数已经跌破0.2。显然，郑州都市圈中心城市郑州市对周围城市的辐射能力并没有高效转化为带动能力，抑制了郑州都市圈的系统效应。

二　郑州国家中心城市龙头带动作用较弱原因分析

出现郑州对周围城市带动能力下滑的情形，原因是多方面的。一方面主要是因为省委省政府的大力支持，各种扶持政策的耦合叠加，使得郑州经济保持较快发展，而周围城市发展水平没有跟上，导致中心城市郑州市与外围城市之间的经济落差持续增大。另一方面，郑州市的经济和人口首位度较低、总体创新竞争力不高、经济结构优化相对滞缓、城镇化和城镇居民可支配收入水平明显落后等也是重要原因。

（一）经济和人口的首位度较低

表4呈现的是2020年郑州市及其他城市的经济首位度和人口首位度。为了更直观地说明问题，将郑州市与其他既是省会城市又是国家中心城市的广州市、成都市、西安市、武汉市进行横向对比，同时与中部地区其他省会城市即长沙市、合肥市、南昌市和太原市进行比较分析。

表4　2020年郑州市及其他城市的经济首位度和人口首位度

中心城市	经济首位度		人口首位度	
	城市GDP（亿元）	城市GDP占全省比重(%)	城市人口（万人）	城市人口占全省比重(%)
广州市	25019.1	22.6	1867.7	14.8
成都市	17716.7	36.5	2093.8	25.0
西安市	10020.4	38.3	1295.3	32.8
武汉市	15616.1	36.0	1232.7	21.3
郑州市	12003.0	21.8	1260.0	12.6
长沙市	12142.5	29.1	1004.8	15.1
合肥市	10045.7	26.0	937.0	15.4
南昌市	5745.5	22.4	625.5	13.8
太原市	4153.3	23.5	530.4	15.19

资料来源：笔者计算得到。

2020年郑州市GDP突破1.2万亿元，创下历史新高；但横向对比来看，郑州市与广州市、成都市的差距非常明显，在中部地区6个省会城市中，郑州市GDP不仅落后于同为国家中心城市的武汉市，而且已经被区域性中心城市长沙市超越；这也表明，新发展格局下一个城市发展速度不够快也会导致其在经济发展“新长征”中掉队。2020年郑州市GDP占全省比重仅有21.8%，人口占全省比重只有12.6%，均排在国家中心城市中的倒数第一的位置，甚至落后于同年中部地区其他省会城市的经济和人口首位度。郑州的经济和人口首位度“双低”局面应该引起相关决策者高度重视。

（二）总体创新竞争力不高

2020 年郑州市专利授权量为 50224 件，虽然比西安市多 4817 件，但分别只是广州市、成都市和武汉市的 32. 2%、76. 7% 和 85. 2%。从技术市场化水平来看，2020 年郑州市技术合同成交金额只有 212. 8 亿元，分别只是国家中心城市广州市、成都市、西安市、武汉市的 9. 4%、18. 6%、12. 9%、22. 6%；甚至低于中部地区的区域中心城市长沙市和合肥市，分别只是它们的 63. 2% 和 62. 3%。

高端人才后备军培育水平有待提升。2020 年郑州市在校研究生只有 38265 人，在中部地区省会城市中只比太原市多 1569 人；与广州市、成都市、西安市和武汉市等国家中心城市相比差距较大，分别只占它们的 30%、34%、26% 和 23%；与长沙市、合肥市和南昌市等省会城市相比也有所不及，分别只是它们的 48%、64% 和 93%。

（三）经济结构优化相对滞缓

2016 ~2020 年郑州市第二产业增加值占 GDP 的比重由 46. 8% 逐年下降到 39. 7%，而第三产业增加值占 GDP 的比重由 51. 3% 逐年上升到 59. 0%；产业结构不断优化，但优化的速度比较慢。2020 年郑州市第二产业增加值占 GDP 的比重分别高于国家中心城市广州市、成都市、西安市、武汉市大约 13. 4 个、9. 1 个、6. 5 个、14. 1 个百分点。2020 年郑州市第三产业增加值占 GDP 的比重分别低于国家中心城市广州市、成都市、西安市、武汉市大约 13. 5 个、6. 7 个、4. 7 个、2. 8 个百分点。

金融是现代经济的血液，金融业是第三产业的重要组成部分，在国家中心城市发挥龙头带动作用中有重要地位。但郑州市的金融业发展速度相对较慢，发展水平也相对较低。郑州市 2020 年末金融机构各项存款余额不足 2. 5 万亿元，分别只有国家中心城市广州市、成都市、西安市、武汉市的 36. 9%、57. 3%、96. 0%、80. 6%。

（四）城镇化和城镇居民可支配收入水平明显落后

自2017年郑州市开始建设国家中心城市以来，郑州市城镇化水平逐年攀升；2020年，郑州市的人口城镇化率为78.4%。虽然城镇化率逐年提升，但不仅比同是国家中心城市的广州市、成都市、西安市、武汉市的城镇化水平低，而且比中部地区的其他省会城市都低，城镇化率分别比广州市、成都市、西安市、武汉市、合肥市、长沙市、南昌市和太原市低了7.8、0.4、0.8、5.9、3.9、4.2、12.7和10.7个百分点。

2020年郑州市的城镇居民人均可支配收入不到4.3万元，分别只有广州市、成都市、西安市、武汉市等国家中心城市的62.8%、88.3%、98.1%、85.2%。相对较低的城镇人均可支配收入和相对高的房价降低了农村人口向城市转移的欲望，抑制了城镇化的速度，不利内需体系培育和消费升级，延缓了郑州国家消费中心城市的建设速度。

三 增强郑州国家中心城市龙头带动作用的对策建议

充分发挥好郑州国家中心城市的龙头带动作用，需要有系统思维，坚持郑州都市圈一盘棋、中原城市群一张网的战略构想，不仅要全面增强中心城市郑州的龙头牵引力量，也要提高处于龙身的周围城市的骨架支撑水平；既要提高处于龙尾地位的城市的经济韧性，更要畅通龙头城市对龙尾城市的带动力量传导渠道；防止出现“头重、脚轻、身骨软”的整体经济发展“缺钙+贫血”现象。

（一）增强郑州市综合发展动能

目前郑州处于“标兵渐远、追兵逼近”的尴尬境地，再不采取有效措施，与曾经并肩同行城市武汉的发展差距可能被进一步拉大，也可能很快被后劲十足、加速前进的长沙全面超越，甚至有可能被推行全面融入“长三角”战略、创新潜力深厚的“黑马”合肥迎头追上。新形势下，郑州经济高质量发展犹如逆水行舟，必须勇于知难而进，善于“在危机中育新机、于变局中开新局”。坚持贯彻新发展理念，全面落实十八大以来习近平总书记视察调研河南发表的系列重要讲话和重要指示精神，增强郑州的高端人才吸引力、创新要素俘获力、人口综合承载能力、文化软实力，把郑州都市圈打造成中部地区共同富裕样板地以及黄河流域生态保护和高质量发展示范区。发挥好郑州“枢纽+开放”这一比较优势，以国际化战略思想为指导，以国际性综合交通枢纽建设为抓手，“朝着买全球、卖全球目标迈进”，加快培育能够深度嵌入全球生产网络、销售网络和创新网络的龙头企业，增强郑州全球资源配置能力，推动郑州开放发展提档升级，把郑州建设成国家城市体系中名副其实的“塔尖城市”。发挥好郑州“区位+交通”这一比较优势，依托已有汽车产业集群，以郑州国际陆港和国际空港为战略支点，加大交通运输科技创新投入力度，建设交通关联产业协同创新平台，提升新技术与交通运输融合发展水平，推动自动化交通建筑业、智能化交通装备制造业和现代化运输服务业协同发展，培育万亿级交通运输全产业链。发挥国家超级计算郑州中心的产业带动功能，支撑郑州都市圈、中原城市群的人工智能、远超医疗、工业互联网、健康养老等新兴产业发展，在政策、资源、技术和供需等因素共振效应下，实现郑州数据中心行业产业链迭代升级，打造数字经济产业集聚区，下好信创产业高质量发展先手棋，培育出驱动郑州高质量发展的新动能。此外，要优化产业空间布局，提升郑州营商环境成熟度，加快郑州现代金融业发展，促使郑州服务业规模和质量双提升，推动郑州国家中心城市内涵式发展。

（二）提升周围城市综合水平

无论是在都市圈还是城市群中，核心城市对周围城市的带动作用都具有明显的“富人俱乐部现象”。“富人俱乐部现象”是复杂网络的一种重要结构属性，在网络中体现为富节点倾向于与富节点链接。[①] 因此，城市之间发

---

① 陈思佳、魏冶：《专利转移网络视角下的富人俱乐部现象分析》，2019 年中国地理学会经济地理专业委员会学术年会会议论文，2019 年 6 月。

展水平的落差维持在适度区间内，带动效应才能有效体现出来。目前在郑州都市圈或者中原城市群中，缺乏发展能级与郑州接近的城市，周围城市与郑州的发展落差过大，导致其承接能力相对不足，反而降低了郑州的带动效能，因此需要提升周围城市的综合水平，避免周围城市与郑州的发展差距进一步扩大。周围城市要注重适度增加“新基建”投入，完善软硬件环境，厚“基”薄发，打造与新兴产业、先导产业发展高度契合的多元化新经济应用场景，为新经济企业发展提供优质土壤。周围城市尤其要避免出现急功近利、盲目强行实现产业“弯道超车”的战略企图，否则容易出现类似于心存侥幸、违反交通法规的弯道超车、两车相撞、车损人伤的现象，导致周围城市在产业发展中与郑州形成恶性内耗。周围城市要以建设河南省次中心城市和中原城市群重要节点城市为目标导向，积极发挥比较优势，培育特色产业，提升自身发展质量，与龙头城市郑州强强联手，实现优势互补和错位发展，释放“1 +1 >2”的协同效应，催生日益合理的区域城市网络。

（三）畅通中心与外围城市联动渠道

以“米”字高铁网与城际交通及市内交通无缝对接推进郑州都市圈及中原城市群绿色交通一体化建设，打通郑州与外围城市的联动渠道，引导人才、资金、商品、技术、知识、数据、信息等要素在企业、部门、城市之间自由流动，推进各种要素在节点城市实现合理集聚，提高要素利用效率，促进中心城市与外围城市之间的产业协作，构建具有中原特色的产业生态系统。外围欠发达城市要积极作为，把发展落差转化为发展空间，主动参与中原城市群的要素分工和价值链分工，形成劣势对消、优势叠加的多层次区域分工协作体系。完善政策支撑和制度保障体系，打造以郑州国家中心城市建设引领郑州都市圈发展、郑州都市圈带动中原城市群发展、中原城市群支撑中西部地区发展的涟漪式扩展的区域发展新格局，推动区域之间融合互补协同发展。健全郑州与外围城市之间的市域联动机制和利益协调机制，围绕重点领域、重点项目或者重大平台进行重点突破，推进基础设施联通、公共服务共享、生态环境共治、核心技术协同攻关、产业合作基地共建，培育耦合式产业链集群，扩大郑州与外围城市互促共进的交集，形成统一有效的大市场。畅通高端人才培育通道，加快郑州和外围城市骨干企业进行省外、国外研发网络布局，增强吸引跨国公司入驻的场域磁性，推进智慧城市网络、智能交通网络、区域创新网络多网嵌入式共生发展。整合资金链和政策链，促进郑州与外围城市产业链重构、供应链优化、价值链升级，突破服务链“中低端锁定”，深化郑州都市圈、中原城市群协同和一体化发展。

参考文献

张海荣、李浩、靳娟：《国家新兴中心城市经济辐射时空特征研究——以郑州地区为例》，《城市发展研究》2021 年第 5 期。

喻新安：《发挥郑州龙头带动作用　谋划更高水平更高质量发展》，《河南日报》2020 年 2 月 5 日，第 6 版。

徐立毅：《加快郑州国家中心城市建设　发挥好高质量发展区域增长极作用》，《河南日报》2020 年 7 月 1 日，第 4 版。

吴海峰：《充分发挥郑州国家中心城市的带动作用》，《河南日报》2020 年 8 月 7 日，第 9 版。

翁珺：《加快郑州国家中心城市建设的对策研究》，《决策探索》2020 年第 16 期。

杨兰桥：《准确把握郑州建设国家中心城市的重要路径》，《河南日报》2019 年 2 月 16 日，第 4 版。

喻晓莹、喻新安：《郑州建设国家中心城市的独特优势与主要任务》，《区域经济评论》2018 年第 6 期。

张长星：《充分发挥郑州国家中心城市龙头引领作用》，《河南日报》2018 年 2 月 9 日，第 11 版。

吴旭晓、田丽：《郑州国家中心城市建设绩效动态评价与障碍因素诊断》，《河南机电高等专科学校学报》2016 年第 2 期。

B.4

提升洛阳副中心城市功能地位研究

赵中华*

摘　要： 近年来，洛阳紧紧围绕自身发展基础，始终坚持新发展理念，全面推进“9+2”工作布局，通过新旧动力转化，推进产业转型升级，国民经济总量实现快速攀升，城市形象焕然一新，民生福祉不断增进。然而，在高质量打造中原城市群副中心城市的过程中，洛阳市存在制造业发展后劲不足、创新效能不高、公共服务水平相对偏低和文化保护传承弘扬水平有待提升等问题和瓶颈。面对新的发展环境，立足自身优势，积极把握发展机遇，洛阳应在全面推进都市圈建设、强化创新引领带动作用、不断深化改革开放、做好文化展示弘扬等方面重点发力，精准施策，通过不断提升城市支撑力、凝聚力、承载力和吸引力，充分发挥副中心城市的辐射引领作用，尽快形成全省高质量发展新的增长极。

关键词： 新发展格局　高质量发展　洛阳

河南省第十一次党代会指出，洛阳作为中原城市群副中心城市，要尽快形成全省高质量发展新的增长极。洛阳市作为河南省第二大城市、中原城市群副中心城市，有土地资源充足、地理位置优越、工业基础厚实等突出特

* 赵中华，河南省社会科学院城市与环境研究所助理研究员，博士，研究方向为城市经济、产业经济。

点，曾开有国内工业看“两阳”（洛阳、沈阳）的骄人成绩。近年来，洛阳紧紧围绕良好发展基础，在中部区域崛起、黄河流域生态环境保护与高质量发展等重要国家战略机遇的支撑下，全面推进“9+2”工作布局，加快经济转型发展，推进城市圈构建，推动经济高质量发展，使城市形象焕然一新，社会民生质量不断提高。面对百年未有之大变局，洛阳市应主动融入全新的发展格局，以改革创新为引领，发挥生态、制造业和历史文化传资源等独特优势，进一步深化改革开放，通过高级化、品质化发展，在发挥副中心城市辐射引领的功能上奋勇争先。

一 洛阳建设副中心城市的措施与成就

近年来，洛阳市始终坚持新发展理念，围绕加速构建副中心城市努力形成新增长极，进一步优化经济发展思路，形成了以体系为基础、以专项为引领、以项目为重点的高质量经济发展路线图，并通过新旧动力转化、推进转型升级，取得了主要经济指标增幅持续多年超过省乃至全国平均水平的骄人成绩，国民经济总规模连续突破4000亿元、5000亿元的关口，实现产业结构从“二三一”到“三二一”的历史性飞跃。

（一）“六稳”“六保”工作扎实推进

2020年，面对新冠肺炎疫情突袭，洛阳市闻铃即动，快速反应，通过有效指挥，始终坚持“外控源头防输入、内断传播防蔓延”，构建了联防联控、群防群控的强大防线，有力地保障了广大人民群众的生命安全与健康，显示出了前所未有的同心协力。在疫情基本稳定、病毒传播得到有效控制之后，洛阳市立即将保市场主体当作“六稳”“六保”的重中之重，统筹科学防治和经济重启，以超常规举措和力度打好“组合拳”，开展“联企入企惠企助企”活动，及时出台“支持实体经济20条”等一揽子政策措施。经过一系列举措，2020年洛阳市的一般公共预算收入和税收收入增长均超过全国平均水平，规上工业利润增长更是超过全国平均增速20个百分点。全市投资增速达5.9%，超过全国平均水平1.6个百分点。全年社会消费品零售总额超过2105.6亿元，增幅居全省首位。

（二）综合经济实力显著增强

过去5年，洛阳市GDP分别突破了4000亿元、5000亿元整数关口，至2019年末达到5035亿元，年平均增速达8.2%，高出了全省城市平均水平0.6个百分点。经济发展速度在国内大中城市的排位也显著上升，已提高至全国第45位，人均地区生产总值达到72912元。一般公共预算收入达到369亿元，约为2015年的1.29倍，4年累计全社会固定资产总投入18968亿元，为“十二五”时期的1.4倍，年均增加11.9%。全社会消费品零售总额达2388亿元，年均增幅10.4%，为“十二五”末的1.49倍。另外，洛阳累计吸收外资约占全省总数的1/6，实际使用省外境内资本数量也位居河南第二，累计完成的外贸进出口金额达392.53亿元。

（三）产业结构实现历史性跨越

近些年来，洛阳市大力推行传统工业转型升级与创新型产业培育发展的“双轮驱动”发展战略，全市产业结构更合理，三次产业结构由2015年的6.8∶48.9∶44.3提升为2019年的4.9∶46.3∶48.8，实现了“三产超二产”的历史性飞跃。洛阳对传统制造业深入开展绿色、科技、智能“三大改造”，积极培育新兴产业，建立了装备制造业、新材料、电子信息等3个超千亿产业集群。中信重工、中航光电等一大批公司已处于行业内全球领先地位，其中锂电池公司有14种产品占据国内市场份额50%以上。高新技术工业增加值占规模以上工业增加值的比例已超过44.9%。服务业将实现扩量提质发展，2019年服务业占地方生产总值的比例达到48.8%，较2105年末增加4.5个百分点。文旅融合加快发展，丝绸之路、大运河双申遗成功，二里头遗址博物馆完工开馆，栾川、嵩县、孟津、洛龙被列入国家全域文化旅游示范区创建单位名单，

2019 年文化旅游总收入达 1321 亿元，较 2015 年增加了 416 亿元。2019 年电商成交额突破 2405 亿元，较 2015 年上升了 75.5%。农业生产现代化水平稳步提高，食物产量基本稳定在 220 万公斤/年以上，重点发展的特色种植业 176 万亩，其中市级以上农业龙头企业已达 352 个，开展沟域经营示范区等建设项目 25 个，促进了乡村三业融合发展水平的提高，提高了 168 个贫困村、8.6 万贫困群众的收入水平，平均年增加农业收入 18000 元以上。

（四）城乡融合发展成效显著

围绕“一中心六组团”的县域城市综合发展总体战略，洛阳积极探索构建“四级联动”的县域城乡综合发展体系总体布局。洛阳城镇化加速推进，2019 年城镇化率达到 59.1%，较 2015 年末增加了 6.4 个百分点，完成了 5 个国家新型区域城市化工程综合改革试点城市建设目标任务。中心城区一期建成区占地面积累计超过 218 万平方公里，常住人口超过了 231.5 万。城市中心建设工程亮点纷呈，地铁沿线一期工程正在加快建设，城市中心快速路、滨河南路、东环路、南环路等重点工程建成通车，106 个城市书房、150 个城市游园建成投用。百城智慧建设服务提质增效工程全面深入开展，智慧城市建设发展服务质量显著提高。乡村振兴发展战略部署加速贯彻落实，154 所农村学校开展提升加固工程，农村生态环境综合治理试点工作基本顺利完成。“厕所革命”深入推进，“四好农村路”工程建设质量居全省前列，其中新安县多次获评“四好农村路”全国建设示范县。

（五）生态环境优势不断强化

近些年，洛阳花大力气加强生态文明建设，并取得了突出效果，绿色已然成为洛阳的发展底色，生态优势逐渐凸显。洛阳成为河南省第一个国家水土保持生态文明城市，水土流失治理工作成效显著，累计治理水土流失面积 7600 平方公里，占水土流失总面积的 73%。“十三五”

以来，洛阳累计完成耕地造林127.7万亩，森林抚育547.6万亩，全域平均森林植被覆盖率达46%，荣获“国家森林城市”称号，拥有7个国家级重点森林公园和8个省级重点森林公园。栾川县成为首批国家“绿水青山就是金山银山”教育实践活动创新示范基地。“四河同治、三渠联动”整治成效显著，累计完成了9条河流共计223公里的综合治理，优良水体比例达85%以上。黄河流域洛阳段涌现了“北国千岛湖”景象，小浪底、西霞院、黄河湿地台荫段等共同组成了“峡湾湖光，奇潭飞瀑、林泽方洲，白鹭纷飞”的黄河盛景，是黄河中下游“最清澈的黄河”。洛阳中心城区绿地率达到36%，人均公园绿地面积接近12平方米。

（六）民生福祉不断增进

洛阳市在发展中一直秉承资源共享绿色发展理念，加快推进城市公共服务体系建设，民生服务质量大幅提高。截至2019年底，4年累计财政民生支出达到1749亿元，占基本公共财政预算民生支出的76%。居民人均可支配收入达到2.7万元，年均增长8.8%，其中城镇居民人均可支配收入达到38630元。城镇就业累计新增49.69万人，农村劳动力转移就业累计新增10.9万人。坚持精准扶贫精准脱贫，突出“六个精准”、落实“五个一批”。截至2019年底，6个贫困县全部脱贫摘帽，累计脱贫719个贫困村、45.91万贫困人口。教育、医疗卫生、文化、体育等社会事业全面发展。“互联网+医疗”实现了城区、县、镇、村全覆盖，洛阳成为我国第一批医养融合试点城市、居家和社会养老服务制度改革试点城市。幼儿教育毛入学率接近90%，小学义务教育巩固率超过95%，中学义务教育毛入学率91.5%。各类博物馆、纪念馆达82个。“两节一会一论坛”顺利召开，成功打造国家公共文化服务体系示范区，并入围第一批国家文明消费试点城市。社会管理体系和政府治理能力得到全面增强，社会治安和安全生产态势继续稳定发展。

二　洛阳建设副中心城市过程中的短板与瓶颈

（一）制造业发展后劲不足

制造业是洛阳的基础和优势所在，在产业发展中具有不可替代的地位。在过去相当长一段时间内，洛阳制造业的发展是洛阳经济社会发展的主要推动力。然而，新的形势下，洛阳想要推动制造业向中高端攀升，也面临瓶颈和问题。一是制造业大而不强、强而不大。缺乏类似于武汉光谷、长沙港等有明显区域特点的地方产业名片；对于矿山设备、农机机械装备、有色及贵金属加工等传统产业，总体上仍然处在整个产业链的发展初始端与产业价值链的中低端，增值率和利润率较低；一些代表产业方向、拥有核心技术的高科技产业发展规模还不够大，牵引效应还不明显。二是企业梯队不合理、龙头企业带动能力弱。企业梯队出现断层，销售收入在 20 亿 ~50 亿元、50 亿 ~100 亿元的中坚企业缺失明显；技术能力强、品牌影响力大的龙头企业还不多，缺乏横向和综合带动产业链式及集群式发展的基地型、航母型企业。例如，西安市在 2018 年就已有 14 家公司进入“百亿元俱乐部”，其中排名首位的西安迈科金属国际集团有限公司营业收入超过了 989. 37 亿元，而在洛阳位居首位的洛阳栾川钼业集团股份有限公司营业收入尚达不到其三成，差距较为明显。三是资源能源消耗相对较高，绿色转型任务艰巨。

（二）创新效能不高

在新经济时代背景下，世界经济科技技术创新将逐渐步入空前密集活跃期，而新一轮工业技术革命与产业变革必将重构世界科技创新的大版图、重塑世界经济格局，国际竞争的时代优势将更加明显地表现在企业技术创新上。洛阳虽然创新资源相对丰富，拥有大量的科研机构、重大创新平台，然而创新成效还不明显，创新对经济社会增长的支撑带动力还十分有限。一是创新主体不强。截至2019年，河南省共有高新技术企业3137家，洛阳仅有469家，不足全省的15%，仅为郑州的1/3，与其在全省的经济地位不相匹配。全市规模以上工业企业中仅有高新技术企业237家，占比仅为12%。二是高端人才不足。高层次创新领军人才匮乏，现有本地院士和中原学者数量不够多。三是技术市场小。2018年，全市完成技术合同交易仅为36.8亿元，同期西安超千亿元，济南和太原都超百亿元，洛阳与这些城市相比差距较大。四是体制机制不畅。产学研合作的创新体制还未构建，许多科研成果都走出不了高墙、走不进市场，甚至无法就地转化成实际的产品。

（三）公共服务水平相对偏低

公共服务关乎民生，联结民心，完善公共服务体系，创新公共服务提供方式，是洛阳高质量建设副中心城市的必然要求。近年来，虽然洛阳公共服务投入持续增加，基础设施条件持续改善，但相对于群众的多层次多样化要求，依然面临供给能力不足、服务品质不高、发展不平衡等突出问题。2018年全市民生支出455.3亿元，占一般公共预算支出的76.2%，低于全省平均水平（77.2%）1个百分点。2018年全市城乡人均可支配收入差距比为2.6∶1，高于郑州市（1.8∶1）及全省平均水平（2.3∶1）。因此，洛阳未来要以解决民众对美好生活的需求为中心，在幼有所育、学有所教、劳有所得、病有所医、老有所养、住有所居、弱有所助上着力于弥补基础服务短板、提高公众服务水准，使社会改革发展的成果更好更公平惠及民众。

（四）文化保护传承弘扬水平有待提升

当前，洛阳在文化保护展示方面取得较突出的成就，但在文化保护传承弘扬方面仍存在深度不够、定位不准、境界不高等问题。文化遗产的保护展示还未形成相对完整清晰的体系。文化传承与创新力度亟待进一步提升，对河洛文化中根源性、主干性、独特性的文化内涵及其时代价值挖掘不够。例如，在文化保护和旅游融合上不够深入，主要停留在对文化遗产保护展示的“吃老本”的层面上。文旅二次消费比重偏低，整体处于“门票经济”的阶段。文化特色定位不突出，既没有诸如北京的“明清文化”、开封的“宋都文化”等独具代表性的文化品牌，作为“陪都”也不如西安的“汉唐文化”更具竞争力。文化弘扬传播境界不高，没有站在坚定文化自信的高度发挥出河洛文化对凝聚中华民族认同感、归属感、自豪感的应有作用。文化特色旅游产业发展链条周期不长，特色旅游的小商品与文化服务相对短缺，文旅服务综合配套能力不强，文旅国际知名度和吸引力亟待提高。

三 提升洛阳市副中心城市规模能级的对策建议

（一）全面建设洛阳都市圈，提升城市凝聚力

都市圈是城镇化发展的必然产物，是城市发展的高阶形态。洛阳置身都市圈核心位置，联系周边城市，与济源、平顶山、焦作和三门峡等市实施联动发展，最大限度发挥城市群协同效应，优化资源配置，实现共赢。在各个层面加紧推动都市圈建设，激发洛阳发展动能，助力中原城市群副中心城市建设。

一是推进产业发展协同互补。支持洛阳优势产业向济源、三门峡、焦作和平顶山等周围城市延伸，与这些城市一道打造产业集群，提升洛阳的辐射带动作用。重点推进洛阳至济源高端石化产业带、洛阳至汝州新材料和新型建材产业带、洛阳至巩义新能源和装备制造产业带、洛阳至渑池新材料产业带规划建设。二是推动文化旅游共荣共兴。联合豫西、陕东、晋南地区城市，突出洛阳文化旅游资源优势，共同保护和开发自然和人文景观，强化都市圈内崤山、熊耳山、伏牛山、外方山、黄河等跨界山水资源以及文化历史资源的开发管控和景观协调，协同保护和规划建设都市圈的山水和人文历史景观，充分发挥洛阳在推动都市圈文化旅游共荣共兴中的引领带动作用。三是推动开放平台通道共建共用。依托自贸区洛阳片区、洛阳综合保税区、孟州 B 型保税物流中心等开放平台，深入实施对外开放联动发展战略，积极

推进国际贸易业务流程改革与相关环节数据共享，积极推动国际贸易监管向数字化转型，推动贸易平台共享化。四是推进社会公共服务共享。探索建立城市圈基础公共服务信息网络平台，推动公共服务资源在都市圈内均匀分布、合理配置，尽早实现居民在异地享受基础公共服务。五是促进基础设施的互联互通。城市间重大基础设施统筹规划，注重发挥城市轨道交通的先行先导功能，积极促进城市圈基础设施互联互通，重点推动尧栾西、洛济、栾卢、渑栾等城市公路建设，积极构建以洛阳为中心、辐射整个豫西区域的一小时集疏圈。

（二）强化创新引领带动，提升城市支撑力

实施创新引领，是城市抢占先机、赢得优势的关键一招。洛阳市创新资源丰厚，同时洛阳是河南省技术创新投入最大的城市。未来，洛阳市应以体制机制创新为突破，通过整合盘活创新资源，提升自主创新能力，全面发掘技术创新潜能，积极促进技术创新成果转化，不断强化技术创新作为驱动城市发展的第一动能。

一是提高自主创新能力。充分发挥企业技术创新主导作用，促进企业积极承接重大科研任务，鼓励企业增加研发投入，提升技术创新绩效，引导并帮助行业内骨干企业设立研究所或研究中心，开展联合研发或联合技术攻关。打造引领性的重要技术创新平台载体，围绕洛阳特色产业链、技术创新链，持续聚集一大批世界顶级的科研院所和重大创新功能型平台。二是推进科研放权赋能改革。深化推进落实国家科技体制改革，畅通创新资源的内外循环渠道，促进国家重点领域项目、平台、人员、资本的一体化配置。变革科技项目组织与管理方式方法，进行项目包干制、首席专家负责制等制度创新。加快科技管理职能转变，推进科研院所改革，探索科研项目经理人制度，赋予科研人员更大人财物支配权。进一步下放科学技术成果使用、处分和收益权，提高科技产出率。探索建立科技创新容错机制，健全科研信用评价体系。三是营造创新人才成长的最优环境。打造高层次人才来洛“绿色通道”，建立完善人才住房、医疗、家属安置、子女入学等方面的公共服务

政策体系。深入贯彻实施“河洛英才”“河洛工匠”“玉洛汇”计划、创新型优秀企业家人才培育行动计划，坚持人才产业融合聚才和科技项目融合引才，突出“高精尖缺”人才导向。有针对性地制定全球引才计划，大力集聚国际高端创新人才、引育青年人才和团队。建立科学灵活的人才评价和激励机制，制定切合中小企业实际情况的实用型人才培养计划。四是强化科技协同创新。进一步整合各种科学资源，推进大型科学仪器设备、科技文献、科学数据等科技基础条件平台建设，建立健全资源共享的运行服务模式，制定相应的科学评估规范和奖惩措施。

（三）加速产业转型升级，提升城市硬实力

对洛阳而言，制造业是最大的特色和优势，是城市经济社会高质量发展的坚实基础。然而，高质量建设中原城市群副中心城市，实现引领带动，还需要进一步加快产业升级，逐步走向全产业链、价值链高端。

一是促进传统工业智能化、绿色化发展。借助最新信息技术，对传统工业实施数字赋能，全面推动有色、化工、建筑等传统工业数字化转型，推行全面采用自动化、智慧化的加工工艺和先进制造装置，实现智能制造。二是加速战略新兴产业扩容赋能。着力提高国家战略性新兴产业的发展能级，推动更多优势领域发展壮大并形成支柱产业，积极建设国内外重要的机器人和智能装备工业研发制造集群，重点发展产业机器人、特种机器人，打造完整机器人产业链，积极发展数控机床及零部件、工业 CT、大型智能成套等产业集群，发展壮大高分子、氟化工、新型耐火材料等领域，重点突破材料制备技术。三是积极推动先进制造业与现代服务业的深度融合。注重提高装备制造业与服务业融合水平，重点扶持传统装备制造生产企业向系统集成与整套解决方案供应商转变，促进在家电、制鞋、三彩等传统产业开展个性化定制生产；推进制造业服务业与互联网的融合发展，促进产业“上云”；推动现代物流与工业有效融合，打造生产服务型的国际配送枢纽；强化开发设计及服务与制造业的有机融合，打造“工业设计之都”。四是积极引入、培育未来产业。紧盯全球未来信息产业发展，积极加速布局人工智能、区块链、

无人驾驶、虚拟现实、商用航空航天等关键领域，积极促进信息技术集成、商业模式创新以及技术创新，积极培育未来产业的新型业态，努力占领世界未来信息产业发展制高点。

（四）持续深化改革开放，提升城市活力

中国改革开放的成功实践告诉我们：落后源于封闭，开放带来社会进步。习近平总书记特别强调，对中部地区要有敞开大门搞经济建设的信心。作为内陆城市，洛阳虽然也存在一定的交通不便，但作为丝路东方起点之一、“一带一路”的主要节点城市，加之自贸试验区先行先试的政策优势，洛阳有基础也机遇实现更高水平的对外开放。

一是促进高水平开放合作。以新的发展理念为导向，立足于洛阳自身工业基础和资源优势，整合国际国内的两个市场、两种资源，坚持“引进来”和“走出去”并重、出口和进口兼顾，切实提高对外经济贸易水平、提高对外开放协作水平、提高外商直接投资利用水平，不断丰富对外开放内容，进一步扩大开放领域，弥补对外开放短板，全面提升对外开放合作水平。二是提升对外开放通道和平台建设水平。用好自贸试验区这一金字招牌，坚持“四路并进”积极拓展对外开放渠道，探索推动各类对外开放平台互动融合发展，逐步加快建立多元化、全覆盖、立体化的对外开放平台支撑体系。坚持“大胆试、大胆闯、自主改”，改革开放自主创新“三力联动”，推动自贸、自创、高新“三区融合裂变”。积极推进洛阳北郊机场三期改扩建，加紧开拓国际航线，着力增强与共建“一带一路”国家的合作，织密“空中丝绸之路”，加快铁路口岸建设，优化“陆上丝绸之路”。三是积极建设国际化、法治化、便利化的营商环境。主动对接全球最高标准市场规范体系，建立稳定、公正、透明、可预期的市场环境。全面落实准入负面清单制度，为各类投资人尤其是海外投资人打开欢迎之门。内外资企业统一管理，扩大外商直接投资企业经营范围，逐步放宽资格条件。建立健全外商直接投资企业投诉工作制度，有效保护境外投资者与外资企业的合法权益。强化国际人才引进，大力吸纳国外人才，进一步增强国外高端要素聚集能力。加强国际

社区、国际高校、国际医院等国际人才公共服务配套，提升对全球人才的综合服务能力。

（五）完善城市综合功能，提升城市承载力

城市不仅仅是经济发展载体，更是人们赖以工作、生活和文娱的综合体。洛阳集聚了超过700万人口，人口数量处于中原城市群西部城市的第一方阵。未来，洛阳可通过继续推进以人为核心的城镇化，持续补短板、强优势，着力强基础、惠民生，让城市更有底蕴、更有温度，打造能够承载更多“中国梦”的坚强“航母”，载梦远航。

一是全面提升城市功能和品质。推进城市建设服务化、品位化，提升城市规划建设管理水平，提高城市规划规范化、标准化水平，强化国土空间规划，统筹全市生产、生活、生态空间布局和“三线一单”控制总体格局，按照幸福宜居现代城市的理念，强化城市设计，优化中心城区空间结构和用地布局。推进城市管理精细化、协同化，深化城市管理和执法体制机制改革，提升公共服务便捷化、城市管理精细化和基础设施智能化水平。加强城市消防、防洪、防涝、防疫、抗震、人防等防灾减灾设施建设和救援救助能力，建设韧性城市。二是加快完善现代城乡体系。坚持中心引领、组团布局、互动发展，加快调整优化城市空间、经济、人口规模，进一步拓展优化中北部都市功能协同区，加快完善中西部生态涵养区，提高中部城市能级，提升县城综合承载力，带动中心镇（特色镇）的健康发展，构建美好宜居城乡，积极推动形成“两区布局、四级联动”的新型城镇化格局。三是加快完善现代基础设施体系。着力推动洛阳机场扩建，积极完善“四纵四横五城际六枢纽”铁路网和“三横三纵三环”高速公路网布局，实施小浪底“黄金水道”、大运河洛阳城区段通航等工程，加快建设全国重要交通枢纽城市。促进现代能源消费结构绿色升级，筑牢现代能源安全保障基础，推动能源节约消费、多元化供应、管理创新，向现代能源生产方式与绿色生活方式转变，构筑清洁低碳的现代能源安全保障服务网络。牢牢抓住我国新一轮的信息技术产业变革浪潮，遵循

"新老一体、远近统筹、建用兼顾、政企协同"的发展原则，重点规划推动5G、人工智能、工业通信网络、物联网、云计算、区块链、数据中心等重要应用信息技术基础硬件设施融合发展，统筹规划建设智慧轨道交通、智慧水利、智慧能源，实现互联融合发展。

（六）促进文化展示弘扬，提升城市吸引力

文化是一个国家、一个民族的灵魂。没有高度的文化自信，没有文化的繁荣兴盛，就没有中华民族的伟大复兴。地处河洛中心的洛阳，曾长期处于中国的政治、经济、文化中心，作为黄河文明的摇篮、河洛文化的发祥地、古代东方城市的坐标、中国传统文化的精神家园，理应在保护传承弘扬黄河文化上有更大责任、更大担当、更大作为。

一是加大文化遗产系统保护展示力度。发挥洛阳本地文化研究力量的主体作用，加强河洛文化的梳理和研究。以"二里头－最早中国"古文化遗址保护展示为龙头，实施大遗址保护展示工程。以大遗址博物馆为主体，推进主题博物馆和县域博物馆建设，加快数字化博物馆建设，打造门类齐全、主体多元、形式多样的博物馆体系。二是构建文化旅游深度融合发展新格局。以传承弘扬河洛文化为目标，突出旅游在河洛文化创造性转化、创新性发展中的作用，深入挖掘河洛文化蕴含的时代价值。通过实施文化旅游精品工程，设计文化旅游精品线路，构建文化旅游深度融合发展新格局。推动文旅与农业、工业、会展、科技、养老等的融合创新，催生更多特色鲜明、内容丰富、效益突出的文化旅游新业态。坚持全域统筹、品牌引领，进一步优化整合旅游资源，串点成线，重点打造六类高品质旅游线路。三是提升文化旅游服务功能和品质。以构建全球文化旅游重要目的地城市为目标，以全国旅游标准化建设、国家全域旅游示范区、国际文化与旅游产业融合发展示范区创建工作为引领，积极适应文旅的数字化升级趋势，进一步健全各类城市文化旅游基础设施，全面提升文旅服务的智慧化管理水平，全面优化城市文化旅游环境，全方位提高企业文化旅游服务功能与质量，完成从"旅游城市"到"城市旅游"的转型。

参考文献

刘溢海、吕化周、张红涛、刘荣利、安锋：《扎实做好新时代“三农”工作奋力谱写乡村振兴新篇章》，《洛阳日报》2019年4月18日，第11版。

朱艳艳：《融合创新　催生更多文旅新业态》，《洛阳日报》2020年4月10日，第5版。

姜森、何理：《中国城镇居民消费结构变动研究：基于ELES模型的实证分析》，《经济与管理研究》2013年第6期。

左雯：《洛阳副中心城市创新发展研究》，载王承哲等主编《河南城市发展报告（2021）》，社会科学文献出版社，2020。

刘宛康：《政府工作报告》，《洛阳日报》2019年3月11日，第1版。

白云飞：《2019年度全省脱贫攻坚成效考核结果出炉　我市综合评价为“好”等次》，《洛阳日报》2020年7月8日。

B.5
高水平建设城镇协同区研究

刘一丝*

摘　要： 高水平建设城镇协同区是"十四五"时期河南省为推进新型城镇化和区域协调发展提出的重要议题。当前豫北、豫南、豫东三大区域中心城市实现稳步发展，城镇协同区建设现实基础良好，但也存在区域中心城市整体经济发展水平不高，受行政区划影响严重、城镇合作障碍多，协同发展机制不健全、缺乏统筹规划和规范管理等诸多问题。为此，应提升中心城市"龙头"带动作用，发挥大型企业集团的区域协调作用；建立健全区域协同发展体制机制；强化城市对接，提升协同发展效率；加强空间分区，优化空间开发布局。

关键词： 三区协同　城镇协同区　区域中心城市

河南省第十一次党代会指出，洛阳作为中原城市群副中心城市，要与三门峡、济源协同发展，建设豫西转型创新发展示范区。支持南阳建设副中心城市，与信阳、驻马店协作互动，建设豫南高效生态经济示范区。支持商丘、周口建设豫东承接产业转移示范区。支持安阳、鹤壁、濮阳建设豫北跨区域协同发展示范区。支持大别山、太行山等革命老区振兴发展，创建革命老区高质量发展示范区。这为河南高水平建设城镇

---

* 刘一丝，河南省社会科学院《中州学刊》杂志社研究实习员，研究方向为区域经济、城市经济。

协同区指明了方向。本报告紧跟政府指引，系统分析河南省城镇协同区建设的现状与存在的问题，以此为基础提出高水平建设城镇协同区的对策建议。

一　城镇协同区建设现状

河南高水平建设城镇协同区，致力于以安阳、南阳、商丘三个中心城市联动周边城市，向北、向南、向东分别建设协同发展示范区、生态经济示范区以及产业转移示范区。

（一）区域中心城市稳步发展

南阳位于郑州、武汉、西安三大国家级中心城市之间，与信阳、驻马店接壤，处在欧亚大陆桥与长江经济带的中间位置，是豫西南的交通枢纽，生态环境优越，自然条件良好，拥有独具特色的中原地区山水景观。作为历史文化名城，南阳拥有深厚的历史人文积淀、大量的历史文化遗产，地区生态和文化优势明显。《2020 年南阳市国民经济和社会发展统计公报》数据显示，2020 年南阳市经济发展呈上升态势，全市生产总值达到 3925.86 亿元，比上年增长 2.2%，全市规模以上工业增加值比上年增长 4.3%；注重生态环境保护，全市当年造林面积 3.837 万公顷，其中人工造林 2.699 万公顷。发挥生态文化优势，积极发展旅游业，2020 年全年共接待来游客 4703.04 万人次，旅游总收入 227.12 亿元，年末南阳共有 A 级旅游景区 44 处，其中 4A 级及以上景区 21 处。

安阳位于晋冀豫三省交界处，处在中原城市群的中心位置，交通便利，极具建设区域物流中心城市的战略区位优势与地缘优势。近年来，安阳经济发展迅速，“殷都”品牌优势不断显现，产业结构调整逐渐深化，先进制造业发展势头良好，物流市场需求快速增长，推动安阳现代物流业实现高速发展。《2020 年安阳市国民经济和社会发展统计公报》数据显示，2020 年安阳全市生产总值 2300.48 亿元，比上年增长 3.3%，工业生产企稳，制造业发展较快。2020 年安阳制造业同比增长 4.6%，以智能制造引领“三大改造”，积极推动建设陆港型物流枢纽城市，建设现代物流标准化示范基地。着重发展电商物流、冷链物流、大宗物流、快递物流等，培育国家 A 级物流企业。现代物流已成为安阳高质量发展的重要支柱产业。

商丘位于我国东部和中部地区的过渡带上，地理位置优越、自然资源丰富、产业基础良好，是中原地区承接产业转移的最佳选择。近年来，商丘承接国内外产业转移的规模快速增长，并以此为契机推动了新兴工业以及区域商贸物流的快速发展，加快了产业的优化升级。商丘作为河南的“东大门”，目前已设立的两大保税物流中心，对商丘促进招商引资、扩大对外开放、承接沿海产业转移、推动加工贸易转型升级、发展国际物流意义重大。“十三五”期间，商丘保税物流中心跻身全国第一方阵，民权保税物流中心顺利通过验收，中欧班列“商丘号”成功开行，全面开启对外开放新征程。

（二）城镇协同区建设现实基础良好

第一，城镇协同区产业关联度高。三大协同区所属城镇均存在产业关联，为高水平建设协同区奠定良好基础。豫南具有打造高效生态经济示范区的产业基础。南阳是卧龙之乡，医圣故里，生态文化资源丰富；信阳主要大力建设旅游城市，以茶叶和生态旅游为发展重心；2017 年驻马店荣获“全国卫生城市”和“全国文明城市”两顶桂冠，豫南三座城市既有产业关联性明显。豫东承接产业转移。商丘是中原经济区承接产业转移示范市，拥有国家级商丘保税物流中心和民权保税物流中心，已形成 3 个千亿级以及 10 个百亿级产业集群。周口设备完善的产业集聚区为承接产业转移提供了平台，明确的政策导向、有力的政策保证、完备的长效机制、广大的市场、扎实的交通设施建设均为产业转移提供了土壤。漯河积极联系国内外知名企业，主动对接，吸引有产业转移意向的客商来漯考察投资，优先承接发展轻工、医药、食品等产业。豫北具备打造跨区域协同发展示范区的基础。安阳积极打造先进制造业产业园区，积极发展交通物流业，着力推进安阳机场、安阳铁路等基础设施建设。鹤壁物流基础设施和运输网络日趋完善，运输车辆增加，货运能力提高，承东启西、连南接北的区位条件以及铁路、高速公路“双十字”大交通格局，为发展物流产业提供了重要支撑。濮阳物流承载能力不断加强，积极打造“一中心、两轴带、多布点”的现代物流空间格局。

第二，城镇协同区交通运输条件好。城镇协同区建设拥有坚实的交通基础。南阳已建立以航空、高速公路、铁路为骨架，干线公路为支撑，农村公路为网络的立体交通运输格局。“十三五”期间，南阳市公路水路基础设施建设累计完成投资381亿元，全市公路通车里程达到35709.8公里（不含邓州），公路密度达到了每百平方公里148公里，实现了乡道及以上行政等级公路覆盖所有建制村。南阳还加快推进综合交通体系建设。郑渝高铁南阳东站的建成实现了南阳综合客运枢纽零的突破。商丘是全国性综合交通枢纽中心城市，是国家“一带一路”“八纵八横”高铁网络节点城市，随着商合杭高铁的通车运营、京雄商高铁的加快建设，商丘将成为拥有4座高铁站的河南省第二大高铁枢纽。“十三五”期间，安阳着力打造大交通格局，城乡道路建设再上新台阶，地区性综合交通枢纽城市建设稳步推进。

第三，城镇协同区政策扶持力度大。《国务院关于支持河南省加快建设中原经济区的指导意见》（国发〔2011〕32号）和省第九次党代会精神，支持南阳在促进生态与经济社会协调发展上积极探索、先行先试，建设中原经济区高效生态经济示范市；支持商丘市在更大规模、更高水平承接产业转移方面，建设中原经济区承接产业转移示范市。中共漯河市委也将“共建淮河生态经济带、协同打造中原—长三角经济走廊，联动打造东部承接产业转移示范区”列入漯河市国民经济和社会发展第十四个五年规划和二〇三五年远景目标。《南阳城市总体规划（2018—2035年）》指出，要推动南阳重要区域中心城市建设，引领南阳转型跨越发展，促进南阳向高质量城镇化转型，吸引南阳创新要素集聚发展。支撑南阳成为豫鄂陕交界地区区域性中心城市，实现产业经济、生态文明、社会人文的大发展，基本成为区域经济中心、生态文明高地、宜居和谐示范市。党的十九大报告为城市群发展提出了新要求，豫北区域五市地处中原城市群和京津冀协同发展示范区的连接地带，安阳、鹤壁、新乡、焦作、濮阳五市应建立协调机制、抱团联动发展，携手共建中原城市群北部协同发展示范区。

二 城镇协同区建设存在的问题

南阳、安阳、商丘等区域建设城镇协同区仍处于初级阶段，究其原因，是区域中心城市整体经济发展水平不高、行政区划有隔阂、协同发展机制不健全等。

（一）区域中心城市整体经济发展水平不高

南阳、安阳、商丘位于河南省的边界地区，分别与湖北、河北、安徽等接壤，均与河南省经济发展中心郑州距离较远，受省会城市的辐射带动作用较弱，且自身发展水平不高。在2020年河南省各市地区生产总值排名中，南阳、安阳、商丘分别排名第3位、第12位、第7位，地区生产总值分别为3925.86亿元、2300.48亿元、2925.33亿元，分别仅为郑州地区生产总值的32.7%、19.17%、24.37%，且人均排名为河南省的第17位、第13位、第16位。政府一般公共财政收入情况在很大程度上决定着公共财政支出的规模，进而对政府活动范围造成影响，是推动地区的经济增长和社会发展的关键因素。2020年南阳市一般公共财政收入202.1亿元，商丘一般公共财政收入180.6亿元，安阳一般公共财政收入174.8亿元，分别排名河南省的第3位、第7位、第8位，仅为郑州市的16.05%、14.34%、13.88%。财政依存度，即财政收入占地区生产总值的比重，是衡量地区经济运行质量的重要指标，与地区的产业结构、所有制结构和经济运行质量直接相关。一般情况下，在经济运行质量高，高附加值产业、资源型产业以及新兴产业比重大，第一产业比重小的地区，财政收入占地区生产总值的比重也相对较高，且财政收入占地区生产总值的比重在8%～11%较为合理。2020年南阳的财政收入占地区生产总值的比重为5.15%，低于协调区城市驻马店（5.95%），在河南18地市中排名第16位；安阳财政收入占地区生产总值的比重为7.6%，在河南省排名第4位；商丘财政收入占地区生产总值的比重为6.17%，在河南省排名第13位，低于协调区城市漯河（6.35%），三大区域中心城市的财政依存度均与8%这一及格标准线有一定差距。

（二）受行政区划影响严重，城镇合作障碍多

城镇协同区的发展要维护区域整体利益，同时也要考虑区域各方利益诉求，要找到协调区整体利益与各地区发展的均衡点。目前，受到行政区划影响，城镇合作出现诸多障碍。其一，行政力量大于市场力量。行政分割使得各地区以市为单位组织经济、社会活动，统一的区域市场被打破，阻碍了资金、技术、人才、商品等要素在协同区域内的自然、合理流动，不利于协同区分工协作。其二，利益诉求差异导致协同区整体效益不高。但各行政区由于参与协同区建设的成本与收益不同，积极性也不同。在发生利益冲突的情况下，部分区域会选择自身利益，从而使得协同效果大打折扣。其三，现行考核体系制约城镇协同区建设。现行地方政府考核体系主要以地区生产总值、财政收入等指标衡量地区发展情况，尤其是在利益补偿机制、晋升奖励机制缺乏的情况下，很多区域选择维系自身利益而放弃协同区整体利益，致使协同区很难实现真正意义上的统一。

（三）协同发展机制不健全，缺乏统筹规划和规范管理

河南省城镇协同区尚未建立全面的协同发展机制，立法、监管、评价等尚缺乏统筹规划与顶层设计。第一，利益协调机制不健全。河南省政府已对城镇协同区发展做了整体规划，但在协同区各城镇利益分配、基础设施共建、人才配置、环境保护等方面，尚未建立具体的利益协调机制。一般情况下，协同区所属城镇很难在技术与资源上实现双赢，容易产生利益冲突。且各区域均有从第一、第二产业向第三产业过度的需求，可能出现功能定位同质化现象，利益协调机制不健全加大了高水平建设协同区难度。第二，制度

保障机制不完善。目前城镇协同区的组织形式较为松散，缺乏制度化的议事、决策机制以及功能性组织机构，增加了区域政府间的合作成本，各城市缺乏统一的合作战略规划。第三，协同创新动力机制不健全。经济体制和政策制度是影响高水平建设城镇协同区的重要因素。目前，协同区各城镇之间存在市场不统一、产业不互补、资源配置效率不高等问题。城市科技合作缺乏引领创新的动力机制和政策环境。第四，缺乏资源共享长效机制。河南资源共享服务平台的建设仍在起步阶段，城镇间数据库、专家库等创新要素仍未实现共享开放。对协同区政府以及科技资源管理单位的权利、义务、责任、处罚未明确划分，缺乏构建科技资源共享制度的法律基础。

三　高水平建设城镇协同区的路径选择

（一）提升中心城市“龙头”带动作用，发挥大型企业集团的区域协调作用

在高水平推动城镇协同区的建设过程中，切实把握南阳、商丘、安阳与信阳、周口、濮阳等城市的关系，以合作、平行、协同为指导，促进各城市间的功能衔接，做好资源整合工作，加强城市互动，努力形成分工合理、各具特色、优势互补、协调发展的空间格局。以对外开放拉动中心城市建设，推动城镇协同区发展。利用好产业集聚区、特色产业园区等公共平台，积极引进重大项目，增加协同区城市间合作。吸引大型企业进行跨区域投资，以市场化原则协调协同区内部产业链、价值链、供应链分工。加强与国际知名企业的合作，拓宽开放领域，优化进出口商品结构。积极促成与珠三角、长三角、环渤海等经济发展水平高的地区间的合作，加强贸易往来，逐步推进城镇协同区市场一体化进程。

（二）建立健全区域协同发展体制机制

着眼于河南省经济高质量发展全局，立足城镇协同区整体发展和长远利

益，应努力建立统一的行为准则，加强顶层设计，建立城镇协同区建设长效机制。第一，完善区域协同发展决策机制。深入推进城镇协同区内城市规划的充分对接，统筹和引领各城镇协同发展。推动建立共同事物处理机制，延伸协同区内部各地区的利益空间，缓解地区利益矛盾，维护地区利益均衡。第二，完善管理机制。提升区域内协调管理能力，构建社会管理源头治理、动态监控以及应急处置的有效机制。吸引社会资本参与城镇协同区建设，设立高水平建设城镇协同区引导资金。第三，健全公共服务共建共享机制，优化公共服务供给。保障协同区公民享受平等的权利，推动医疗卫生跨地区服务、教育资源共享、社会保障互联互通、文化产业联动发展，实现公共服务供给的不断优化，拓展协同区合作领域。第四，完善区域环保合作机制。高水平建设城镇协同区要坚持生态优先原则，加大对生态空间以及生态系统的保护力度，建立区域环境协同监管机制以及生态保护功能区补偿机制，加大优质生态产品供给力度。

（三）强化城市对接，提升协同发展效率

强化城市对接，加强跨城市的交通设施、信息共享设备的建设工程，建设完备的现代交通支撑体系，形成多类别交通方式合理布局、城镇协同区建设高效衔接的新格局。第一，以智能交通为纽带，完善城市综合交通体系。着力打破市域界限，促进南阳、商丘、安阳等区域中心城市与信阳、周口、濮阳等城市之间的连接，加强重要交通基础设施的建设，着力形成现代化、效率高、成本低的交通运输体系。第二，构建协同发展互联网平台，打造一体化发展服务网络。深化重点领域大数据应用，大力促进城镇协同区信息的交流与融合，高效利用物联网、大数据、人工智能等推动区域政务数据开放共享，加强经济发展、交通智能化、环境治理、社会保障等各领域的数据共享与使用。

（四）加强空间分区，优化空间开发布局

在构建“三区协同”高质量发展的空间格局过程中，要以高质量发展为前提，以地理位置与自然环境为基础，以协调发展为目的，高水平建设城镇

协调区。要将三大区域发展与城镇协调区的规划工作结合起来，筑建科学合理的空间开发格局，明确各城镇协同区的功能定位。结合区域发展特点，把握南阳生态和文化发展优势，推动新兴区域经济中心的建设工作，联动驻马店、信阳等城市打造南部高效生态经济示范区，同时加强与长江经济带的对接协作。推动商丘的东向开放，着重发展新兴工业与区域商贸物流业，联动漯河、周口等城市，打造东部承接产业转移示范区，进一步对接长三角一体化发展。以安阳为中心，推动发展先进制造业以及交通物流业，联动濮阳、鹤壁等城市打造北部跨区域协同发展示范区，为进一步融入京津冀发展做准备。

（五）切实保障组织人才支撑

高水平建设城镇协同区，切实做好组织人才支撑，吸引人口经济要素加快集聚，筑牢城镇协同区建设基础。第一，加大人才培养力度。将教育事业摆在优先发展的战略位置，积极促进城镇协同区发展相关专业与学科。持续培育青年人才，设立青年人才补贴奖学金，建立青年人才驿站，完善本土青年人才库，实行成长全周期跟踪联系服务，提供创新创业政策咨询，引导青年人才投身协同区建设工作。第二，鼓励和支持人才入户。深化户籍制度改革，进一步优化人才政策，推进常住人口社会保障、基本公共服务全覆盖。完善城镇协同区综合功能配套，加大医疗、教育投入，完善交通、生活基础设施建设，构建宜居宜业的环境。第三，不断提高城镇协同区招商引资能力与水平，促进产业转型升级，以大项目引领产业入驻，以大产业吸引人才集聚。第四，加强城镇协同区人才交流。完善城镇协同区人才交流制度，加强各市区高校之间、高校与党政机关之间关于高水平建设协同区的交流与研讨，促进人才流动、思想聚合。

参考文献

河南省人民政府：《河南省人民政府关于印发河南省国民经济和社会发展第十四个

五年规划和二〇三五年远景目标纲要的通知》（豫政〔2021〕13 号），2021 年 4 月 13 日。

尹弘：《政府工作报告——二〇二一年一月十八日在河南省第十三届人民代表大会第四次会议上》，2021 年 1 月 25 日。

王卫东：《长三角城市群协同创新发展机制研究》，《企业经济》2011 年第 12 期。

刘雪峰：《发挥区域优势构建交通物流中心》，第十届中国科协年会中部地区物流产业体系建设论坛论文，郑州，2008 年 9 月 1 日。

B.6
提高区域中心城市规模能级研究

郭志远*

摘　要： 河南作为一个人口近亿的人口大省和全国经济总量第五（2020年）的经济大省，单靠郑州一个中心的带动远远不够，在郑州之外培育若干区域性中心城市，就成为河南推动区域协调发展的必然选择。当前，承担区域中心城市职能的南阳、商丘、安阳三个城市的最大短板就是规模能级偏低。针对南阳、安阳、商丘等区域中心城市提升城市能级这一亟待解决的突出问题，本报告从构建政策支持体系、体制机制创新、优化营商环境、增强要素保障和强化区域联动发展等方面提出了针对性对策建议。

关键词： 区域中心城市　能级　区域协调发展

河南作为一个人口近亿的人口大省和全国经济总量第五（2020年）的经济大省，单靠郑州一个中心的带动远远不够，在郑州之外培育多个区域性中心城市就成为新时代河南推动区域协调发展必然的选择。《河南省国民经济和社会发展第十四个五年规划和二〇三五年远景目标纲要》中提出，要“提升南阳、安阳、商丘等区域中心城市规模能级，培育特色城镇组团，建立健全区域协同发展机制，强化跨市域交通对接、功能衔接、产业链接，吸

* 郭志远，河南省社会科学院城市与环境研究所助理研究员，博士，研究方向为城市经济、城镇化。

引人口经济要素加快集聚”①。河南省第十一次党代会指出，支持南阳建设副中心城市，与信阳、驻马店协作互动，建设豫南高效生态经济示范区。支持商丘、周口建设豫东承接产业转移示范区。支持安阳、鹤壁、濮阳建设豫北跨区域协同发展示范区。城市能级是城市的综合实力及其对该城市以外地区的辐射范围、辐射强度的具体体现，指一个城市的某种功能或诸种功能对该城市以外地区的辐射影响程度，主要体现在城市的经济功能、科技创新功能、服务功能等方面。

一 提高区域中心城市规模能级的重要意义

作为一个人口近亿的人口大省和全国经济总量第五（2020 年）的经济大省，河南单靠郑州一个中心的带动远远不够，在郑州之外培育提升南阳、安阳、商丘等区域中心城市规模能级，成为河南实现区域协同发展的必然选择。

（一）培育区域经济发展新动能的历史需要

郑州之外的南阳、商丘、安阳等城市，经济实力较强，区位优势明显。但是从这 3 个城市的发展现状来看，2020 年南阳、商丘、安阳地区生产总值分别为 3925.86 亿元、2925.33 亿元和 2300.48 亿元，常住人口分别为 971.31 万人、781.68 万人和 547.76 万人，距中心城市的要求尚有一定差距，最大的不足就是城市规模能级不够，还不足以完全匹配区域性中心城市地位，对周边地区辐射力带动力较弱。做大经济总量和规模，提升城市能级，是落实国家战略规划的必然选择，是优化区域空间布局的重要举措，是培育全省经济增长新动能的历史需要。

（二）增强与中心城市协同发展能力的现实要求

中心城市通常具有规模大、人口多、实力强的特征。从我国区域经济发

① 《河南省国民经济和社会发展第十四个五年规划和二〇三五年远景目标纲要》，河南省人民政府网，2021 年 4 月 2 日，https://www.henan.gov.cn/2021/04-13/2124914.html。

展的现实情况来看，沿海发达省份多数都已形成“双中心”，甚至“多中心”，像辽宁有沈阳和大连，山东有青岛和济南，浙江有杭州和宁波，广东有广州和深圳，中西部地区由于市场力量相对较弱，多表现为省会城市“一城独大”，河南也是如此，省会郑州既是中原城市群的核心，又是国家中心城市，各种国家战略在郑州叠加，全省优势资源也向郑州倾斜。在做大做强郑州中心城市的同时，通过提升南阳、安阳、商丘等区域性中心城市的规模能级，能够分担郑州的部分功能，吸引大量的人口、资本和技术，从而增强全省经济协同发展能力，推动区域协调发展向更高水平、更高质量迈进。

（三）优化区域城市空间组合链条的战略举措

当前，我国区域经济发展已经从一个单打独斗的城市竞争时代进入了一个区域协同和区域合作的时代。提升区域性中心城市规模能级，能够使自身的集聚与扩散效应与周边城市产生协同，有效避免重复建设、资源浪费和恶性竞争，促进中小城市、小城镇的协同发展，优化“城市群－都市圈－中心城市－大小城市协同发展－特色小镇－乡村振兴”的战略格局和全尺度的空间组合链条。南阳、商丘、安阳与周边地区具有联动发展的良好基础和广阔空间。通过提升城市规模能级，可以将中原城市群区域内的中心城市、副中心城市、区域性中心城市、节点城市、中小城市和小城镇有效融合发展，体现单个城市经济外在化和整体群域经济内在化的交互作用，从而使整个城市群具有较高的整体外部效应，增强中原城市群整体竞争力、辐射力和影响力。

（四）增强对腹地直接辐射带动能力的重要途径

打造区域性中心城市，目的就是要在郑州国家中心城市辐射范围之外的地区，通过区域中心城市规模能级的提升，发挥城市强大的集聚辐射与带动区域经济社会整体发展的体系功能。河南区域经济发展战略格局有一个明显的短板，就是在郑州之外缺乏严格意义上的中心城市，目前南阳、商丘、安阳的规模偏小，对腹地的辐射带动能力弱，周边中小城镇数量多、规模小、功能弱，服务、带动乡村地区发展的功能较弱。在距离郑州相对较远的现实条件下，通过发挥南阳、商丘、安阳区域中心城市的集聚辐射与带动作用，建立健全区域协同发展机制，强化跨市域交通对接、功能衔接、产业链接，吸引人口经济要素加快集聚，进而带动周边广阔的腹地协同发展。

二　提高区域中心城市规模能级的主要路径

城市能级的提升过程，也是城市综合功能完善和城市空间重构的过程，包括城市经济实力的提升、城市基础设施的完善、城市创新能力的增强、城市发展环境的优化等方面。

（一）构建现代产业体系，增强经济辐射力

产业是城市发展的根基，产业兴则城市兴，产业强则城市强。南阳、安阳、商丘等中心城市建设离不开一个强大的现代产业体系作为支撑。当前，新一轮科技革命和产业变革浪潮席卷全球，以数字化、网络化、智能化为标志的信息技术革命正在深刻影响人类的生产生活方式，南阳、商丘、安阳要提升规模能级，就必须抓住这一历史机遇，立足自身产业基础和比较优势，推动产业基础高级化、产业链现代化，构建实体经济、科技创新、现代金融以及人力资源协同发展的现代产业体系。建立区域联动发展机制，综合人口、资源、环境、经济、社会、文化等因素，优化南阳、商丘、安阳与周边地区产业功能分区，避免出现贪多求全、分工弱化、同质竞争、相互孤立等问题，引导产业根据各地比较优势实施差异化布局，实现优势互补、协作密切、联动发展。

（二）推动创新驱动发展，增强创新带动力

创新是引领发展的第一动力，也是中心城市的重要职能之一。但目前来

看，南阳、商丘和安阳 3 个城市的科技基础实力还相对薄弱，高等教育和科研院所资源也相对不足，创新对经济的发展支撑明显不够。为了进一步促进新旧动能加速转化和新技术、新业态、新模式加快发展，增强在区域发展和城市群建设中的创新带动作用，南阳、商丘和安阳一方面要用好现有各类创新资源，另一方面加强与省内外高等院校和科研院所的合作，着力构建创新主体协同互动、创新要素高效配置、创新活力竞相迸发的现代创新体系。加强公共技术创新平台建设，推动共建中原城市群产业技术创新联盟，提高科技创新效率，增强科技供给。发挥财政资金引导作用，引导多渠道资金建设综合性公共创新平台、行业和区域创新平台、中小企业公共创新服务平台等载体，围绕关键共性技术研究和产业化应用示范，建设一批制造业创新中心、重点领域制造业工程数据中心和科研实验设施，增强平台体系的支撑力，提高科技资源公共服务能力。

（三）完善基础设施体系，增强互联互通支撑力

基础设施是一个涵盖交通运输、邮政通讯、能源安全、生态环境等方面的综合性系统。区域基础设施建设能够为物流、人流、资金流、信息流、技术流、能源流的传输提供有效载体和通道，是推进区域一体化发展的重要手段和动力。以推动与城市群内部其他地区基础设施资源共建共享、互联互通为方向，构建内部畅通、关联周边、影响全国的互联互通的基础设施体系，是建设区域中心城市的必然要求。积极争取合西高铁南阳—信阳—六安段、南阳—驻马店—阜阳高铁开工建设，争取合西高铁南阳以西段、呼南高铁豫西通道洛阳—南阳段进入国家中长期铁路网规划。加快推进京雄商高铁商丘段开工建设，推进商丘南站房改扩建及配套工程建设，加快推进商丘动车所项目开工建设；规划建设周口—商丘—济宁、商丘—永城—淮北城际铁路项目，配合推进三洋铁路建设，进一步完善“双十字”、逐步形成“米字”铁路交通枢纽格局。争取尽快建成安阳豫东北机场、安阳高铁综合客运枢纽，谋划推动长治—安阳—濮阳—菏泽、邯郸—安阳—鹤壁—新乡等城际铁路项目。

（四）加快宜居城市建设，增强人口吸引力

区域中心城市建设需要进一步壮大城市体量，提升城市品质，解决人口吸引力不足的问题，而建设幸福宜居现代化城市的功能定位正是对这一需求的呼应。城市的发展归根结底是“人”的发展，唯有坚持人民城市为人民的理念，建设人民向往的城市，增强人民在城市中的幸福感和归属感，才能吸引更多人的集聚，让城市变得更有活力。一是促进城乡融合发展。优化城乡空间布局，统筹推进中心城区、县城、中心镇和美丽乡村建设，合理布局生产、生活、生态空间。深入实施一中心多组团式发展战略，通过系列重大项目的实施，加强各组团县（市）与中心城区的产业承接、交通连接和生态对接。二是加强生态文明建设。牢固树立绿色发展理念，坚持走生态优先、绿色发展之路。持续实施蓝天行动、碧水行动、净土行动、国土绿化行动和生态修复行动，开展农村人居环境整治，推进矿产资源及尾矿资源综合整治和利用。三是巩固提升区域中心城区与周边组团县（市）间的生态廊道，围绕铁路沿线、过境干线公路、高速公路立交桥及出入口区域实施绿化工程。推进城市“双修”，广泛开展城区小游园建设和城郊森林公园环境提升工作，营造推窗见绿、出门有花、移步入园的城市景观。

（五）提升对内对外开放水平，增强高端要素集聚力

在我国开放型经济体系建设格局中，中原城市群承担着成为“内陆地区双向开放新高地”的重要职责。对于区域中心城市南阳、商丘和安阳而言，全面推进对内对外开放，既是功能定位使然，也是自身发展所需。要坚持实施更大范围、更宽领域、更深层次对外开放，发挥比较优势，找准特色定位，主动融入河南空陆网海“四条丝路”，建设更高水平的开放型经济新体制。特别是要利用好南阳综合保税区、商丘物流保税中心等现有开放平台，加快推进安阳保税物流中心、内陆口岸、海关特殊监管区建设，并积极对接河南自贸试验区和“中欧班列”，全面融入全省开放大局。

三　加快区域中心城市规模能级提升的对策建议

南阳、安阳、商丘等区域中心城市提升城市能级是其亟待解决的突出问题，本报告从完善相应的政策支持体系、加快体制机制创新、全面优化营商环境、切实增强要素保障能力和强化区域联动发展等方面提出了针对性对策建议。

（一）完善区域中心城市政策支持体系

建立健全土地、财税、金融、人才、基础设施和公共服务设施、产业发展、对外交流等方面对南阳、商丘、安阳建设区域中心城市的政策支持体系。加强土地政策支持，在建设用地指标上予以倾斜，保障区域中心城市建设对基础设施、产业发展的用地需求。加大财税和金融政策支持，在地方债分配中向区域中心城市基础建设进一步倾斜，加大南阳、商丘和安阳在棚户区改造、国有企业改革等重大项目上的财政支持力度，在法律法规允许的条件下提高企业和个人所得税地方留成比例，加大对符合条件的企业税费征收减免缓的支持力度。加大人才支持力度，支持在原有人才计划基础上，进一步出台引进培育创新性人才、高技能人才的创新办法，聚焦国家战略规划实施和战略平台建设，在引进国内外优秀人才、人才管理制度创新方面安排若干创新试点。

（二）加快区域中心城市体制机制创新

强化中原城市群建设工作领导小组对区域中心城市建设的工作指导和统筹协调，深化对区域中心城市建设重大事项研究，加强对区域中心城市建设中涉及的发展改革、规划建设、产业政策等重大问题的协调和对接，推动区域中心城市与郑州、洛阳等在产业、开放、创新、教育、文化、交通、医疗等领域的对接与合作，推动与周边城市相关区域重大基础设施、公共服务布局和产业体系的对接融合。建立健全区域中心城市建设推进机制，明确责任主体、明晰主体责任、加强监督监测、强化工作考核及结果运用，协调推进各项工作任务落实。创新区域中心城市发展机制，坚持问题导向、改革创新，充分发挥市场在资源配置中的决定作用，更好地发挥政府作用，进一步简政放权，加快审批制度改革，加大公共服务市场化供给改革探索，深化生态环境治理体制机制改革，强化各类风险防范化解能力，增进民生福祉，以高效便捷的政府服务、优质的生态环境、良好的文化氛围、完善的公共服务吸引企业、留住人才。

（三）构建全省一流营商环境

全面落实党中央、国务院决策部署和省委省政府优化营商环境工作部署，聚焦市场主体、民生福祉需要，着力作风建设、能力建设，推进平台建设、网络建设、机制建设，推动职能转变、提质增效、开放创新，加快形成充满活力、富有效率、更加开放的法治化、国际化、便利化营商环境，以高品质营商环境支撑高质量发展。聚焦企业和群众反映集中的办事环节痛点、难点、堵点，坚持问题导向，突出制度创新和政策集成，在“放管服”改革、开放体制机制构建、重商安商氛围营造等重点领域实现重点突破，深化营商环境探索实践。对标一流、争创优势，以营商环境排名前列的省市为标杆，学习借鉴北京、上海、广东等先进省市最佳实践，对接导入国际先进理念、领先标准，总结推广域内典型做法，强化干部作风建设和能力建设，持续提升优质制度供给、服务供给、要素供给能力，努力打造全省营商环境新高地。

（四）全面增强要素保障能力

按照区域中心城市建设要求，加快健全体制、完善机制速度，切实增强要素保障能力。按照“优化、调整、提升”的总体思路，科学编制国土空间规划，完善“多规合一”城乡规划体系，统筹城乡布局、明确空间管控，框定总量、限定容量、盘活存量、做优增量、提高质量。在城市建设用地、用地指标、区划调整等方面考虑南阳、商丘、安阳在生态环境保护和保粮食产量的特殊实际，积极向国家层面争取支持并在省级层面给予一定倾斜，加强区域中心城市建设用地保障。加强倾斜政策、加大投入力度、深化体制机制改革，做好区域中心城市建设资金保障。在符合中央和省有关法规政策的前提下，加大对区域中心城市财政转移支付力度，在专项资金分配上向3个城市适当倾斜。加大对区域中心城市建设金融政策支持力度，持续推进多层次资本市场建设，解决中小微企业融资难、融资贵问题，不断扩大金融市场供给，增强金融服务实体经济的能力。进一步做好人才引进和培育工作，支持区域中心城市进一步做好人才发展平台建设，在省级及以上协同创新中心、重点实验室、工程（技术）中心、研究中心、实践基地等建设上和职称评定、人才计划上实施倾斜政策；加大人才引进和培育投入力度，在落实中央和省有关人才政策基础上，推出符合区域中心城市建设需要的人才管理创新体系。

（五）强化区域协同联动发展

南阳要强化与郑州国家中心城市和洛阳中原城市群副中心城市的协同联动，并与其他周边地区联动发展，拓展更大发展空间，发挥更大协同发展作用。特别是强化与郑州市的协同联动，与郑州在基础设施联通、国际交流联动和产业体系完善方面形成更加科学合理的分工与合作，进一步巩固中原城市群核心城市的综合枢纽、科创中心、贸易中心和经济中心地位，形成多核心协同驱动发展的格局。强化安阳、商丘与周边地区的联动发展，与周边地区科学规划基础设施、公共服务和生态建设的布局和产业分工，增强区域中心城市对周边地区的辐射带动作用。南阳要积极联动信阳、驻马店等城市加强与长江经济带的对接协作，打造南部高效生态经济示范区；商丘联动周口、漯河等城市对接长三角一体化发展，打造东部承接产业转移示范区；安阳要联动鹤壁、濮阳等城市融入京津冀协同发展，打造北部跨区域协同发展示范区。

参考文献

张少华:《中心城市区域服务功能研究》,《中国软科学》2013 年第 5 期。

喻晓莹:《大力营造重商安商的社会氛围》,《河南日报》2018 年 10 月 10 日。

左雯:《郑州提升首位度研究》,载王承哲等主编《河南城市发展报告(2019)》,社会科学文献出版社,2019。

B.7

河南省城市综合服务功能水平发展研究*

张馨歆　赵建吉**

摘　要： 城市综合服务功能的增强集中反映了城市综合竞争力的本质和特征，对于城市发展具有重要作用。本报告以河南省及其18个地级市为研究对象，从资金流通、交通运输、信息水平三个层面构建城市综合评价指标体系，运用城市服务功能评价指标运算公式，从时间空间角度出发对2008～2019年河南省城市综合服务功能发展水平进行研究。河南省及各地市需加快转变经济结构，注重形成城市特色服务功能；完善交通基础设施建设，促进交通运输水平的提升；加强城市信息基础设施建设，提升城市信息化水平和城市综合服务功能水平。

关键词： 城市综合服务功能　时空演化　河南省

引　言

习近平在亚太经合组织工商领导人峰会开幕式上提出，我国经济进入新

* 本文是国家社会科学基金项目"黄河流域高质量发展的内涵、测度与对策研究"（20BJL104）的阶段性研究成果之一。

** 张馨歆，河南大学黄河文明与可持续发展研究中心在读硕士生，研究方向为经济地理；赵建吉，河南大学黄河文明与可持续发展研究中心教授，博士生导师，研究方向为经济地理与区域发展。

常态时期，产业结构不断转型升级，第三产业消费需求成为主体，中国经济进入了以服务经济为主要特征的新常态时期。随着第三产业的快速发展，城市对外经济联系不断加强，集聚和扩散作用增强，城市功能也随之发生变化，由单一的职能向综合多样的服务职能转变。学术界对于城市功能的研究由来已久，李柏峰、刘治彦等人从城市功能布局角度出发，对北京和广州市提出了对策建议①；汤峰、郑紫颜等人从城市功能转型的角度出发，探讨了其与交通发展互动关系、资源型城市的转型异质性及工业结构②；李福坤、陈柳钦等人探讨了产业集群与城市功能优化之间的关系③，当前对于城市功能方面的研究文献较多，但对于城市服务功能的研究较少。

服务功能是城市的基本功能，城市服务功能体现在城市所提供的产品等要素对于城市内部以及周边地区的服务和影响，当前学术界对于城市综合服务功能有众多解释但并未有统一的定义，阎金明、周振华、左正、杜金岷、樊杰等人分别提出了不同的解释④，张少华等人在总结前人的研究基础上，界定了城市综合服务功能的内涵：城市综合服务功能是中心城市所具有的全面的、综合的能力，以产业结构尤其是第三产业为依托，通过资源集聚与产

---

① 李柏峰：《关于北京优化城市功能布局的对策建议》，《北京市经济管理干部学院学报》2015 年第 2 期；刘治彦：《广州城市功能布局优化研究》，《企业经济》2013 年第 10 期；林苑：《国内外机场高速公路沿线城市功能布局特征及对广州的启示》，《科技创新导报》2019 年第 8 期。

② 汤峰：《大都市近郊区城市功能转型与交通发展互动关系研究——以上海市宝山区为例》，《华中建筑》2012 年第 8 期；郑紫颜、仇方道、张春丽、李雪、李彩、尹鹏星：《再生性资源型城市功能转型异质性及其工业结构解析》，《资源科学》2020 年第 3 期。

③ 李福坤：《以城市功能区划推进东莞产业集群发展的策略研究》，《科技管理研究》2010 年第 6 期；陈柳钦：《以产业集群引导城市功能优化》，《甘肃理论学刊》2008 年第 3 期；葛海鹰、丁永健、兆文军：《产业集群培育与城市功能优化》，《大连理工大学学报》（社会科学版）2004 年第 4 期。

④ 阎金明：《借鉴香港经验，完善沿海中心城市服务功能》，《经济界》1998 年第 5 期；周振华：《城市综合竞争力的本质特征：增强综合服务功能》，《开放导报》2001 年第 4 期；左正：《广州：发展中的华南经济中心》，广东人民出版社，2003；杜金岷、朱小强：《论广州城市综合服务功能的现状及发展定位》，《南方经济》2003 年第 11 期；樊杰、许豫东、W. Taubmann：《基于中心地理论对银川市服务功能的解析》，《地理学报》2005 年第 2 期。

品输出，从深度、广度出发影响所服务的区域并带动周边地区的发展①。并指出城市综合服务功能可分为市区性、区域性和跨区域性服务三个尺度，多数学者从“城市流”的角度出发，利用城市流强度模型对区域性的城市外向服务功能进行研究②，在此基础上，姜博等从“流”角度出发，构建表征城市外向功能的指标体系，并通过新的研究方法对东北地区的城市功能联系进行研究③。河南省作为我国的人口大省、交通枢纽和中原经济区的重要组成部分，城市综合服务功能水平的提升不仅促进区域内经济社会的良好发展，同时对周边地区也有引领和带动作用，因此本报告选取2008～2019年的河南省及其地级市为研究对象，从资金流通、交通运输和信息服务3个层面出发构建指标体系，对河南省的综合服务功能指数、相对重要性以及在资金流通、信息服务和交通运输3个层面上的服务功能指数的区域差异进行分析，并依据研究结果提出相应的发展建议，对于提升河南省的城市综合服务水平具有重要意义。

一　研究方法与数据来源

（一）河南省城市综合服务功能指标体系构建

城市通过资源、产品等众多要素的集聚和扩散，不仅服务于内部地区，也为周边提供各种实物和服务，从而促进周边地区经济、社会发展水平的提高。城市间的资金流通、交通运输、科教文卫、商务租赁、信息服务等要素

---

① 张少华、侯瑞瑞：《广州区域性服务功能研究》，第六届（2011）中国管理学年会——城市与区域管理分会场会议论文，成都，2011年9月。

② 阮向前、张丽：《基于城市流强度的中心城市外向服务功能动态分析——以乌鲁木齐为例》，《企业经济》2014年第1期；王海江、苗长虹、刘春国、茹乐峰：《中国中心城市的外向功能联系与时空格局》，《地域研究与开发》2013年第3期；李桢业、金银花：《长江流域城市群经济带城市流——基于长江干流30城市外向型服务业统计数据的实证分析》，《社会科学研究》2006年第3期。

③ 姜博、王媛：《东北地区城市功能联系演进的时空格局分析》，《经济地理》2014年第8期。

相互联系、相互独立，共同作用于城市服务功能[①]，其中资金流通水平、交通运输水平和信息服务水平对于城市的外向服务功能最具表征作用，因此，在借鉴前人研究的基础上[②]，从资金流通、信息服务和交通运输 3 个方面选取指标，构建河南省城市综合服务功能指标体系（见表 1）。

表 1　河南省城市综合服务功能指标体系

功能类型	主要指标
资金流通	固定资产投资额（亿元）、实际利用外资额（万美元）
信息服务	邮政业务总量（亿元）、移动电话用户数量（万户）、固定电话用户数量（万户）、国际互联网用户数量（万户）
交通运输	（公路、铁路、民用航空、水运）客运总量（万人）、 （公路、铁路、民用航空、水运）货运总量（万吨）

（二）城市综合服务功能指数

借鉴已有的城市服务功能指数研究方法[③]，从资金流通、信息服务、交通运输角度对河南省综合服务功能进行测评，数据处理及测评方法如下：

$$s_{ij} = 1000 \times \frac{Z_{ij}}{Z_{i\max}};\ s_{jz} = \sum_{i} s_{ij} w;\ F_{jz} = 100 \times \frac{s_{jz}}{s_{z\max}} \tag{1}$$

其中，i 为指标，j 为城市，s_{ij} 为 j 城市 i 项指标的标准值，Z_{ij} 为核算值，$Z_{i\max}$ 为 i 项指标在所有年份中的最大值；s_{jz} 为 j 城市所有指标的加权值，此处 w 是取值为 1 的权重系数；F_{jz} 为 j 城市的综合服务功能指数，$s_{z\max}$ 为全部城市在所有年份中所有项指标加权的最大值。

（三）数据来源

本报告的研究数据主要来源于《河南统计年鉴》（2009 ~ 2020 年）、

① 董嘉鹏：《城市整合营销》，经济管理出版社，2015。

② 叶磊：《江苏省城市服务功能时空格局演变特征及影响机理》，《地理与地理信息科学》2021 年第 4 期。

③ 姜博、王媛：《东北地区城市功能联系演进的时空格局分析》，《经济地理》2014 年第 8 期。

《中国城市统计年鉴》（2009～2020年）。其中固定资产投资额、实际利用外资额、邮政业务总量、移动电话用户数量、固定电话用户数量、国际互联网用户数量均来自《河南统计年鉴》（2009～2020年），（公路、铁路、民用航空、水运）客运总量和货运总量数据来源于《中国城市统计年鉴》（2009～2020年），河南省各地市（除济源外）部分年份的客、货运总量数据缺失，根据已有年份数据，采用灰色关联度中的多数据预测模型进行插补，济源市（公路、铁路、民用航空、水运）客运总量和货运总量数据难以获取，暂不予纳入河南省城市交通运输服务层面的研究。

三　结果分析

运用公式（1），计算河南省及其18个地级市在2008～2019年的综合服务功能指数，并分别计算河南省及各地市在资金流通、信息服务和交通运输3个层面上的功能服务指数。

（一）河南省城市综合服务功能分析

2008～2019年资金流通、信息服务和交通运输指数均取自河南省18个地市的平均值；综合服务功能指数取资金流通、信息服务和交通运输3个指数的平均值。河南省城市综合服务功能指数在2008～2019年呈现快速持续增长－小幅下降－缓慢增长的波动上升状态。2008～2013年河南省城市综合服务功能指数的平均增长速度为14.4%，增速较快，在此期间交通运输指数始终大于资金流通和信息服务指数，成为带动河南省城市综合服务功能的主要力量，至2013年资金流通指数首次超过信息服务指数，成为仅次于交通运输的贡献力量。2013～2014年河南省城市综合服务功能指数小幅度下降，出现负增长，主要是由于在这一阶段我国正处于经济新常态发展时期，产业结构不断优化升级，休闲娱乐、旅游服务等城市隐性交流服务对交通运输的贡献大，重工业比重下降，服务业比重上升，客运和货运总量明显下降，交通运输指数下降幅度大，对综合服务功能水平的提升未起到显著的

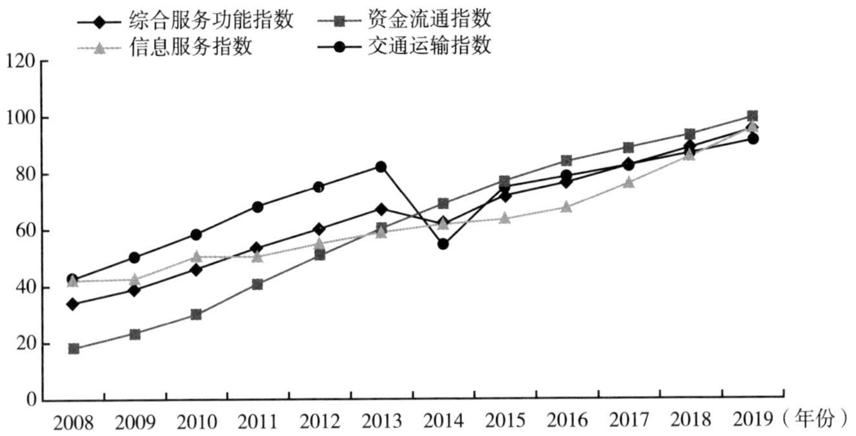

图 1　2008 ~ 2019 年河南省城市综合服务功能指数演化趋势

资料来源：《河南统计年鉴》（2009 ~ 2020 年）、《中国城市统计年鉴》（2009 ~ 2020 年）。

正向作用，在这一时期河南省资金实力和吸引投资能力较强，资金流通指数成为综合服务功能指数提升的主要贡献力量。2015 ~ 2019 年河南省城市综合服务功能指数的平均增长速度为 9.2%，呈现缓慢增长趋势，在这一时期我国经济结构不断优化，交通和信息基础设施建设、服务水平不断提高，资金流通指数始终起主要作用，信息服务指数发展增速快，至 2019 年超过交通运输指数，其贡献力度仅次于资金流通。

（二）河南省地级市城市综合服务功能相对重要性分析

对河南省各地市 2008 ~ 2019 年的城市综合服务功能指数进行汇总后取平均值，采用极值法对 GDP 进行标准化处理汇总后取均值，从而对河南省各地市的综合服务功能进行排序并与 GDP 进行对比。由图 2，城市综合服务功能指数排在前五位的分别是郑州、焦作、洛阳、商丘和南阳，其中郑州、洛阳和南阳标准化处理后的 GDP 均值在河南省内位居前三，表明经济发展与城市综合服务功能水平具有较强的相关性，焦作、商丘、三门峡等城市 GDP 水平不高，但城市综合服务功能指数相对较高，表明城市的综合服务功能可以超过地区经济发展水平，在特定功能领域形成较强的影响力，

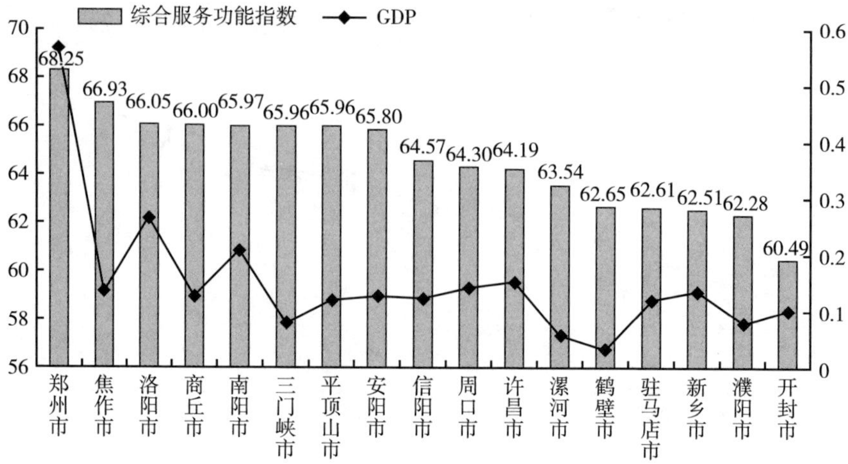

图2　河南省地级市服务功能指数排序及与GDP的联系性

资料来源：《河南统计年鉴》（2009～2020年）、《中国城市统计年鉴》（2009～2020年）。

不仅促进地区内的经济发展，也为周边地区的发展提供服务；郑州作为河南省的省会城市在商业、金融业等高端生产性服务业领域和科学技术、批发零售、邮政储蓄等一般性生产服务业领域具有较强的优势，城市综合服务功能位居首位。开封市作为八朝古都具有悠久的历史文化，作为中部老工业基地城市，开封市的产业结构不够完善，综合经济弱，资金实力和吸引外资能力不强，基础设施建设缓慢①，制约了城市综合服务水平的提升。

（三）河南省城市综合服务功能指数区域差异分析

2008年受全球金融危机的影响，各地区经济发展受到冲击，资金实力相对较差，基础设施建设缓慢；2014年我国进入经济新常态时期，经济结构不断优化升级，由要素、投资转向创新驱动，经济运行状况良好；2018年我国进入经济高质量发展时期，创新、协调、绿色、开放、共享成为为新

① 吴义勇、田敏、孙焱林：《金融危机对国内不同行业的冲击及影响——基于亚洲金融危机和全球金融危机的对比分析》，《甘肃行政学院学报》2015年第2期。

时代发展的主题，城镇化水平不断提升，城市服务水平不断提升，因此选取2008、2014和2018年为时间节点，列出河南省各地市资金流通、信息服务、交通运输指数的综合评价值（见表2），以便进一步分析河南省城市综合服务功能指数随时间演进在区域上的差异。

1. 资金流通

2008～2018年河南省各市资金流通指数显著提升，区域差异明显减小。2008年河南省资金流通指数平均值为18.375，标准差为4.018，变异系数为0.219；大于平均值的地市共9个，按指数由大到小排列分别是郑州、洛阳、新乡、安阳、平顶山、周口、漯河、南阳、三门峡，濮阳排名最低。2014年资金流通指数平均值为68.746，标准差为2.973，变异系数为0.043；相较2008年这一时期各地市的资金流通指数显著提升，大于平均值的地市共有8个，分别是焦作、安阳、郑州、南阳、信阳、周口、新乡和三门峡，经济新常态背景下，各地市加速产业结构优化，促进经济发展，资金实力不断增强，区域间的差异减小。2018年资金流通指数的平均值为92.863，标准差为1.977，变异系数为0.021；这一时期资金流通指数大于平均值的地市共有11个，分别是郑州、濮阳、许昌、周口、洛阳、三门峡、信阳、南阳、开封、鹤壁、济源，且指数均处于较高水平，安阳市资金流通指数位于最后，主要是因为安阳市作为资源型和老工业型城市，产业转型升级速度慢，人均GDP水平不高，吸引外资能力弱；变异系数相较2014年显著下降，表明这一时期在经济高质量发展的推动下，各地区注重经济创新，协调发展，城乡差距不断缩小，城镇化水平不断提升，区域间经济差异减小，资金流通指数的区域差异显著减小。值得一提的是，郑州市在所选取时间节点中资金流通指数始终位于前列，郑州市作为中原城市群的核心城市以及河南省省会城市，具有其他地市不可比拟的经济实力和资金流通力度，吸引外商投资和利用外资的能力强，高端生产性服务业水平高，资金实力强，在资金流通中始终位于领先地位。

2. 信息服务

2008～2018年河南省信息服务指数不断提升，区域差异呈现出先减小后小幅度增大的发展变化。2008 年河南省信息服务指数的平均值为 41.889，标准差为 2.589，变异系数为 0.062；大于平均值的地市共有 6 个，分别是三门峡、平顶山、济源、信阳、开封、漯河，许昌和商丘位居最后两位，这一时期全球金融危机对第三产业的发展产生明显的冲击，信息化基础设施建设水平不高，信息服务指数处于较低水平。2014 年河南省信息服务指数的平均值为 61.322，标准差为 1.760，变异系数为 0.029；大于平均值的地市共有 7 个，分别是平顶山、郑州、新乡、鹤壁、三门峡、信阳和濮阳，在经济新常态背景推动下，产业结构不断优化升级，各地区第三产业发展迅速，信息化基础设施建设水平显著提升，郑州市服务业发展水平高，注重信息流通水平的提升，信息服务指数在 2014 年位居第二位；信息服务指数变异系数较 2008 年下降了 0.033，表明在这一时期各地市注重信息化建设，区域之间的差异有所减小。2018 年河南省信息服务指数的平均值为 85.484，标准差为 3.399，变异系数为 0.040；大于平均值的地市共有 8 个，分别是郑州、济源、三门峡、洛阳、许昌、信阳、平顶山、安阳，表明这一时期在“开放、共享”的经济高质量发展背景推动下，河南省各市信息化建设水平显著提升，国际互联网用户数、邮政业务总量、固定电话和移动电话用户数量明显增加，变异系数水平相较 2014 年有小幅度上升，这是因为各地区之间经济发展水平不尽相同，区域间信息基础设施的建设投入有所不同，所以各地市之间的信息服务指数差异有所增大。

3. 交通运输

2008 ~2018 年河南省交通运输服务指数不断提升，区域差异逐年缩小。2008 年河南省交通运输指数的平均值为 42.655，标准差为 14.155，变异系数为 0.332；大于平均值的地市共有 7 个，分别是三门峡、许昌、郑州、焦作、南阳、周口、安阳，交通运输功能指数位于后三位的分别是信阳、开封、鹤壁，三门峡作为河南省重要的资源型和工业型城市，第二产业所占比重大，2008 年第二产业占 GDP 的比重为 66.4%，工业发展所需的原料、燃料数量多，因此货运总量大，交通运输指数高；鹤壁市煤炭资源丰富，但交通基础设施建设不完善，开封市虽然具有丰富的旅游资源，但基础设施建设缓慢，交通运输指数低；信阳市经济发展水平相对较低，对人流和物流的集散程度相对较低，因此交通运输指数低；这一时期河南省内交通运输指数区域差异较大。2014 年河南省交通运输指数的平均值为 54.033，标准差为 7.712，变异系数为 0.143；大于平均值的地市共有 12 个，分别是焦作、商丘、信阳、平顶山、洛阳、濮阳、开封、新乡、周口、驻马店、三门峡、郑州，在这一时期河南省注重交通基础设施的建设，各个地区之间的交通运输状况得到了极大改善，对客运和货运提供了极大便利，但在经济新常态的背景下，河南省经济结构不断完善，第三产业发展迅速，旅游服务、休闲娱乐对交通运输指数的贡献水平较大，绝大部分地级市客运和货运总量有所下降，因此交通运输指数提升幅度小；交通基础设施的完善，使得城市交通运输的可达性增强，区域之间的交通运输服务差异缩小。2018 年河南省交通运输功能指数的平均值为 86.632，标准差为 8.189，变异系数为 0.095；大于平均值的地市共有 11 个，分别为商丘、焦作、洛阳、信阳、濮阳、开封、新乡、南阳、驻马店、周口、平顶山，相较 2014 年交通运输指数显著提升，2018 年信阳市经济水平显著提升，第二、第三产业占 GDP 比重为 82%，服务业、工业建设的发展使得客运和货运总量不断提升，交通运输指数显著提升；郑州、三门峡由于第三产业迅猛发展，休闲娱乐、旅游服务等对交通贡献水平高，交通运输（客运和货运）扩散特征明显，因此交通运输指数相对较低，交通基础设施的完善提升了区域之间的通达度，河南省交通运输水平区域差异减小。

表 2　2008 年、2014 年、2018 年河南省各地市资金流通、信息服务和交通运输指数

地级市	资金流通			信息服务			交通运输		
	2008	2014	2018	2008	2014	2018	2008	2014	2018
郑州市	26.069	71.960	96.429	40.669	64.568	93.469	50.829	54.075	84.117
开封市	12.189	65.462	93.188	42.367	60.727	82.800	27.852	57.831	90.884
洛阳市	25.337	68.574	93.468	41.105	60.104	87.968	38.119	58.418	94.191
平顶山	21.228	67.143	91.287	45.713	64.829	86.299	39.575	58.493	88.347
安阳市	21.498	73.724	87.178	41.735	61.249	85.778	43.312	40.741	71.117

续表

地级市	资金流通			信息服务			交通运输		
	2008	2014	2018	2008	2014	2018	2008	2014	2018
鹤壁市	15.503	65.500	92.985	41.559	63.198	83.394	20.510	41.867	73.676
新乡市	23.340	70.106	91.872	41.312	63.324	84.840	37.675	57.507	90.176
焦作市	16.023	74.606	91.367	41.711	58.840	81.650	48.807	65.666	94.727
濮阳市	9.761	65.578	95.480	41.212	61.479	84.699	37.526	58.406	92.676
许昌市	16.183	65.977	95.446	38.047	61.267	87.912	56.559	34.568	67.961
漯河市	18.840	67.378	92.826	42.005	60.692	81.678	40.701	53.618	84.934
三门峡	18.435	68.964	93.445	49.041	62.769	90.018	88.937	54.437	81.938
南阳市	18.650	71.855	93.238	39.755	59.118	85.135	44.113	51.444	90.006
商丘市	16.651	64.237	90.771	37.470	60.601	82.919	38.226	61.018	96.252
信阳市	17.860	71.469	93.415	42.897	61.669	86.865	31.739	58.677	92.910
周口市	19.469	70.152	93.479	41.064	61.000	80.268	43.454	57.122	89.244
驻马店	16.932	66.628	92.704	41.202	59.000	82.568	37.201	54.675	89.586
济源市	16.777	68.112	92.955	45.137	59.352	90.454			
平均值	18.375	68.746	92.863	41.889	61.322	85.484	42.655	54.033	86.632
标准差	4.018	2.973	1.977	2.589	1.760	3.399	14.155	7.712	8.189
CV	0.219	0.043	0.021	0.062	0.029	0.040	0.332	0.143	0.095

资料来源：数据由公式运算得，CV 表示变异系数。

四　结论和对策建议

（一）结论

对 2008～2019 年河南省综合服务功能指数、地级市城市综合服务功能相对重要性以及河南省在资金流通、信息服务和交通运输 3 个层面上的服务功能指数的区域差异进行分析，结论如下。

一是河南省城市综合服务功能指数在 2008～2019 年呈现快速持续增长－小幅下降－缓慢增长的波动上升状态。2008～2013 年河南省城市综合服务功能指数的平均增长速度为 14.4%，增速较快，2013～2014 年河南省城市综合服务功能指数小幅度下降，出现负增长，2015～2019 年河南省城市综合服务功能指数的平均增长速度为9.2%，呈现缓慢增长。

二是城市综合服务功能指数排在前5位的城市中有3座城市GDP指数居于河南前3位，表明经济发展与城市综合服务功能水平具有较强的相关性，郑州作为河南省的省会城市，在一般性和高端生产性服务业领域具有较强的优势，城市综合服务功能指数位居首位。

三是2008~2018年河南省各市资金流通指数显著提升，区域差异明显减小，郑州市在资金流通中始终位于领先地位；信息服务指数不断提升，区域差异呈现先减小后小幅度增大的变化趋势，由于各地区之间经济发展水平不尽相同，区域间信息基础设施的建设投入有所不同，各地市之间的信息服务指数差异有所增大；2008~2018年河南省交通运输指数不断提升，区域差异逐年缩小。2008年河南省交通运输指数的平均值为42.655，变异系数为0.332；2018年河南省交通运输指数的平均值为2008年的2倍多，变异系数较2008年下降了0.237，交通基础设施的完善提升了区域之间的交通通达度，河南省交通运输区域差异减小。

（二）对策建议

本报告经过多方面考虑，从资金流通、信息服务、交通运输3个层面出发对河南省城市综合服务功能展开研究，研究具有一定的局限性，后需进一步补充完善，现根据研究结果对河南省城市综合服务功能水平的提升提出以下建议。

一是加快经济结构转变，形成城市特色服务功能，提升资金流通效率。城市综合服务功能水平的提高需要依托一定的产业载体，制造业也包括其中，但起主要作用的仍是服务业，服务业的发展水平和规模与一个地区的城市综合服务功能息息相关，因此要优化地区产业结构，促进服务业的发展；区域间的经济异质性越大，综合服务功能水平潜力越大，资金流通效率越高，因此河南各地市应充分发挥区域内产业优势，高水平打造开封历史文化名城、驻马店国际农都、许昌智造之都、漯河国际食品名城等，形成各地区独具特色的竞争力，提升城市综合服务水平。

二是完善交通基础设施建设，促进交通运输水平的提升。城市综合服务功能是人流、物流、资金、信息、技术流在城市间的流通，交通基础设施的建设提升了区域间的可达性，促进了各要素的联系和发展，促进了城市综合服务功能水平的提升，因此河南省各地市应依据各地区的行政等级，加强和完善各地区的公路网、铁路网、航线网的建设，提升地区公共交通基础设施的可达性，促进各要素流通的便利性，提升城市综合服务功能水平。

三是加强城市信息基础设施建设，提升城市信息化水平。城市的信息化水平是一个城市综合服务功能水平的重要依托，信息的集聚和扩散加强了区域服务水平，加强了区域的网络、数据库建设，增强了城市的比较优势，促进了资源优化配置，以信息流带动了其他流的发展，因此应不断加强城市信息基础设施建设，促进城市信息化水平和城市综合服务水平的提升。

参考文献

王岚：《服务经济时代的职业变迁与高等职业教育人才培养创新》，《天津市教科院学报》2021 年第 4 期。

习近平：《谋求持久发展　共筑亚太梦想——在亚太经合组织工商领导人峰会开幕式上的演讲》，《人民日报》2014 年 11 月 10 日。

魏作磊、唐曼：《粤港澳大湾区城市服务功能比较研究》，《岭南学刊》2018 年第 6 期。

区域联动篇

Regional Linkage

B.8

推进郑开同城化发展研究

王建国*

摘　要： 随着我国城镇化进入中后期阶段，一些发达地区距离相近的城市正呈现一体化、同城化和连绵发展的趋势。郑州、开封两市地缘相近、人缘相亲、文缘相通、历史同脉、产业互补，进入21世纪以来，一体化发展态势明显，为同城化发展奠定了良好的基础。推进郑开同城化发展，要着力推进郑开同城化先行示范区建设，深化开展国土空间共谋共绘，大力推动基础设施互联互通，努力抓好生态环境共保共治，不断强化资源开放共赢优化配置，深度推进产业发展共引共链，均等化实现公共服务共建共享。

关键词： 同城化　郑州　开封

* 王建国，河南省社会科学院城市与环境研究所所长、研究员，研究方向为区域经济、城市经济。

河南省第十一次党代会指出，要加快郑州都市圈一体化发展，全面推进郑开同城化，并将兰考纳入郑开同城化进程。随着我国经济社会进入高质量发展新阶段，以及城镇化进入中后期阶段，大都市、都市圈作为经济社会发展高地和城镇化的主体空间形式，正呈现一体化、同城化和连绵发展的趋势。郑州、开封两市（简称“郑开”）地缘相近、人缘相亲、文缘相通、历史同脉、产业互补，具有得天独厚的同城化发展优势，进入21世纪以来同城化发展态势明显，河南顺时应势，不断出台措施推动郑开同城化发展，对于形成河南甚至中部地区的大都市区，引领区域经济社会高质量发展具有重要意义。

一　充分认识郑开同城化发展的重要意义

（一）有利于更好发挥郑州国家中心城市辐射带动作用

从发达国家的发展规律来看，区域核心城市发展速度最快，辐射范围超越了行政边界。推进郑开同城化发展，有利于强化郑州核心城市的集聚效应和资源配置的统筹能力，在不调整行政区划前提下，突破行政区划壁垒，以郑州核心城市的带动功能统筹周边地区，实现共赢发展。同时，促进不同等级城市的资源共享、优势互补，完善城市布局和形态，解决城市体系结构失衡，促进大中小城市和小城镇协调发展。而且有利于在一定程度上疏解核心城市的非核心功能，并强化核心功能，更好发挥郑州国家中心城市辐射带动作用。

（二）有利于更好为国家中心城市与周边城市融合发展提供借鉴

郑州作为国家中心城市，与其他国家中心城市相比，存在经济体量小、辐射带动弱和创新能力不足的问题，需要与周边城市实现融合发展以弥补短板。从现实发展来看，区域或者省域的竞争都基本体现为核心城市的竞争，要提高郑州的竞争力，并带动提高区域或省域竞争力，就必须促进郑州与其他周边城市的融合发展，组成城市联合体。推进郑州与周边城市的融合发展，需要借鉴国内外的发展经验，更需要自身的实践和探索，郑开同城化将为郑州与周边城市发展提供有益经验启示和借鉴。

（三）有利于更好协同推进黄河生态保护和高质量发展

习近平总书记于 2019 年 9 月 18 日在郑州发表重要讲话，明确提出，黄河流域生态保护和高质量发展，同京津冀协同发展、长江经济带发展、粤港澳大湾区建设、长三角一体化发展一样，是重大国家战略。黄河流域地跨 9 省区，长度超过 5000 公里，流域面积超过 75 万平方公里。实施黄河生态保护和高质量发展战略，需要上下游、左右岸、干支流协同联动。推进郑开同城化发展，有利于在生态保护、黄河安澜、水资源集约节约、经济社会高质量发展，以及黄河文化的保护传承弘扬等方面探索协同发展路子、总结经验。

（四）有利于更好推进郑州都市圈建设以及中原城市群一体化发展

随着经济社会的发展，城市群和都市圈正在成为我国或区域的空间组织形式，也是国家和区域的经济高地。遵循城镇化发展规律，加快构建以郑州为核心的城市群和都市圈是必然趋势，目前看，虽然中原城市群和郑州都市圈都已上升为国家战略，但总体上发展水平不高，根本的问题在于城市群和都市圈的一体化发展程度较低，直接导致城市群和都市圈发展效率不高、规模效应较差。郑开同城化发展，将在基础设施建设、产业经济发展、公共服务供给、生态环境治理、社会管理治理等方面进行一体化探索，有利于助推中原城市群和郑州都市圈的一体化发展。

二　郑开同城化发展的基础条件分析

（一）从历史上看，郑州与开封历史文化交融，多个时期属于同一行政区域

郑州和开封一个是商都，一个是宋都，两座千年帝都历史上同根同源，

人文上同宗同脉，民风上相亲相爱。两座城市同是中国八大古都之一，同是中华民族的重要发祥地，长期以来并肩作战、荣辱与共，共同捍卫着生生不息、博大精深的中原文明。郑州和开封在历史上多个时期属于同一行政区管理，具有深厚的历史渊源，隋代设荥阳郡，郡治管城，辖区包括今天郑州中、西部及开封东部，开封隋代时期称浚仪县，是荥阳郡与江淮地区之间水运连通的重要城镇。北宋定都开封，开封府属京畿路，其辖区包含今中牟县，郑州为西辅，其职能是拱卫京师、驻扎军队、囤积粮草。自元代之后，开封为中原省治。明代郑州为属州（县级），同中牟、新郑、密县等一同隶属于开封府。清代郑州隶属于开封府，治祥符（今开封）。明清时期郑州是开封的西大门，也是开封府与河南府（府治洛阳）联系的重要通道。由明代起，直到1954年，开封都是河南省的省会。1954年10月，河南省省会由开封市变为郑州市。

（二）从地理和范围上看，郑州和开封地缘相连，相距较近，空间范围紧密适宜

郑州、开封同处于华北平原腹地、黄河下游南岸之滨。郑州居于东经112°42′~114°14′，北纬34°16′~34°58′，东接开封；开封居于东经113°52′15″~115°15′42″，北纬34°11′45″~35°01′20″，西邻郑州。两市城区中心直线距离不到65公里，和合肥、巢湖直线距离70公里，济南、莱芜直线距离75公里，成都、简阳直线距离70公里差不多。而且郑州开封两市市域城市建设已基本没有距离。从郑州开封两市的范围看，郑州全市域面积7446平方公里，排全国省会城市第22位，开封全市域面积6266平方公里，两市合计13712平方公里，不及哈尔滨的53100平方公里、拉萨的31662平方公里、南宁的22122平方公里、昆明的21473平方公里、长春的20593平方公里、呼和浩特的17224平方公里、杭州的16853平方公里、石家庄的14464平方公里、成都的14335平方公里、乌鲁木齐的14335平方公里，位居全国省会城市第11位。

（三）从发展态势上看，郑州和开封同城化发展顺应了经济社会发展的规律

世界经济发展史表明，随着经济社会的发展，尤其是到了城镇化的中期

阶段以后，大都市将成为区域经济和城镇化发展的重要空间形式，其作为高端生产要素集聚集中和高效配置的重要平台，将成为区域经济和城镇化的主要载体。从全国情况看，中心城市扩张顺应城镇化发展趋势正成为当前乃至今后一段时期的历史潮流，一些城市如北京、上海、武汉、广州等早已全部撤县市建区，中心城区极大扩张；合肥、济南、西安、成都等则直接“吞并”另一个省辖市，实现了超级扩张，由此可见，郑州和开封同城化发展，不仅顺应了经济社会发展的潮流和趋势，也是加快推进郑州国家中心城市发展的必然选择，更是实现开封加速发展的有效途径。

（四）从经济社会发展上看，郑州和开封具有较强的延伸性、联结性、关联性、错位性和互补性

从承载经济社会发展的土地资源看，郑州大部分地区属于山地丘陵，开封则为广阔的平原，从郑州到开封具有延伸性。从基础设施尤其是交通基础设施看，两市之间具有高速、快速、公交、轻轨、高铁、普铁，以及物流等多种形式的联系通道，两市紧紧联系在一起，同时郑州的国际综合交通枢纽地位日益强化，开封则受到郑州交通枢纽的直接辐射带动。从产业发展看，第一产业具有既形成错位又形成规模效应的发展特征，如郑州西南部丘陵地带经济作物和果木种植业，与开封大田农业形成明显的错位发展差异，而中牟的西瓜大蒜则与开封连成一体形成规模效应；两市在第二产业发展层次上是错开的，相对来讲郑州产业结构更优；第三产业发展上郑州相对更具生产性，开封则相对偏重生活性，二者具有明显的互补特征，同时，开港产业带、郑汴产业带等的规划建设正在把两市的产业发展紧紧联系起来。

（五）从人员互动交流上看，郑州与开封人口流动全省最为频繁、数量最大

从郑州都市圈人口流动情况来看，2020 年 1 月 10 日（农历腊月十六）至 1 月 24 日（除夕）百度人口迁徙数据显示，开封、新乡、许昌、焦作为流入郑州的主要来源地，流入人口数量占郑州流入人口总数的比例，分别为

9.71%、8.44%、6.48%和5.09%；而郑州流入开封、新乡、许昌、焦作的人口数量占当地人口流入总数的比例，分别为44.02%、35.14%、32.61%和33.61%。2020年4月15日（工作日，选取周三作为参考）百度人口迁徙数据显示，开封、新乡、许昌、焦作为流入郑州的主要来源地，流入人口数量占郑州人口流入总数的比例，分别为10.77%、9.6%、7.68%和5.65%；而郑州流入开封、新乡、许昌、焦作的人口数量占当地人口流入总数的比例，分别为43.24%、33.13%、32.88%和30.89%。

（六）从现状来看，郑开同城化发展已经做了大量的前期工作，取得了明显成效

进入21世纪以来，河南推进郑开同城化发展做了大量工作，也取得了明显成效。一是以交通基础设施建设为先导，连霍高速、310国道、郑开大道、郑汴物流通道、郑开城际、郑民高速、商登高速相继建成通车，提高了两市通达效率。二是多项同城化服务措施的实施，积极推进两市“五同城一共享”（交通、金融、电信、产业、生态同城发展和文化教育等资源共享），实现了部分功能对接。三是两市对口部门之间深化合作，两市发改、工信、交通、水利、农林、商务、文旅等部门分别签订了部门合作协议，加快融城步伐。四是共同推进郑州航空港经济综合实验区建设，郑州航空港经济综合实验区规划范围跨越郑州和开封两市，成为真正突破行政区划限制、统筹发展的先行示范区。

三　郑开同城化发展存在的主要问题分析

（一）两城之间要素衔接（流通）不畅

由于郑州开封两市能级的差异，以及空间距离相对较远，总体上看，郑开之间的要素流动不均衡、不对等，突出表现为生产要素相对流向郑州，生活要素相对流向开封；高端要素相对流向郑州，中低端要素相对流向开封。近年来，随着郑汴一体化的推进，一些高端产业项目，也在开封布局，但总

体上看，要素衔接和流动的畅通问题依然存在，这也是推进两市同城发展必须解决的问题。

（二）两市一体化发展程度较低

从郑州—开封的空间距离和发展阶段来看，两市目前还处于一体化发展的初期，政府力量相对较强，市场动力明显不足。突出表现为由政府调节的基础设施建设，尤其是郑开通道建设推进较快，当然这也是推进郑开同城的基础和前提条件，但由市场调控的产业一体化发展相对落后，更深层次的公共服务一体化程度更低。从市域发展情况来看，郑州全市域各区县发展相对均衡，开封则是西南片区发展水平相对较高，东北片区及各县发展水平稍低，一体化程度存在较大差异。

（三）两城发展基础存在较大差距

郑州市是河南省会城市、国家支持建设的国家中心城市、中原城市圈和郑州都市圈的核心城市，开封市是河南的地级市、郑州都市圈城市。总体上看郑开两市城市能级存在较大差距。2019 年郑州全市域面积 7446 平方公里，建成区面积超过 1000 平方公里，仅中心城区建成区面积近 650 平方公里；总人口超过 1000 万人，常住人口超过 600 万人；经济总量达到 11589 亿元，占全省的 1/5 以上，人均 GDP 超过 10 万元，接近全省平均水平的 2 倍。从开封看，2019 年市域面积 6266 平方公里，建成区面积 150 多平方公里，总人口 457 万人；经济总量 2364 亿元，占全省的比重不足 5%，人均 GDP 5. 18 万元，不及全省平均水平，和郑州相比，差距较大。同时，开封在基础设施建设和供给、公共服务水平和质量等方面，也与郑州存在一定差距。

（四）两市优势资源的保护利用和协同联动不足

随着中国特色社会主义进入新时代，以及人民群众追求美好生活需求的增强，丰富多彩的文化活动以及文化软实力的地位和作用日益凸显。从历史上看，郑州开封同为我国八大古都之一，但文化品牌影响力与其本身拥有的资源不对等，开封休闲旅游产品和服务品质较低。从现状来看，郑州在中牟谋划方特、绿博园、华谊兄弟电影小镇等十大主题乐园和多个特色专业园区，开封谋划恒大童世界文旅综合体、960 非遗文化创意园、大宋宫词影视基地等文旅项目，存在一定的同构性和重叠性，不利于同城发展的协同和联动。

（五）两城治理体系治理能力存在差距

郑州和开封两市，由于功能定位的不同，以及经济社会发展水平的差异，在一系列制度安排和制度建设方面，必然存在一定的差异；由此也必然产生治理能力和治理效应的差异，这也成为推进同城化亟待解决的问题。

（六）两城居民的观念和意识存在差异

郑州古称商都，距今有 3600 年的历史，而如今被称为火车拉来的城市；开封古称汴梁，八朝古都，距今则有 4100 余年的建城史和建都史。相对来讲，郑州城市的发展更具开放性和移民性，开封皇城根文化更加根深蒂固，开放度也较低，这就导致两城文化惯性及其社会效应存在较大差异，也必然对居民的观念和意识产生不同的影响。

四　推进郑开同城化发展路径和对策建议

（一）设立郑开同城化先行区，为同城化发展提供示范

依托郑开同城发展基础和条件优势，高标准规划建设郑开同城化先行示范区，积极开展先行先试，着力打造黄河生态保护发展样板区、创新要素集聚融合转化区、同城化高质量发展试验区、文化旅游融合发展示范区、和谐共享宜居宜业标杆区，为郑开同城化和郑州都市圈、中原城市群一体化发展提供路径和示范，为全国区域协调发展提供更多可复制可推广的新成果。

（二）共谋共绘国土空间，优化同城化建设布局

协同开展国土空间规划编制，在郑州都市圈空间规划的框架内，共谋国土空间布局和功能定位。协调功能区划，统筹考虑郑开两市资源配置，引导开封成为郑州都市圈新增产业和承接产业转移的重要空间，实现规划一张图、要素供给同城化。共同研究编制先行示范区总体建设方案和产业发展规划，建立重大项目库，研究推出一批重大工程、重大改革开放举措、重点政策需求，争取被纳入省和两市“十四五”发展规划以及国土空间规划和相关专项规划。

（三）互联互通基础设施，提高同城化发展通达性

坚持 TOD 发展导向，坚持交通引领，以快速通道和轨道交通建设为重点，进一步提升郑开基础设施互联互通水平，缓解郑州国家中心城市大宗商品物流及客货集疏压力。谋划实施郑汴快速路建设，增加郑开连接快速通道，不断加密路网。加快推进轨道交通和 K2 快线规划建设，扩容轨道交通。推动城际公交与高铁、城际铁路与轨道交通、市内公交之间无缝衔接，实现郑开交通一体、深度联通。强化郑开同城化示范区市政设施协调布局，完善信息网络一体化布局，推进第五代移动通信技术和新一代信息基础设施布局。

（四）共保共治生态环境，建设绿色宜居郑开家园

围绕黄河生态屏障、郑汴港生态绿心、河湖水系连通和生态廊道建设，统筹生态保护、垃圾处理、污染防治，构建郑开多层次、密网络、功能复合的生态空间格局。构建雁鸣湖—官渡—杏花营—朱仙镇—尉氏县的区域生态绿心，打造集湿地、森林、河湖、农田等于一体的绿色生态廊道，加快郑开两市沿黄河湿地公园建设，着力加强生态修复和保护。推进郑开水系连通工程，提升区域生态安全和生活宜居水平。构建跨区域共享的垃圾处置体系，形成一体化环保网络。

（五）强化资源一体化配置，提高资源利用效率

打破地域分割并清除市场壁垒，营造规则统一开放、标准互认、要素自由流动的市场环境。加快人力资源市场一体化进程，探索建立统一的人才评价体系。推动技术市场一体化，支持郑开两市联合建设科技资源共享服务平台，鼓励共建科技研发和转化基地。推动金融服务一体化，加强郑开金融基础设施、信息网络、服务平台一体化建设，探索建立统一高效的一体化金融服务体系和监管格局。统一市场准入标准，探索“一照多址、一证多址”企业开办经营模式，推动各类审批流程标准化和审批信息互联共享。探索建立标准统一的互认机制，加快构建郑州都市圈信用“一张网”，推进食品安全检验检测结果互认。

（六）统筹产业共引共链，促进经济高质量发展

优化郑汴产业空间布局，推动优势产业链式延伸、集群化发展，形成优势互补、错位发展、特色明显的产业协同发展格局。加快郑开双创走廊建设，将郑洛新国家自主创新示范区郑州片区（高新区）、金水科教园区、郑东新区中原科技城、龙子湖智慧岛、鲲鹏软件小镇等串联起来打造沿黄科创带；大力培育以高端制造、电子信息、智慧物流、生物医药及医疗器械等先进制造业为主体的开港经济带；共建黄河生态带，打造黄河流域生态保护和高质量发展样板区；重点发挥荥泽古城、汉霸二王城、宋都古城及万胜镇、朱仙镇等运河名镇核心带动作用，推进运河古城（镇）的保护和修缮，打造运河文化核心带。

（七）共建共享公共服务，大幅提高居民幸福指数

以均衡普惠为导向，建立健全公共服务同城化“共建共享机制”，提高民生保障和公共服务供给水平。深化郑州大学、河南大学高校建设合作，探索建立“双一流”高校人才招引机制。鼓励优质中小学校开展跨区域合作，推动基础教育深度融合发展，建立优质教育资源共建共享机制。发挥郑州六

大国家区域医疗中心优势，探索建立两市医保定点医疗机构互认机制，实现医疗资源共享惠民。建立文化体育联动机制，推动大型体育赛事联合举办、文艺互演交流合作，优化文化旅游资源布局。统筹建设郑州都市圈智慧城市大数据运营中心，开展数据信息同城化试点，着力破解制约城市功能发挥和产业发展的障碍。

参考文献

《郑开同城化：重磅举措勾勒美好前景》，河南省人民政府网站，http：//www.henan.gov.cn，2021 年 4 月 12 日。

陈薇：《郑开同城化　探索合作共治模式》，《河南商报》2021 年 6 月 30 日。

《郑开同城“化”一体》，《河南日报》2021 年 8 月 30 日。

《郑开同城化——郑汴一体化转型升级和高质量发展的重要标志》，搜狐，https：//www.sohu.com/a/421499571_782227，2020 年 9 月 28 日。

B.9
推进洛济率先深度融合研究

郭志远*

摘　要： 推动济源洛阳深度融合发展，是贯彻落实黄河流域生态保护和高质量发展国家战略以及河南省委、省政府决策部署的重要举措，符合经济发展规律和区域协调发展趋势。当前，洛阳和济源在融合发展方面基础良好，而且已经取得了一些进展和成绩，但是从推进洛阳都市圈建设的角度出发，从两地深度融合发展的角度出发，还存在不少问题和制约因素，迫切需要在洛阳都市圈建设中加以解决。

关键词： 融合发展　洛阳都市圈　济源产城融合示范区

洛阳和济源人脉相亲、水脉相通、文脉相近、产业相似，既有良好的合作基础，也有充分的合作空间。推动济源、洛阳深度融合发展，是贯彻落实黄河流域生态保护和高质量发展国家战略以及河南省委、省政府决策部署的重要举措，符合经济发展规律和区域协调发展趋势。2020 年 5 月 13 日，洛阳济源签订《推动洛阳济源深度融合发展合作备忘录》。2020 年 9 月 3 日，《洛阳—济源深度融合发展战略合作框架协议》正式签约，在 6 个领域明确了 33 条务实管用、可操作性强的具体措施，两地深度融合发展迈入快车道。推进洛济率先深度融合发展是建设洛阳都市圈的具体内容，有利于洛阳和济源共赢发展，有利于增进两地人民福祉。

* 郭志远，河南省社会科学院城市与环境所助理研究员，博士，研究方向为城市经济、城镇化。

一　推动济源、洛阳深度融合发展的重大意义

洛阳和济源人脉相亲、水脉相通、文脉相近、产业相似，既有良好的合作基础，也有充分的合作空间。在河南城镇化快速推进和区域经济一体化深入发展的背景下，洛阳都市圈建设已经正式启动，作为与洛阳市一衣带水的济源产城融合发展示范区，其与洛阳的率先融合就显得尤为重要。

（一）贯彻国家、省重大战略部署的重要举措

2016 年 12 月国务院批复的《中原城市群规划》明确提出，将洛阳、济源纳入中原城市群核心发展区，以洛阳市为中原城市群建设的副中心，建设西部转型发展示范区，打造城市群新的增长区域和开放空间。2017 年河南省委、省政府印发的《河南省建设中原城市群实施方案》强调，推动洛阳与济源、三门峡、平顶山等城市联动发展，布局建设若干特色突出的产业发展廊道。2020 年 3 月，河南省委、省政府出台的《关于支持洛阳以开放为引领加快建设中原城市群副中心城市的若干意见》提出，加快构建洛阳都市圈，形成辐射豫西北、联动晋东南、支撑中原城市群高质量发展的新增长极。推动济源洛阳深度融合发展，是贯彻落实黄河流域生态保护和高质量发展国家战略，以及省委、省政府决策部署的重要举措，符合经济发展规律和区域协调发展趋势。

（二）落实黄河流域生态保护和高质量发展国家战略的具体体现

洛阳和济源位坐落在黄河两岸，小浪底水利枢纽工程就位于两市交界处。洛阳是国家“一带一路”重要节点城市、黄河流域重要城市、中原城市群副中心城市，是河南省委、省政府倾力打造的全省高质量发展“双引擎”之一。高质量高水平建设国家产城融合示范区，是国家交给济源的重要任务，是省委、省政府对济源的殷切希望。推动洛阳和济源率先融合发展，有利于两地携起手来，共同推动黄河流域生态保护，提升区域生态环境

质量，构筑黄河流域重要生态屏障；有利于强化两地优质产业对接，提升济源企业产业配套能力，加快优势主导产业转型升级，实现产业协同发展；有利于强化两地公共服务共建共享，提升公共服务保障水平；有利于强化两地旅游市场合作，提升济源旅游景区知名度，扩大区域文化旅游影响力；有利于发挥济源连接豫西北、晋东南的桥头堡优势，提高与周边城市的开放合作水平，构建区域合作新格局。

（三）增进两地人民福祉的必然选择

洛阳和济源人脉相亲、水脉相通、文脉相近、产业相似，既有良好的合作基础，也有充分的合作空间，两地市民的往来早就十分频繁。洛阳都市圈的加快建设让洛阳和济源不再是一座城市和两座城市的概念，而是变成一个隔河相望的都市圈，两城形成了越来越近的生活圈。两座城市之间已经实现了旅游年票的互通、高速公路的免费、固定电话的同城。2021 年上半年，济源连通洛阳新安县的高速公路开工建设，未来洛阳和济源之间将有三条高速、一条快速路、一条国道、一条轨道交通、一条城铁连通，最快不到半小时的车程，一个半小时的“都市圈”和“生活圈”即将形成。洛济融合给济源带来了更大的开放机遇，让济源在对外合作上更加方便快捷，济源则成为洛阳向外辐射的腹地，洛阳对外影响力和带动能力直接扩大到太行山脉。

二　洛阳、济源融合发展面临的主要问题

随着区域经济一体化的不断推进，尤其是随着中原城市群规划的实施和洛阳都市圈建设的推进，洛阳和济源两座城市之间的融合发展已经是大势所趋，洛济融合发展也取得了一定的突破和成果，但问题依然突出，现实困难和挑战仍然严峻。

（一）体制机制障碍依然存在

长期以来，跨行政区域的协同发展一直是一项世界性难题，洛济融合发

展也难以绕过这一难题。虽然在河南省政府的大力推动下，洛济融合发展早已成为共识，但是在实际工作中，由于行政区划、政治导向、经济实力、资源环境等若干差异因素的存在，体制机制障碍对两地融合发展的影响广泛而长期存在。在洛阳都市圈建设不断深入实施的背景下，两地之间行政区划界限有所淡化，但政府行政关系复杂，给两地的协调带来很多掣肘因素。比如目前两地的城市总体规划、土地利用规划等缺乏衔接，对于新起草的地方性政策法规，两市实施不同步。部门利益和地方保护主义依然是阻碍两地经济资源自由流动和跨地区经济合作的重要障碍。

（二）基础设施网络衔接不畅

基础设施建设对经济社会发展具有基础性、先导性和全局性的作用，基础设施互联互通是城市之间融合发展的基础和保障。城市融合发展的实质就是要尽可能降低商品和要素跨区域流动的成本，最终劳动力、商品、资金、信息等要素在城市之间的流动像在一个城市内部流动一样，额外成本接近于零，要想实现这一理想目标，基础设施互联互通至关重要。经过近年来的努力和发展，洛济在基础设施互联互通方面已经有了巨大的进步，但是从两个城市融合化发展的角度来看，无论是基础设施总量还是互联互通能力仍显不足。特别是受过去传统行政区经济思维的影响，两地之间各种交通枢纽互联互通效率有限，各种交通方式“最后一公里”问题突出。虽然两地之间已经有多条通道相连，但是有黄河“天堑”的存在，随着未来车流量和人流量的快速增长，交通连接的瓶颈将会不断凸显。此外，两地道路交通网络的布局仍有多处难以衔接，都市圈城际轨道交通网、天然气网、电网、信息网等建设刚刚起步，各种基础设施之间的衔接协调不够流畅，融合发展的基础设施网络尚未形成。

（三）城市规模能级较低

中心城市是区域经济发展的重要增长极，是一个区域整体竞争力的重要体现，其能级的高低决定着城市群的竞争力和区域经济的辐射带动能力。较低的城市能级决定了无论是洛阳都市圈还是作为中心的洛阳市，对周边区域的影响力和带动能力都较有限。作为河南省委、省政府支持建设的洛阳都市圈、中原城市群副中心城市，洛阳的发展直接关系到中原城市群和全省的发展。洛阳作为都市圈的核心城市，无论是经济体量、人口规模还是区域影响力，距离都市圈的核心都还有一定差距。2020 年，洛阳常住人口只有 705.7 万，占全省的 7.10%；地区生产总值 5128.4 亿元，占全省的 9.3%。济源 2020 年常住人口 72.7 万，地区生产总值 703.16 亿元。

（四）产业协同水平有待提升

从国内外发达的都市圈产业结构特征来看，区域内不同地区之间的产业结构较为相近，发展存在渐次性、互补性特征，都市圈内部各城市之间融合发展的核心是产业的明确分工和紧密协作。然而，目前作为洛阳都市圈先行示范区的洛阳和济源，产业之间替代性有余而互补性不足，分工协作水平亟须提升。洛阳作为传统老工业基地，制造、有色、化工、建材等传统产业占比较高，制造业增加值占全市地区生产总值的比重常年在 1/3 以上。济源以钢铁、有色金属、化工、装备制造等行业为代表的传统产业，在济源的生产总值中占比达 61.4%。两地在产业选择和布局上并未形成明确的分工和协作格局，这将成为制约洛济深度融合发展的关键因素。

（五）环境容量十分有限

由于两座城市独特的地理环境以及当前产业结构对能源资源过度依赖，结构性污染问题依然存在，洛济融合面临的生态环境约束将越发凸显。黄河两岸生态系统整体功能脆弱，抵御灾害的能力不足，难以满足新型工业化、城镇化和农业现代化不断提升的生态环境治理要求。目前，整体上该区域水、大气环境容量都非常有限。洛阳都市圈建设的快速推进，两地经济社会的快速发展，将会对两地之间的黄河带来巨大的生态环境压力。环境容量的紧缺对洛阳和济源经济持续发展的制约日益凸显，生态环境的现状已经远不能满足人民群众日益提高的环境质量要求。

三　加快推进洛阳济源深度融合发展的对策建议

面向未来，在都市圈建设中推进洛济率先融合发展需要从基础设施互联互通、产业协同合作、文化繁荣共兴、优质公共服务资源共享、生态环境共治、开放合作共进等方面加紧谋划、加快推进，打造洛阳都市圈先行示范区，推进洛济深度融合发展。

（一）加强基础设施互联互通

坚持交通先行，全面提升济源与洛阳的基础设施互联互通水平。铁路建设方面，共同争取推动呼南高铁豫西通道项目列入国家相关规划，争取早日开工建设；谋划建设洛阳到济源的城际轻轨，从洛阳北郊机场经孟津县、吉利区后延伸至济源。公路方面，在确保洛阳西—济源高速公路稳定运行的基础上，加快洛济快速通道、小浪底换线旅游公路等工程建设，积极开展 G208 东移、S309 黄河桥梁及引线项目前期工作，尽快启动邵原至新安高速公路、沿黄北岸高速公路等项目前期工作。水运方面，加快推进小浪底库区港航项目前期工作。此外，还应积极研究谋划济洛货运通道周边物流产业布局，配套建设一批现代化物流产业园区。加快推动洛阳机场济源异地航站楼场所建设工作。

（二）深化产业协同合作

立足产业基础优势，围绕石化、装备制造、有色金属等关联产业，推动产业共建，争取济源符合条件的优质产业项目获得洛阳先进制造业高质量发展基金支持。石化方面，积极争取纳入《洛阳市高端石化产业基地总体发展规划》编制范围，沿济洛快速通道和虎岭高新片区统筹布局高端石化下游关联项目，打造济源至洛阳高端石化产业带。装备制造方面，以河南济钢、中原特钢为依托，瞄准矿山装备、农机装备、轴承及基础件等领域，加强与洛阳中信重工、一拖集团等企业的战略合作，在高端装备、成套装备和基础零部件等方面寻求突破，强力推进钢产品深加工产业园建设，打造具有国际竞争力的装备制造优势产业集群。有色金属方面，依托豫光金铅、金利集团、万洋集团，加强与中色科技、永宁金铅、中船重工 725 所、洛钼集团等企业合作，提升两地在有色金属开采及冶炼、贵金属与珠宝产品生产制造、市场营销等领域的合作水平，打造具有全球竞争力的精品原材料产业基地。新兴产业方面，支持富士康精密制造产业与洛阳的机器人及智能制造产业进行深度合作，延伸产业链条，壮大产业规模；依托洛阳“1 +4”工业互联网平台和济源清水源“水云踪工业互联网平台”、“中原云工”省级制造业双创平台，强化双方科研机构的对接，大力发展服务型制造业；在洛阳乡村振兴战略实施中推广使用济源大型企业环保产品；共同推动两地军民融合产业对接，争取尽快取得一批合作成果。

（三）推动文化繁荣共兴

突出两地文化旅游特色，开展多层次宽领域的合作，共同打造区域文化旅游品牌。整合区域文旅资源，加强两地文化旅游发展规划的衔接，共建资源互补、线路互通、客源共送、利益共享的区域旅游市场；以小浪底景区提升创建为重点，在沿黄文旅开发、水上航线开通等方面积极谋划合作，打造济洛沿黄旅游产业带。组建文旅战略联盟，鼓励两地旅游部门、旅游景区、旅行社等缔造多层次、多方位的合作关系，推动牡丹花会、愚公文化节、小浪底观瀑等各类节庆活动联动发展，充分利用“千年帝都、牡丹花城”和“愚公故里、山水济源”的品牌优势，共同打造一批跨界精品旅游线路，共同做好王屋山—黛眉山世界地质公园复审工作，促进两地文旅产品深度融合。共建研学教育基地，充分挖掘两地历史文化资源和红色教育资源，加强愚公移山干部学院、小浪底示范性综合实践基地与洛阳培训机构的联系，加快建设与改造提升愚公移山精神展览馆、留庄英雄民兵营纪念馆、陈谢大军渡黄河遗址，将济水之源打造成中国独具特色的河济文明展示园。

（四）推动优质公共服务资源共享

充分利用洛阳、济源整体公共服务水平高、认同度相近的优势，积极推进教育、医疗、群众出行、应急救援等方面的对接和资源共享，构建统一、方便、快捷、高效的公共服务体系。教育事业方面，争取洛阳第二外国语学校等优势教育资源在济源开展合作办学；推动两地职教园区深度合作，打造技术技能人才培养培训基地，逐步形成本科教育园区、职业教育园区、大学生创新创业园区“三位一体”发展新格局。医疗健康方面，支持河南正骨医院、洛阳儿童医院等优质医疗资源在济源开展多种形式合作交流，创新医疗供给模式，打造区域医疗卫生中心。群众出行方面，设立洛阳机场济源异地航站楼，推动两地机动车高速公路免收通行费，开通洛阳至济源城际公交，龙门高铁站至济源、洛阳机场至济源客运班线，为群众出行提供更多实惠和便利。应急救援方面，加快豫西地区联防联控指挥平台、豫西地区应急救援中心、豫西地区航空救援中心、河南省隧道应急救援基地和河南省危化应急救援基地建设，实现两地应急指挥体系互联互通，重大突发事件快速协同处置。

（五）加强生态环境共治

充分利用洛阳和济源位于黄河流域的条件，强化两地在生态环保领域的合作，切实提升区域生态环境质量。深入开展黄河生态资源治理保护，实施黄河湿地公园建设、小流域综合治理等项目，加快构筑沿黄河生态廊道，打造沿黄河小浪底北岸健康养生发展带；推动两地协同开展“携手清四乱、保护母亲河”等专项行动，联合推进大气、河流污染防治，共建小浪底生态区。提升资源能源利用合作水平，提高济源与洛阳固体废物的协同综合处置利用能力，推进有色冶炼等固体废物资源综合利用，共建危险废物物联网监控系统。建立生态环境联防联控工作机制，共同推进两地能源结构、产业结构、交通运输结构调整；完善重大环境风险研判、评估、决策、防控协同机制，提高突发环境事件的应急处置能力。

（六）推动开放合作共进

大力实施开放带动主战略，坚持“引进来”与“走出去”并行，拓宽开放通道、搭建开放平台、优化开放环境，打造内陆开放新高地。突出开放招商，以有色金属、装备制造、现代服务业为重点，创新招商理念、转变招商方式，突出两地产业链集群招商，延链、补链、增链招商，着力在引进行业龙头企业和战略投资者上下功夫，健全重大外资项目协调机制和准入绿色通道，不断提高招商引资的针对性和实效性，高水平发展开放型经济。搭建开放合作平台，加快济源海关建设，积极申建综合保税区、保税物流中心和铅锌指定口岸；探索异地园区建设模式，在济源设立洛阳自贸区的联动发展区，设立洛阳自创区的济源片区，争取相关试点示范和政策支持，全面提升对外开放水平。持续优化营商环境，对标国际标准、市场需求、企业期待，深化"放管服"改革，提高行政服务效率，完善落实营商环境评价机制，共同打造最佳营商环境，努力营造稳定公平透明、可预期的一流开放环境。

参考文献

李东慧：《助推洛济深度融合发展进入快车道》，《洛阳晚报》2020 年 9 月 4 日。

崔迎新、李国军：《深入推进郑汴一体化的问题研究》，《湖北经济学院学报》（人文社会科学版）2013 年第 2 期。

王承哲、王建国主编《河南城市发展报告（2018）》，社会科学文献出版社，2018。

B.10
强化郑州都市圈和洛阳都市圈联动研究

彭俊杰*

摘　要： 我国城镇化进入新的发展阶段，正在由数量型城镇化向质量型城镇化转型。具备大中小城市和乡村融合协同发展优势的都市圈，能够高效整合城乡资源要素，发挥规模经济优势，顺势应时成为加快新型城镇化高质量发展的重要载体。推进郑州、洛阳都市圈发展，是把握新发展阶段、贯彻新发展理念、构建新发展格局、形成区域竞争新优势，为郑州国家中心城市、洛阳副中心城市建设和中原城市群高质量发展提供重要支撑。本报告比较、梳理郑州、洛阳都市圈发展基础与现状，分析其存在的问题，并提出郑州、洛阳都市圈联动发展策略。

关键词： 都市圈联动　新型城镇化　郑州

2019 年 2 月，国家发展改革委出台《关于培育发展现代化都市圈的指导意见》，明确提出要培育发展一批现代化都市圈，形成区域竞争新优势，为城市群高质量发展、经济转型升级提供重要支撑。2021 年河南省两会工作报告提出了构建“主副引领、两圈带动、三区协同、多点支撑”的高质量发展动力系统和空间格局，明确了河南省加快推进新型城镇化和区域协调发展的新举措。河南省第十一次党代会提出，加快郑州都市圈一体化发展，建设郑州、洛阳都市圈，提升参与全球竞争和集聚高端资源功能，打造辐射

* 彭俊杰，河南省社会科学院城市与环境研究所副研究员，研究方向为区域经济、城市发展。

带动全省经济高质量的"双引擎"，是实现"两个确保"、夯实"十大战略"的强劲动力源。本报告基于比较视角，系统梳理郑州都市圈和洛阳都市圈发展基础与现状，分析两大都市圈发展存在的问题，并提出加快郑州、洛阳都市圈"双圈联动"的发展策略，对于积极培育、发展郑州、洛阳都市圈，深入实施以人为核心的新型城镇化战略，高质量建设现代化河南，高水平实现现代化河南具有重要的理论和现实意义。

一 郑州都市圈与洛阳都市圈的发展现状比较

从总体情况来看，郑州都市圈面积为 1.59 万平方公里，占全省总面积的 9.52%，主要包括郑州市，开封、新乡、焦作、许昌中心城区以及武陟、原阳、新乡、尉氏、长葛等，人口总量 1854.30 万人，占全省比重为 16.93%，主要定位于"更具开放性的国际商贸物流中枢、更具实力的国家先进制造业基地、更具活力的国家创新智慧高地、更具魅力的华夏文明传承创新核心区、更具可持续性发展的生态宜居典范区"。洛阳都市圈规划面积为 2.70 万平方公里，占全省总面积的 16.17%，主要包括洛阳市，济源市，焦作孟州市，平顶山汝州市和鲁山县，三门峡义马市、渑池县和卢氏县，人口总量 1060 万人，占全省比重为 9.68%，主要定位于"黄河流域生态保护和高质量发展示范区、全国先进制造业发展引领区、文化保护传承弘扬核心区、国际人文交往中心、全国重要综合交通枢纽""三区一中心一枢纽"。在辐射面积方面，洛阳都市圈面积大，约是郑州都市圈的 1.7 倍；在人口总量方面，郑州都市圈和洛阳都市圈都没有达到 2000 万人口的大都市圈规模，郑州都市圈离 2000 万人口的大都市圈规模还差 146 万，洛阳都市圈还差 1000 万左右。并且两大都市圈的定位也不相同，其中郑州都市圈主要服务于全省发展大局，增强郑州国家中心城市龙头带动作用，形成支撑带动中西部地区高质量发展的强劲动力源；洛阳都市圈主要彰显洛阳生态、装备制造业、科技创新、文旅等特色优势，辐射豫西北、联动晋东南，推动建设郑洛西高质量发展合作带，形成与郑州国家中心城市错位联动、分工协作、优势互补、资源共享的区域新格局（见表 1）。

表1　郑州都市圈、洛阳都市圈基本情况的比较

都市圈	郑州都市圈	洛阳都市圈
范围	主要包括郑州市，开封、新乡、焦作、许昌中心城区以及武陟、原阳、新乡、尉氏、长葛等	主要包括洛阳市，济源市，焦作孟州市，平顶山汝州市和鲁山县，三门峡义马市、渑池县和卢氏县
面积（万公里^2）	1.59	2.70
占全省面积比重（%）	9.52	16.17
经济总量（亿元）	13584.57	7200
经济密度（万元/公里^2）	8543.75	2666.67
经济总量占全省比重（%）	25.04	13.27
人口总量（万人）	1854.30	1060
人口密度（人/公里^2）	1166.23	392.59
人口总量占全省比重（%）	16.93	9.68
人均 GDP（元）	73259.83	67924.53
发展定位	更具开放性的国际商贸物流中枢、更具实力的国家先进制造业基地、更具活力的国家创新智慧高地、更具魅力的华夏文明传承创新核心区、更具可持续性发展的生态宜居典范区	黄河流域生态保护和高质量发展示范区、全国先进制造业发展引领区、文化保护传承弘扬核心区、国际人文交往中心、全国重要综合交通枢纽

资料来源：《郑州大都市区空间规划（2018—2035年）》、《中原城市群发展规划》、《洛阳都市圈发展规划（2020—2035年）》以及2019年郑州、洛阳、开封、新乡、焦作、三门峡、平顶山、济源等国民经济和社会发展统计公报和统计年鉴。

从经济总量来看，洛阳都市圈的经济总量较小，2019年GDP只有7200亿，相当于郑州都市圈经济总量的一半左右。从中心城市的经济规模来看，2019年郑州GDP达到11589.7亿元，而洛阳刚刚突破5000亿元，达到5034.9亿元，郑州GDP是洛阳的2.3倍。从人均GDP来看，郑州都市圈人均GDP为73259.83元，洛阳都市圈人均GDP为67924.53元，郑州都市圈高于洛阳都市圈近6000元。从主导产业来看，郑州都市圈目前已经培育形成电子信息、汽车、装备制造、现代食品、铝精深加工等千亿级产业集群。阿里巴巴、海康威视、华为、新华三等“头部”数字企业加速入驻都市圈，形成以数字经济为牵引的现代服务业发展新格局。洛阳都市圈目前已经形成装备制造、新材料、电子信息3个超千亿产业集群，中信重工、中航光电等一批企业处于行业国际领先地位，锂电池等14种产品占国内市场份额50%以上，高新技术产业增加值占规模以上工业增加值的比重达到44.9%。从空间布局来看，郑州都市圈提出构建“一核、四轴、三带、多点”（一核是郑汴港核心引擎区；四轴是南北向区域发展主轴、东西向区域发展主轴、郑焦功能联系廊道、开港登功能联系廊道；三带是黄河文化生态带、嵩山—太行山区文化生态带和农区田园文化生态带；多点主要包括次级中心城市、新兴增长中心、重点镇、特色小镇等）的网络化、组团式、集约型区域空间格局；洛阳都市圈提出构建“一核一带，三轴三圈”（一核是都市圈极核-洛阳中心城区；一带是黄河生态保护和高质量发展带；三轴是洛渑三科创文旅发展轴、洛济焦绿色转型发展轴、洛汝平开放合作发展轴；三圈是以都市圈核心区为载体的区域极核圈、承接产业转移的产业紧密圈，以及承担都市圈生态安全的“一河两山”生态圈）的都市圈空间格局。

二 郑州都市圈、洛阳都市圈联动发展存在的突出问题

（一）中心城市规模偏小，引领区域升级作用还未发挥

郑州市、洛阳市作为郑州都市圈和洛阳都市圈的中心城市，在城市辖区面积、人口总量、经济总量等方面，还有较大的不足。郑州市辖区面积较小，与其他国家中心城市和周边省会城市相比，郑州市中心城区面积较小，仅有1010平方公里，而且郑州市中心城区土地开发强度（城市建设用地面积/市辖区土地面积）很高，2017年达到48.12%，在全国地级以上城市排第3位，在深圳、咸阳之后，远高于其他省会城市，土地开发强度国际警戒值为30%，表明郑州市后续发展空间有限。洛阳市市辖区建成区面积较小，只有218平方公里，土地开发强度较低，城市发展空间潜力较大（见表2）。

表 2　2017 年部分城市行政区域土地面积比较

城市	行政区域土地面积（公里^2）		市辖区建成区面积（公里^2）	市辖区建设用地面积（公里^2）	城市建设用地占市辖区土地面积比重(%)
	全市	市辖区			
郑州	7446	1010	501	486	48.12
洛阳	15230	2229	218.18	209	9.37
上海	6341	6341	999	1911	30.14
广州	7434	7434	1263	—	—
北京	16406	16406	1446	1465	8.93
天津	11917	11917	1088	995	8.35
武汉	8569	8569	628	840	9.80
重庆	82402	43263	1423	1213	2.80
成都	14335	3677	886	810	22.03
西安	10753	5802	661	625	10.77
深圳	1997	1997	925	993	49.72
南京	6587	6587	796	777	11.80
杭州	16596	8000	591	538	6.73
合肥	11445	1335	461	446	33.41
济南	7998	5022	464	464	9.24
长沙	11816	2151	427	490	22.78

资料来源：《中国城市统计年鉴 2018》。

（二）中心城市经济总量和人口总量偏小，经济和人口集聚能力尚未形成

在经济总量方面，经济总量是衡量城市发展的重要指标，中心城市更应该具备较强的经济实力，以此带动城市和区域经济的发展。2019 年郑州生产总值达到 11589.7 亿元，超过长沙，位居全国第 15 位。但是在 9 个国家级中心城市中位居第 8，与成都、武汉相比差距较大，短期内郑州难以缩小与成都、武汉 GDP 的差距。2019 年洛阳市 GDP 只有 5034.9 亿元，与发达都市圈中心城市的 GDP 相比，差距很大，辐射带动能力较弱（见图 1）。在人口总量方面，郑州市 2019 年常住人口达到 1035.2 万人，洛阳市年末常住人口只有 692.22 万人。从集聚人口能力看，郑州市常住人口数占全省常住

人口的比重仅为 10.74%，洛阳市常住人口数占全省常住人口的比重仅为 6.32%，郑州、洛阳的人口总量偏小，集聚人口的能力亟待提升（见图 2）。

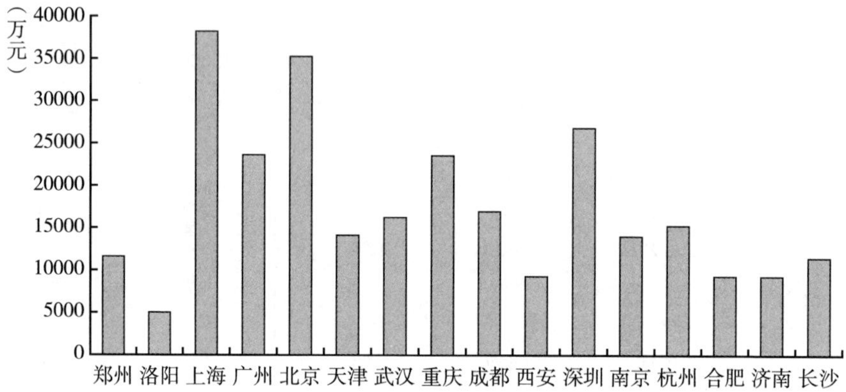

图 1　2019 年部分城市 GDP 比较

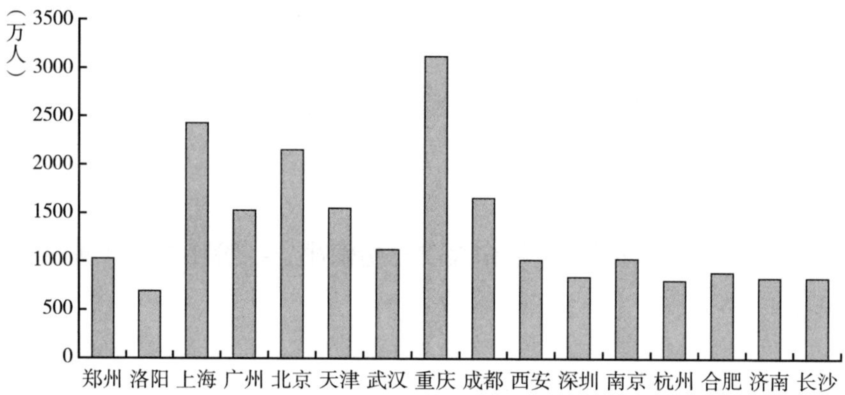

图 2　2019 年部分城市常住人口比较

（三）交通呈一体化规划尚处于起步阶段，网络化交通布局有待提速

国内外成熟的都市圈高铁、地铁、城铁等轨道交通的布局都已经比较完善，能够有效推动城市之间的经济联系由“中心城市指向性”向“地域相

邻指向性”转变，使人流、物流、资金流、技术流、信息流在城市间、区域间的流动更加便捷和高效。尽管郑州都市圈城际轨道交通建设起步较早，2014 年 12 月第一条城际铁路郑开城铁投入运营，郑焦城际于 2015 年 6 月 26 日正式开通运营，郑许市域铁路将于 2022 年底实现全线通车。但是郑新城际尚未开工建设，次级中心城市之间的轨道交通也尚未进入实质性的规划设计建设阶段。就洛阳都市圈而言，虽然围绕中心城区和六个组团之间的快速通道基本形成，但是在轨道交通建设方面还处于起步阶段，仅有的两条地铁线还未实现通车，“郑登洛”“焦济洛”“郑洛三”“洛平漯”“郑巩洛”五条城际铁路也还处于规划阶段，现有的交通体系还不能形成核心城市对外围地区的辐射和带动。

（四）发展动力主要由政府推动，市场主导作用尚未发力

从国内外都市圈的发展规律上看，成功的都市圈主要是在市场机制作用下形成的，城市区域在极化和扩散过程中通过合理的分工和合作，最终形成能够充分发挥整体效应的现代化都市圈。而郑州都市圈各级城市间分工协作不够，低水平同质化现象较为严重。郑州与四个次级中心之间、中心城区与周边组团之间、航空港区周边地区不同功能区之间空间发展战略缺乏有效对接，定位与分工不明确，产业分工协作不够充分，尚未形成紧密的有机联系。洛阳都市圈还处于起步阶段，内部一体化的市场体系尚未形成，分工合作机制缺失，城市之间“各自为战”，单靠市场的力量很难实现生产要素的优化配置，内生动力严重不足，目前只能以政府推动为主。

三　推动郑州、洛阳“双圈联动”的发展策略

（一）建立健全“弱许可、强契约”的跨行政区域协调机制，实现都市圈的有效治理

通过区域合作实现区域一体化是都市圈发展的大逻辑，而有效的区域合

作应该是“非零和博弈”。伦敦都市圈、纽约都市圈、东京都市圈、广佛都市圈、杭州都市圈、南京都市圈等国内外较为成熟的都市圈大多都强调契约精神和规则意识在区域治理中的作用，通过构建多元合作的跨行政区域协调机制，形成区域治理的制度支撑，从而实现都市圈的良治。推动郑州、洛阳“双圈联动”发展应借鉴国内外经验，在一定行政力量支撑的基础上，进一步强化都市圈内各个城市的平等、合作、共赢的契约意识，充分发挥市场化机制在协调区域一体化事务中的作用，构建政府、市场和社会共同参与的治理机制，真正实现跨行政区域共同开发、共同享有和共同治理。

一是建立都市圈建设决策平台。通过合作协议、合作备忘录、联席会议制度、理事会制度等体现契约和规则意识的方式，成立由市（县、区）长、政府秘书长、主要部门负责人、主要企业代表、政协或人大代表、群众代表、智库专家代表等组成的都市圈建设决策平台，研究确定都市圈发展规划、改革事项、支持政策及统筹协调推进重大发展项目，对都市圈的资源等进行优化配置及指导。

二是建立都市圈建设协作组织。按照授权充分、精简高效的原则，围绕交通互联互通、公共服务共享、产业协同互补、生态共保共治等重点领域，设立如执行委员会等类似的都市圈协作组织，作为都市圈开发建设管理机构，负责发展规划、制度创新、改革事项、重大项目、支持政策的具体实施，协调解决地区间合作发展重大问题。核心区和叠合区成员先行先试，推动焦作郑洛“双圈联动”优先发展区、郑开同城化先行示范区优先发展，并将兰考纳入郑开同城化进程，推动洛阳与济源、汝州、孟州、义马、渑池、巩义、登封等城市共建执行委员会，启动相关重点领域的功能建设。

三是设立都市圈建设发展基金。以往国内一些都市圈出现的“市长协调会”“部门联席会议”之类的协调组织之所以出现功能疲软，就是因为没有掌握一定的权力和资源，对区域内各利益主体的协商没有产生“硬约束”。因此，应在建立决策平台和协作组织的基础上，根据行政级别、功能定位、经济规模、财政收入、人口规模等方面的差异状况，推动都市圈各个城市让渡一定比例的资源、资金管理审批权限，共同设立都市圈建设发展基金，以优化转移支付的方式为都市圈一体化发展的重点领域、重大项目提供有力支撑。

四是强化市场和社会力量的作用。积极发展各类社会中介组织，有序发展区域性行业协会商会、论坛等力量，构建自下而上、非正式的协调机制，鼓励都市圈企业组建跨地区跨行业产业的技术、创新、人才、文化等合作平台，实现信息的汇聚和互通，提供多方谈判机制，从而降低城市之间的交易成本，促进跨区域问题的解决，营造区域跨界融合发展的良好氛围。

（二）基于极限通勤时间完善交通一体化发展机制，破解都市圈时空紧约束

有研究发现，人们可忍受的极限通勤时间为 45 分钟到 1 小时，即所谓的“45 分钟定律”。这意味着该时间范围内所能够到达的最大距离，往往就决定了一个都市圈由中心到边缘的最大半径。都市圈的核心腹地范围应保持在 1 小时通勤范围内，以此为基础推动交通基础设施互联互通，促进都市圈内人流、物流、信息流、技术流相互衔接、自由流动，实现各种产业要素在区域内部更广范围和更深层次上的连接与聚合。

一是统筹谋划轨道交通网络化布局。打造轨道上的郑州都市圈，加快许昌、新乡、焦作、平顶山、漯河与郑州融合发展步伐。建成郑济高铁郑州至濮阳段、郑州南站主体工程，推动郑州机场至许昌市域铁路具备联调联试条件、郑开城际延长线复工建设，开工建设郑州枢纽小李庄车站及外绕线工程，推进新乡至焦作铁路前期工作。构筑洛阳都市圈“十字＋一捺”高速铁路网，加快呼南高铁豫西通道建设，与郑西高铁交叉形成“十字”高铁枢纽；规划建设洛平漯周高铁、郑西高铁第二通道和沪洛银高铁，实现与京津冀、长三角、珠三角等地区直连直通。构建“四城际”城际铁路网，建设郑巩洛、郑登洛、洛三、洛济焦四条城际铁路，强化与高铁干线的融合衔接，打造都市圈城际 1 小时通勤圈。

二是优化都市圈各类公路通道。增加城市间公路通道，密切城际公路联系，加快兰原高速封丘至原阳段、许昌至信阳高速公路等项目建设，开工建

设郑州至洛阳高速公路、郑州至辉县高速公路、安罗高速原阳至郑州段、焦平高速荥阳至新密段、沿黄高速武陟至济源段、许昌绕城高速等，规划“五横四纵三环八放射”高速公路网络，串联洛阳及周边义马、济源、汝州等城市，辐射三门峡、晋城、焦作、登封、平顶山等城市，形成高速公路、国省干线、县乡公路等多层次公路网络。鼓励地方对高频次通行车辆实施高速公路收费优惠政策，加快推广 ETC 应用，提升高速公路通勤效率。打造一体化公路客运网络，加快推动近郊班线公交化和公交一卡互通、票制资费标准一致。

三是提升综合交通枢纽功能，强化都市圈外部连接。适时启动洛阳机场改扩建三期工程，提升面向国际和国内主要城市的可达性。推动郑州航空港经济综合实验区先行先试政策向洛阳空港延伸，强化郑州、洛阳空港的联动发展，支持洛阳在航线开辟、空铁联运、口岸建设、跨境电子商务等领域享受与郑州航空港经济综合实验区同等政策。加快呼南高铁豫西通道、三门峡—江苏沿海港口铁路通道建设，推动二广、宁洛等国家高速公路繁忙拥堵路段升级改造，推进货运场站建设改造，构建以洛阳为中心、辐射豫西、影响晋陕的物流集散圈，逐步形成客内货外、集约一体、内捷外通的都市圈交通网络。

（三）完善推动各类要素自由流动机制，建立区域统一市场体系

完善都市圈区域之间以及城乡之间的要素自由流动机制，清理和废除妨碍统一市场和公平竞争的各种规定和做法，实行统一的市场准入限制、市场运行规则和市场调控与监管机制，加快构建统一开放、竞争有序、充满活力的区域市场体系，进一步优化营商环境，激发市场活力。

一是完善人才流动机制。消除都市圈内的户籍壁垒，促进人口围绕都市圈功能定位、产业构成等有序流动、合理分布和有机融合。推进人口基础信息数据库建设，逐步实现都市圈人口信息整合和共享。健全流动人口管理制度，确保流动人口与当地居民享受同等的公共服务。建立统一的就业服务信息化平台，及时准确向社会提供各类劳动力市场信息，并实现专

业技术资格互认、岗位资格证书通用、信息共享。

二是健全资本流动机制。加强金融监管部门的跨地区合作。建立健全以洛阳为中心的区域性金融合作网络和金融基础设施平台，培育一批面向洛阳都市圈的投融资机构。鼓励各金融机构加强业务合作，为重点合作项目和跨区域基础设施建设提供联合贷款等金融支持，加快都市圈内支付结算、异地存储、融资租赁等金融业务的同城化进程，降低跨区域金融交易成本。

三是构建土地流动和整合机制。深化土地制度改革，在兼顾效率和公平的基础上，建立规范的、富民优先的、城乡统筹可持续的土地供给需求制度。通过耕地占补平衡指标的市场化交易、地方政府磋商合作等方式，探索实行跨区域的耕地占补平衡政策。在符合规划、保护耕地的前提下，推进工业用地向园区集中，农业用地向适度规模经营方向发展，新增建设用地向跨区域重大项目和合作共建功能区倾斜，向集约用地程度高、发展潜力大、吸纳人口多的都市圈核心区域倾斜。

四是创新技术交易和成果转化机制。推动共建科技研发和转化基地，建立企业需求联合发布机制和财政支持科技成果共享机制，加快应用型科研成果的市场化、产业化进程。建立都市圈科研与技术开发协作网络以及技术信息交易网络，发展跨区域知识产权交易中介服务，完善以专业高效服务为支撑的技术市场体系。

五是健全和规范各类市场交易平台。以产权交易共同市场为平台，完善交易细则，建立统一的排污权、碳排放、水权等交易市场。依托物流园区、物流中心和专业化市场建设，以大型商贸流通企业为骨干，促进区域内消费资料市场、生产资料市场和农产品市场的一体化建设。加强社会信用体系建设，培育发展区域信用服务市场，建立和完善失信联合惩戒制度。建立健全都市圈执法联动和协作机制，加强重大维权活动和查处侵权案件的联动与合作。

参考文献

河南省社会科学院课题组：《中西部地区都市圈发展阶段的研判与推进》，《区域经济评论》2021 年第 4 期。

姚方方：《新发展格局下洛阳都市圈建设对策》，《中国经贸导刊》2021 年第 9 期。

彭俊杰：《基于比较视域的郑州都市圈培育发展研究》，《黄河科技学院学报》2021 年第 9 期。

宁越敏：《中国都市区和大城市群的界定——兼论大城市群在区域经济发展中的作用》，《地理科学》2011 年第 3 期。

魏国恩、孙平军、张振克：《都市圈内核体系的综合比较研究——以长江中游城市群三大都市圈为例》，《长江流域资源与环境》2021 年第 3 期。

王丽艳、段中倩、宋顺锋：《区域城市视域下都市圈发展路径及对策研究——以天津都市圈为例》，《城市发展研究》2020 年第 7 期。

B.11

联动建设郑洛西高质量发展合作带研究

韩　鹏*

摘　要： 建设郑洛西高质量发展合作带，是我国黄河流域生态保护和高质量发展规划明确的重要任务，具有重要的实践价值。基于对相关区域规划建设现状的梳理，本报告对郑洛西高质量发展合作带建设的主体区域范围和基本情况开展了初步研究，进而分析了联动建设郑洛西高质量发展合作带在经济基础、设施基础、合作基础和发展环境等方面具备的现实条件，以及面临的主要问题，并从深化思想认识、加强顶层设计、完善合作机制、协同基础建设、推动产业协作和深化文化合作等方面提出了针对性的对策建议，供相关部门参考。

关键词： 郑洛西高质量发展合作带　现实条件　顶层设计

中共中央、国务院印发的《黄河流域生态保护和高质量发展规划纲要》明确提出，建设郑（州）洛（阳）西（安）高质量发展合作带。郑洛西高质量发展合作带建设，自此成为我国推进黄河流域生态保护和高质量发展国家战略的一项重大布局；河南省十一次党代会提出，要推动建设郑洛西高质量发展合作带，落实中央相关决策部署。郑洛西高质量发展合作带连接郑州、西安两大国家中心城市，贯穿郑州、洛阳、西安三大都市圈，连接开

* 韩鹏，河南省社会科学院城市与环境研究所助理研究员，博士，研究方向为城市经济、区域经济、自然资源管理、环境经济。

封、郑州、洛阳和西安四大文明古都，是黄河流域经济社会发展密度最高、黄河文化传承展示最集中和生态环境保护最关键的区域之一，也是当前中部地区和西部地区经济社会发展联系最频繁、联动发展程度最深的区域之一。相关地区经济总量大、密度高、能源交通水利等物质基础雄厚等特点，在实施晋陕豫黄河金三角承接产业转移示范区等战略中形成了较好的合作基础，同时还拥有国家促进区域协调、实施黄河流域生态保护和高质量发展等有利的政策环境，形成了推进区域一体化发展良好的经济社会和政策环境基础。然而，目前在这一地区实现区域协同发展也存在一些不利的影响因素，制约相关区域进一步协同发展，亟待深入破解。

一　联动建设郑洛西高质量发展合作带的历史背景和重大意义

联动建设郑洛西高质量发展合作带，是在我国进入新发展阶段、贯彻新发展理念、构建新发展格局的重大历史背景下，实施黄河流域生态保护和高质量发展国家战略的一项重大区域实践，对于优化国土开发空间格局和推动相关区域实现高质量发展具有重大的现实意义。

（一）遵循区域实现高质量发展的客观规律

从区域发展的实践经验来看，整合区域发展资源、提升区域发展的总体效率和质量，是区域实现高质量发展的必然内在要求和客观发展规律。在一些发达国家和国内部分发达地区，在发展要素聚集的客观趋势和区域关系的组织协调下，已经出现了经济社会发展向都市连绵地带集聚的现象。例如美国东北部大西洋沿岸大都市带、美国五大湖沿岸大都市带、日本东海道太平洋沿岸大都市带、欧洲西北部大都市带及英格兰大都市带等，以及国内长三角、粤港澳大湾区、京津冀和成渝等地，均形成了都市连绵地带，成为全国性乃至全球性重要的经济增长极。当前，随着郑州都市圈、西安都市圈和洛阳都市圈的逐步成长，以及晋陕豫黄河金三角城市合作的逐步深化，相关地区已经呈现都市区域化的发展格局，具备进一步成长为都市连绵地带和国内新增长极的条件。

（二）落实黄河流域生态保护和高质量发展国家战略的具体实践

习近平总书记指出，黄河流域在我国经济社会发展和生态安全方面具有十分重要的地位；同时，黄河流域生态保护和高质量发展，是重大国家战略。郑洛西地区位处黄河流域中游和下游及其过渡地带，生态系统多样性、典型性十分明显，在流域生态系统和国家生态安全中的地位十分重要。然而，由于开发历史早、强度大，受人类活动扰动影响深，该区域生态环境一度受到严重破坏。尽管中央和各级党委政府高度重视这一区域生态环境保护工作，当地生态建设和环境保护取得积极成效，自然景观、生物多样性保护和人居环境得到明显改善。但是，由于生态环境脆弱性明显，区域资源型、能源型产业仍然占据重要地位，高能耗、高污染产业转型提质发展仍面临一定困难，经济社会发展对生态环境形成的潜在压力仍然较大。因此，强化生态环境协同保护，增进经济社会联动发展，成为相关区域转变发展模式、推进区域高质量发展、更好地落实国家战略的重要实践路径。

（三）优化国土发展空间构建新发展格局的重要举措

目前，在我国国土开发格局中，东中西部差距明显，南北差距扩大。这些问题的存在，既受思想性、结构性和制度性等多方面因素影响，也与流域区域区位自然地理条件和经济社会发展基础形成的发展惯性密不可分。我国经济社会较为发达的地区集中分布在沿海、沿江区域；而广大的黄河流域和其他北方地区缺乏能够支撑区域发展的经济中心，来带动这些区域实现高质量发展。按照黄河流域中游和下游的经济规模、人口规模和文化底蕴，打造一到两个具有高质量发展水平的新的全国性增长极，辐射带动相关区域发展，对于优化我国国土开发格局、提高投资质量、激发消费动力，是可行且有必要的。郑洛西地区连接南北、沟通东中西部，处于重要的战略区位，具有一定的基础条件。联动建设郑洛西高质量发展合作带，有利于在黄河流域发展基础相对较好的区域，发挥流域上下游、左右岸协同高质量发展的示范作用，打造代表流域发展质量、支撑全国经济社会发展的新增长极。

（四）推进相关地区实现高质量发展的必然选择

郑洛西地区是河南、陕西两省经济和社会的发展重心，经济社会发展水平在各自省域处较高水平，同时也能带动河南、陕西、山西省际交界地区尽快实现高质量发展。然而，与发达地区相比，郑洛西地区经济社会发展水平仍然相对较低，在区域竞争中也处于相对弱势地位，总体规模和发展质量不仅远低于长三角、粤港澳、京津冀、长江中游等地区，也弱于成渝和济青地区，无论是郑洛双核心还是西安都市圈都难以单独成长为新的全国性增长极。因此，对于豫陕晋三省来说，借鉴国内外经验，促进优势互补，实现错位发展，协同推进郑洛西地区合作发展成为新的全国性增长极，成为应对区域激烈竞争的必然选择。

二 郑洛西高质量发展合作带总体情况

（一）总体部署

在中央明确建设郑洛西高质量发展合作带的战略任务后，各地积极行动，统筹推进相关工作，持续落实中央决策。在河南、陕西国民经济和社会发展第十四个五年规划和二〇三五年远景目标纲要里，都对建设郑洛西高质量发展合作带展开部署。河南省利用专门章节提出郑洛西高质量发展合作带的总体思路、主要目标和重点内容，提出“加强郑州都市圈、洛阳都市圈与西安都市圈联动发展，深化晋陕豫黄河金三角区域合作，强化优势共塑和互补协作，培育全国高质量发展新的增长极”。陕西省在其区域发展战略部分提出，“深化晋陕豫黄河金三角区域经济协作，完善体制机制和政策体系，推动西安、渭南、洛阳、郑州深化交通互联、产业互动、要素流通，建设郑（州）洛（阳）西（安）高质量发展合作带”。此外，在河南、陕西、山西相关政策文件中，如洛阳都市圈发展规划及郑州、洛阳、三门峡、渭南、运城等“十四五”规划均有相关表述，部分相关县市还明确了自身在郑洛西高质量发展合作带中的定位。

（二）落实情况

各地积极推进相关工作进一步落实。2021 年 4 月 26 日和 27 日，在第 39 届中国洛阳牡丹文化节期间，举办了黄河流域生态保护和郑洛西发展合作带建设座谈会，与会专家同来自相关省市政府和发展改革委的负责人分享了关于建设郑洛西高质量发展合作带的专业建议。2021 年 5 月 11 日下午，在第五届丝绸之路国际博览会期间举办了推动黄河流域生态保护和高质量发展论坛，陕西、山西、河南省发展改革委共同签署了《协同推进郑洛西高质量发展合作带建设合作框架协议》。

（三）区域范围

综合各地规划部署和专家观点，郑洛西高质量发展合作带的主体是郑州都市圈、洛阳都市圈、黄河金三角和西安都市圈等区域。其中，郑州都市圈目前明确涵盖的区域包括郑州市及焦作市、新乡市、开封市、许昌市、漯河市和平顶山市等，洛阳都市圈目前明确涵盖的范围为洛阳市和济源示范区全域及三门峡市、平顶山市部分地区，黄河金三角地区规划范围为河南省三门峡市、陕西省渭南市和山西省运城市、临汾市等四市，西安都市圈目前明确涵盖的区域范围为西安市、咸阳市、渭南市、铜川市和杨凌示范区等四市一区。因此，从笔者成文时来看，郑洛西高质量发展合作带主要涵盖上述 3 省 14 市及 2 个示范区。①

（四）基本概况

根据各地公布的省情、市情和 2020 年国内生产总值初核数据、第七次

① 这一区域范围仅从笔者成文时界定，由于郑州都市圈、西安都市圈发展规划尚未出台，相关规划研究的过程中也可能将其他区域纳入，该区域范围存在一定的不确定性。

人口普查公报数据，上述区域土地面积为14.2万平方千米、总人口达8007.5万人、2020年生产总值达5.2万亿元，分别占三省总量的26.78%、46.07%和52.66%。[①] 其中，河南省涉及区域土地面积、人口规模和生产总值分别占全省的41.48%、62.32%和49.08%，陕西省涉及区域土地面积、人口规模和生产总值分别占全省的18.48%、55.86%和57.06%。

三　联动建设郑洛西高质量发展合作带的现实条件

（一）经济基础坚实

郑洛西地区是黄河流域经济社会发展最密集的区域之一。该区域经济体量略低于成渝地区，而与济青区域大致相当，是我国北方地区和西部地区除京津冀区域之外，经济总量和发展程度相对较高的区域之一。该区域先进制造业、现代服务业和开放创新等领域发展相对较好，在我国北方地区和西部地区形成了一定的特色优势。作为区域主要发展动力，郑州、西安两个国家中心城市建设深入实施，郑州、洛阳、西安三个现代化都市圈建设也在稳步推进，黄河金三角示范区合作发展有序实施、特色鲜明。在郑洛西地区，以都市圈为核心载体、城乡融合发展的总体格局日益清晰，经济社会正按照高质量的要求发展。

（二）设施基础良好

经过历史积累和近年来努力建设，郑洛西地区形成了良好的生态环境、交通通信设施、水利能源设施等，为深入推进区域高质量发展合作奠定了基础。交通区位方面，郑州、洛阳、西安位处我国枢要地带，历来是我国陆路交通运输和航空运输的重要中心。近年来，以郑州、西安两大国际性综合交通枢纽和洛阳全国性交通枢纽为核心，形成了包括航空、铁路、公路等在内

① 土地面积来自相关省市政府网站省情、市情介绍，生产总值数据来自各地统计公报（焦作市除外），人口数据来自各地第七次人口普查公报。

的多式复合综合交通运输廊道，辐射全国大数地区和世界主要都市圈。生态环境方面，生态建设扎实推进，城乡环保基础设施和网络在城镇等重点区域实现了全覆盖，正在向乡村地区加速延伸。依托良好的能源资源禀赋和国家重大水利项目建设，区域水利能源基础设施加速完善，居民生活、工农业用水保障能力持续提升，能源结构持续优化。

（三）合作多样丰富

郑洛西地区地缘相近、习俗相通，经济社会发展互补性强、交往密切，具有十分丰富的合作基础。自古以来，豫陕两地就是沟通东部和西部地区的枢纽，无论是古代的西安、洛阳，还是近代以来的西安、郑州，城市之间资源、产业互补性、协同性较强，有十分强烈的合作需求，区域内部人员流动十分频繁。以黄河金三角建设为代表，豫陕晋三省深入探索省际交界地区区域合作体制机制，将其打造为中西部地区边际区域合作样板；近年来，洛阳等地在发展实践中不断引入战略资源，也打造了较好的案例。

（四）政策环境优越

随着黄河流域生态保护和高质量发展上升为国家战略，郑洛西地区迎来了新一轮国家战略叠加的政策红利期。当前，国家已经先后明确支持郑州、西安国家中心城市以及相关现代化大都市圈建设，加上自贸区、自创区等试验试点政策，以及西部大开发和中部崛起的重大区域战略支持，郑洛西地区成为系列重大国家战略关注的区域焦点之一。中央又明确将郑洛西高质量发展合作带建设纳入黄河流域生态保护和高质量发展规划国家战略，在黄河战略视野下，郑洛西合作发展必将成为流域发展的重要动力和流域合作的更好典型，从而获得国家层面更多的关注和支持。

四　联动建设郑洛西高质量发展合作带面临的主要问题

郑洛西高质量发展合作带建设具备现实条件，又有一系列重大机遇支撑，但由于自然条件、经济社会发展阶段和行政分割等客观条件的限制，也面临一系列重大问题。

（一）发展局限依然较为明显

目前，郑洛西地区的两大核心城市郑州、西安和次核心城市洛阳，都处于要素集聚的发展阶段，三大都市圈也都处于起步阶段。这就决定了当前阶段，区域内部竞争依然大于合作，尤其是郑州西安在高端要素之间的竞争，以及区域其他城市在产业发展方面的竞争。因此，明确城市定位、聚焦发展方向，实现优势互补、错位，仍然是区域实现合作发展的前提之一，考验着各方智慧。

（二）基础条件还不够完备

尽管目前郑洛西地区合作发展的基础条件相对较好，但是主要依赖于陆地运输的交通运输条件，在很大程度上制约着区域合作的进一步深化。此外，黄河流域水资源短缺的先天短板，导致区域水资源利用竞争压力也较大。因此，如何进一步完善以交通运输和水网联通为主的基础设施，成为区域深化合作发展的重要条件。

（三）边界问题依然较为突出

郑洛西地区地跨豫陕晋三省，省际交界形成的生态环境、交通路网和要素流动障碍问题依然突出。生态环境方面，绿网不衔接、环保标准不一致问题突出。交通路网方面，规划衔接导致的“断头路”“宽窄路”“瓶颈路”仍然大量存在。要素流动方面，人才、技术、资金要素跨区域自由流动的制约性问题仍较明显。因此，需要进一步从顶层设计和规划协调方面取得更大突破。

（四）合作机制还亟待完善

一方面，思想认识上，普遍盯着对方优势资源不放松、守着自己的优势资源不放手，缺乏深入合作的精神意识。另一方面，也缺乏共建共享的利益协调机制，其制约各方进一步深入开展广泛合作。为此，促进区域进一步合作发展，还需要从深化思想认识开始，从完善合作机制着手，形成合作发展的共识和一致行动。

五 联动建设郑洛西高质量发展合作带的对策建议

从实际需要出发，通过学习吸纳近期中央实施的京津冀、长三角、珠三角和成渝双城经济圈区域战略合作精神，并参考借鉴各地推进区域一体化的实践经验，本报告认为可以从如下方面着手，加快推进郑洛西高质量发展合作带的联动建设。

（一）深化思想认识

豫陕晋三省要充分认识到黄河流域生态保护和高质量发展带来的区域合作发展机遇，将郑洛西高质量发展合作带作为相关区域实现跨越式发展的重要途径，深入推进生态环境、基础设施、文化交往、产业协同等领域的合作，在共享共建、互补共赢中打造有区域特色的城镇体系、产业体系、基础体系，促进两大国家中心城市、三大都市圈协同联动发展，形成齐心协力提升区域综合竞争力、共同努力打造新的全国性增长极的各方合力。

（二）加强顶层设计

豫陕晋三省要从区域协调、各方协同的利益关系着手，从促进区域要素自由流动的现实需求着力，加快落实好三方框架协议，推进基础设施、公共服务、利益补偿等体制机制设计。与此同时，还要进一步争取中央支持，加快出台相关政策措施，形成合作发展的制度基础和体制机制活力，促进相关区域合作发展深入推进。

（三）完善合作机制

完善郑洛西地区深化合作的组织体制和协调机制，不断深化豫陕晋全方位、深层次合作，共同确定合作发展的坐标系、路线图、时间表，加强战略的协同、规划的衔接、政策的沟通。建议豫陕晋三省联合相关部委，成立省级层面领导小组，共同推进重大决策、重大规划和重大事项。同时，组织相关地区市长联席会议，出台共同行动纲领、中长期行动计划，推进相关规划衔接协调，制定近期发展目标，部署当前重点工作。

（四）协同基础建设

加强生态环境、交通运输、能源水网等基础规划衔接和协同发展，深化大气、水、土壤污染联防联治，推动绿网、路网、水网等基础设施互联互通，推进义务教育、文化事业、医疗卫生、养老服务等公共领域共享互认、有效衔接，共同做好黄河中、下游大保护，推进中、下游实现高质量合作发展。

（五）推动产业协作

郑州、西安、洛阳围绕现有科创和人才优势，加快在优势突出和潜力明显的细分领域推进传统产业升级和新兴产业引进培育，打造具有全国乃至国际竞争性的区域优势产业。鼓励企业在郑洛西地区深化产业链合作，通过跨市域、跨省域的产业协作，实现更高层次、更大地域范围内补链成群，充分发挥区域合作优势。鼓励各地以飞地经济、虚拟园区等方式完善合作共赢的发展机制，推进区域产业高质量发展合作示范，促进产业在区域内实现优化布局、梯度转移。

（六）强化文化合作

一方面，以黄河文化传承创新为核心，深化文化遗产、遗址、遗迹保护合作，共谋世界性人文交往和文化活动品牌、展会，强化郑洛西地区在中华文化和黄河文化中的根源和主干地位。另一方面，充分发挥郑州、西安国家中心城市和区域人文自然景观丰富优势，共同打造世界级精品旅游品牌，协同推进区域文旅市场和产业一体化发展，深化文旅融合发展合作。

参考文献

肖金成：《郑洛西高质量发展合作带的规划建设》，澎湃网，https：//www.thepaper.cn/newsDetail_ forward_ 12486385。

张学良、贾文星、费婷怡：《黄河流域生态保护和郑洛西高质量发展合作带建设座谈会综述》，《区域经济评论》2021 年第 4 期。

张学良：《大时空背景下郑洛西高质量发展的战略与路径》，《洛阳日报》2021 年 4 月 28 日。

B.12

协同打造中原—长三角经济走廊研究*

王元亮　曾心怡**

摘　要： 协同打造中原—长三角经济走廊意义重大。要深入落实河南与长三角的战略合作成果，以建设一体化的物流走廊、产业走廊、科创走廊为支撑，以沿线各地级城市为组团，打造"一带三廊多组团"的空间布局，形成核心引领、板块联动、多点支撑的区域发展新格局。本报告提出以下建议：以做好顶层设计为引领，建立一体化的合作衔接机制；以强化创新驱动为关键，打造一体化的创新生态系统；以推动产业链接为核心，构建一体化的产业链供应链；以发挥特色为重点，建设一体化的城镇密集带；以淮河生态经济带为纽带，打造一体化的复合交通体系；以夯实要素为支撑，争取一体化的优惠支持政策。

关键词： 中原—长三角经济走廊　区域协调发展　一体化发展

近几年，全球新一轮科技革命和产业变革兴起相叠加，使得技术进步和产业发展越来越依赖协同，经济地理上传统的集群创新正在衍生出新的形式——经济走廊。经济走廊是依托铁路、公路、水运等交通运输基础设施联通，以产业或经济空间集聚、城市化与城镇结构优化、跨行政区划为主要特

---

* 本文是河南省社会科学院创新工程重点项目"基本百度迁徙数据的中原城市群城镇体系研究"(21A23)阶段性研究成果之一。

** 王元亮，河南省社会科学院科研处副研究员，研究方向为区域经济；曾心怡，河南省社会科学院科研处研究实习员，研究方向为区域政策。

征，城市在经济上保持紧密联系、产业上高度配合、商贸物流往来频繁的人为划定的线性或带状经济带。

为适应这种区域经济发展新趋势，《河南省国民经济和社会发展第十四个五年规划和二〇三五年远景目标纲要》提出协同打造中原—长三角经济走廊，创新与长三角地区跨省域对接合作机制，推动沿线城市提升承接产业转移能力、积极融入长三角产业链供应链，构建东向开放新的产业和城镇密集带。中原—长三角经济走廊是以淮河生态经济带为纽带，连接中原城市群和长三角城市群两大城市群的带状区域。其中，中原城市群位于中部地区，是促进中部崛起、辐射带动中西部地区发展的核心增长极，长三角城市群地处东部沿海地区，是我国经济最为发达和开放程度最高的区域之一，在国家发展大局和应对百年未有之大变局中具有举足轻重的战略地位，中原城市群与长三角城市群产业关联度高、发展互补性强、合作空间广，具备深度合作的区位基础、文化基础和经济基础，共赢发展空间十分广阔。

一　协同打造中原—长三角经济走廊的重要意义

协同打造中原—长三角经济走廊是河南立足新发展阶段、贯彻新发展理念、融入新发展格局，共建“一带一路”，推动新时代中部地区高质量发展、黄河流域生态保护和高质量发展的时代要求，是推动区域一体化发展和跨省合作、展示跨区域合作示范效应、缩小东中部区域差距的积极探索实践，也是河南促进区域协调发展，完善区域发展布局，建设开放强省、经济强省，推动高质量发展的重大举措，这对以前瞻30年的眼光来想问题，跳出河南、面向全国、放眼世界，确保高质量建设现代化河南，确保高水平实现现代化河南具有重要意义和作用。

（一）加快积极融入新发展格局的必然选择

当前，我国正在加快构建新发展格局，经济发展的空间结构不断发生深刻变化，各地区都在对区域发展思路进行再梳理再提升，区域发展新动力新取向加速形成。在这个过程中，河南迫切需要增强在不确定性环境中抓机遇、谋发展、促转型的能力，抓住用好中部地区崛起、黄河流域生态保护和高质量发展等国家战略重大机遇，将其转变积蓄为河南现代化建设的竞争优势和发展胜势，积极探索河南更加出彩之路。因此，协同打造中原—长三角经济走廊是河南立足构建以国内大循环为主体，国内国际双循环相互促进的新发展格局的一项重大举措，为河南扩大对外开放开辟了新的通道，对提升河南外向型经济发展、更好地服务新发展格局具有十分重要的意义，也是积极融入新发展格局的必然要求。

（二）共建“一带一路”纵深发展的客观需求

“一带一路”倡议是我国打造陆海内外联动、东西双向互济新开放格局、扩大对外开放的重大举措。当前，受个别强国制衡掣肘以及新冠肺炎疫情的影响，不稳定性、不确定性的国际形势更加突出，“一带一路”倡议面临新的形势，国家要求高质量共建“一带一路”持续走深走实，这就需要各地区准确把握自身在“一带一路”倡议中的定位，深度融入共建“一带一路”大格局，而提出中原—长三角经济走廊的发展框架，协同打造中原—长三角经济走廊是共建“一带一路”的一种具体的区域路径创新，有利于河南在高质量共建“一带一路”中缩小东中部之间的差距，实现区域的大开放、大发展。

（三）进一步扩大对外开放发展的重要平台

河南是内陆省份，其经济发展面临国际贸易不便带来的障碍，协同打造中原—长三角经济走廊顺应时代发展潮流，有助于市场发挥配置资源的决定性作用，促进资源要素的自由流动，为河南实施制度型开放战略、拓展开放合作空间、建设更具竞争力的开放强省、向东向海扩大对外开放发展、全面提升开放型经济层次，开辟了更大发展空间、注入了更强发展动力，也为河南深度参与国际合作，尤其是国际产能合作和国际贸易进出口提供了便利条件，在更大程度上享受到国际贸易通道建设带来的运输便利和成本优惠，提高了河南参与国际合作的竞争力。

（四）加快形成优势互补区域经济布局的重要路径

协同打造中原—长三角经济走廊将通过产业在空间上的合理和高效集聚重新配置经济发展和产业发展资源，重构和优化区域经济结构和产业结构。在新一轮产业链供应链的系统重构中，长三角产业转移和新兴产业布局更为看重综合配套能力、物流运转效率、消费市场的贴近性、要素保障的稳定性，而这些都是河南的比较优势所在。因此，协同打造中原—长三角经济走廊能够加快沿线相关省市县明确功能定位和职能分工，形成上下互动、分工协作、相互支撑的发展格局，也将助推河南尤其是黄淮四市建设承接长三角产业转移的重要区域，加快形成优势互补的区域经济新格局。

二　协同打造中原—长三角经济走廊的总体思路

深入落实河南与长三角的战略合作成果，进一步强化东向合作，综合考虑发展条件差异，因地制宜，统筹兼顾，以资源环境承载能力为基础，以产业协同为根本出发点，以体制机制创新为动力，以共建淮河生态经济带为纽带，以建设一体化的物流走廊、产业走廊、科创走廊为支撑，以沿线各地级城市为组团，打造“一带三廊多组团”的空间布局，按照“节点突破、以点连带、以带扩面”的发展路径，提高经济集聚度、区域连接性和政策协同效率，形成核心引领、板块联动、多点支撑的区域发展新格局，将中原—长三角经济走廊打造为淮河生态经济带的产业转移示范带、科创资源集聚地、绿色发展样板区以及连接中原—长三角的优势互补、联动互促的黄金物流廊道。

三　协同打造中原—长三角经济走廊的对策建议

协同打造中原—长三角经济走廊是一个系统工程，需要打破“惯性思维”，从全局角度和战略高度明确未来发展方向，以系统观念做好顶层设计，更加科学地谋划实施并创新发展路径，协同推进中原—长三角经济走廊的高质量发展。

（一）以做好顶层设计为引领，建立一体化的合作衔接机制

高度重视、凝聚共识，强化顶层设计。一是积极推动中原—长三角经济走廊上升为国家区域发展战略，明确中原—长三角经济走廊的具体范围，建立统一决策机构和专门落实机构，制定产业链接、创新合作、基础设施共建、资源要素共享等方面的指导性文件，统筹制定区域发展规划及重点专项规划。二是形成一体化区域合作治理模式和空间治理体系，积极推动中原—长三角经济走廊沿线城市加入长三角经济协调会，建立省际协调联席会议制度和工作联系制度。三是有机衔接《中原城市群发展规划》《长江经济带发展规划纲要》《淮河生态经济带发展规划》等战略规划，以及相关省份的“十四五”发展规划，出台《协同打造中原—长三角经济走廊的实施意见》、《协同中原—长三角经济走廊发展规划》以及各相关城市《协同中原—长三角经济走廊行动方案》等，更好地发挥中原—长三角经济走廊衔接长三角城市群与中原城市群的重要支撑作用。

（二）以强化创新驱动为关键，打造一体化的创新生态系统

坚持创新驱动，加强创新主体间的互动与合作，形成创新过程的良性循环，全面塑造发展新优势。一是打造中原—长三角经济走廊创新带、创业带和投资带，发挥上海、郑州、南京、杭州、苏州、合肥等中心城市在科创、研发等方面的全方位辐射作用，带动沿线各城市传统产业技术改造和转型升级，建设各具特色的众创空间和创新创业孵化平台。二是共同实施自主创新企业培育和支持计划，把创新触角延伸到长三角，吸引龙头企业集聚设立研发机构，打通河南与长三角创新要素连接通道，鼓励沿线各城市建设培育逆向“科创飞地”。三是推动产学研协同创新，加快建设科研院所重大研发平

台，联合建设一批与主导产业紧密结合的实验室或研发中心，开展产业发展战略研究和共性关键技术攻关工作。

（三）以推动产业链接为核心，构建一体化的产业链供应链

构建经济走廊，推动产业链接是核心，要积极主动融入长三角产业链供应链，逐步替代部分长三角头部企业在国外的产业链供应链，提升沿线城市承接产业转移能力，打造重要支撑性产业带。一是充分发挥河南劳动密集型优势和长三角技术密集型优势，加强产业链协同，推动相关配套产业发展。二是支持相关城市与长三角共建集群式产业链专业合作园区，按照“创新策源在长三角、产业化生产应用在河南”或者“伙伴园区”的合作模式建设高能级的科研成果转化基地。三是围绕产业链、创新链、价值链一体化布局，强化承接产业转移，努力形成谋划一批、储备一批、开工一批的梯次推进格局。四是整合各地优势资源，搭建以“企业为主体、市场为导向、政府为引导”的城市产业一体化发展平台，着力建设协同创新产业体系。

（四）以发挥特色为重点，建设一体化的城镇密集带

积极推动城市分工协作，形成错位有序的城市等级体系。一是平顶山坚持“科技研发在长三角，成果转化在平顶山”理念，积极承接长三角产业转移，加大科研平台建设力度，提升绿色优质农产品供应保障能力，打造中原—长三角经济走廊开放合作高地。驻马店创新资源共享、园区共建、产业链延伸、供应链融合等形式，实现更宽领域合作，促进两地人才、资金、技术等要素合理流动，推动传统产业补链强链、现代服务业赋能提升、战略性新兴产业发展壮大，积极打造中原—长三角经济走廊重要支点城市。漯河强化高铁、高速、水运等交通通道，围绕提高农产品、农副加工产品、食品工业与长三角市场需求的适配性，开拓长三角地区高端市场，打造中原与长三角地区对接的重要物流节点。周口充分发挥沙颍河通江达海的优势和郑阜高铁内联外通的快速通道优势，加强与淮河生态经济带各市县的协调联动，加快建设融入长三角的“桥头堡”和豫东南对外开放的新枢纽，打造新时代

多式联运枢纽港，建设新兴临港经济城市，支持鹿邑、沈丘、郸城等省市边界县主动对接周边区域发展。商丘加快推动交通区位优势向枢纽经济优势升级转变，打造长三角产业“腾笼换鸟”的“集散地”，强化商丘东向开放门户枢纽功能。二是大力建设平、漯、周、驻、绿色食品产业基地，支持南阳与襄阳开展产业、文化、生态等全方位合作，打造面向长三角的先行区，强化淮河、汉江生态经济带上下游合作联动发展。

（五）以淮河生态经济带为纽带，打造一体化的复合交通体系

强化基础设施互联互通，实施高速铁路网拓展工程、高速公路网完善工程、内河航运畅通工程，支持有条件的地方建设水路、公路、铁路、航空多式联运的综合交通枢纽。一是依托郑合高铁、商合杭高铁，打造中原—长三角经济走廊主要通道，实现河南、安徽、浙江高铁“无缝对接”。二是加快推进南阳经信阳至合肥高铁，平、漯、周高铁项目建设，织密中原—长三角经济走廊高铁通道。三是加强淮河、汉江流域航道整治，推进沙颍河—淮河航运通道建设，谋划推进以唐河为骨干，白河、湍河、丹江为支线，唐沙运河为联络线，通达淮河干线的“一干三支一联”内河航道网。四是持续推进周口民用机场前期工作，推进信阳机场改扩建工程、潢川机场前期工作，支持鹿邑、商城、光山、新县、桐柏等符合条件的地方规划建设通用机场。加快构建“公、铁、水、空”四位一体的开放大格局，打造中原—长三角经济走廊一体化的复合交通体系。

（六）以夯实要素为支撑，争取一体化的支持优惠政策

加强重大项目的用地、用电、用水等资源要素供给，加快资源、人才、资金、技术、信息等各类要素集聚和双向流动，建立更加灵活的要素共享机制。一是支持优先布局国家、省重大项目，支持重大项目纳入“十四五”发展规划、黄河流域生态保护和高质量发展规划、国土空间规划等国家相关规划。二是建立常态化要素对接机制、市场统一机制、政策协同机制，探索相关城市成立实体化运作的一体化发展协调机构，联合选派工作人员进驻办

公，打破行政区划的壁垒。三是支持加大项目与资金扶持力度，在各类重大建设项目、资金安排上优先考虑，并争取国家部委层面给予项目和资金等扶持。四是支持创新财税金融政策，支持设立产业发展基金，建立转移支付及债券资金倾斜机制，在分配一般转移支付和专项转移支付、政府一般债券和专项债券资金时给予倾斜，发挥中原证券上海中心作用，帮助更多河南企业进军资本市场。五是促进人才交流，组织开展干部特别是中青年干部相互挂职、交流和培训，开拓企业间人才交流和合作培养思路，探索职业经理人合作选聘制度。六是打造一流的营商环境，聚焦市场化、法治化、国际化要求，开展一流营商环境建设行动，推动行政服务一体化，打造制度型开放高地。

参考文献

杨振山、吴笛、程哲：《区域经济合作视角下经济走廊的类型与影响》，《区域经济评论》2018 年第 3 期。

郭爱君、范巧、张永年：《西北经济走廊建设与发展：战略构想、现实条件与有效路径》，《兰州大学学报》（社会科学版）2020 年第 1 期。

王娟娟、史碧林：《面向“一带一路”区域构建“双循环”产业体系——基于六大经济走廊的分析》，《东北亚经济研究》2021 年第 3 期。

沈超：《抓住重中之重，推进广深港澳科技创新走廊建设》，《广东经济》2020 年第 1 期。

段琳琼、陈维肖、王楠楠、范昌盛、梁流涛：《基于贝叶斯时空模型的建设用地扩张格局差异分析——以长三角和中原城市群为例》，《地域研究与开发》2021 年第 1 期。

吴晓迪：《中原城市群发展现状分析》，《全国流通经济》2019 年第 16 期。

刘爱洪、邹新、郭建、张美娟：《长三角 G60 科创走廊产业联盟建设研究——以芜湖市机器人、通航产业为例》，《中国科技信息》2021 年第 12 期。

钱智、吴也白、朱咏、宋清：《长三角 G60 科创走廊产业协同创新中心建设调研报告》，《科学发展》2021 年第 2 期。

时正杰：《推动淮河生态经济带高质量发展的思考》，《经济研究导刊》2021 年第 26 期。

马成文、夏杰：《淮河生态经济带中心城市影响力比较分析》，《经济研究导刊》2021 年第 1 期。

县域城镇化篇

County Urbanization

B.13

提高县城综合承载能力研究

盛　见*

摘　要： 提高县城综合承载能力就是提升县城新型城镇化载体功能，既包含提高县城产业就业人口吸纳能力、基础和公共服务设施的人口承载能力，也包括人口进城的综合吸引力。近年来，河南省县城综合承载能力快速增强，但总体上综合承载能力不足的问题仍然突出，体现在城镇常住人口比重偏低、人口就业吸纳能力有限、公共服务能力不足、人口吸引力不强等方面。为此，应从稳固就业支撑、强化人口基础和公共服务支撑、提高城镇化吸引力等方面入手，全面提高县城综合承载能力。

关键词： 县城　综合承载能力　河南

* 盛见，河南省社会科学院城市与环境研究所副研究员，研究方向为城市经济、养老服务。

党的十九届五中全会明确提出深入“推进以人为核心的新型城镇化”，并强调“推进以县城为重要载体的城镇化建设”。县城处于中心城市与乡村之间，正是农民就近进城就业安家、农民工返乡创业、城乡要素跨界配置、文化情感认同和产业协同发展的天然载体。提高县城综合承载能力就是提升县城新型城镇化载体功能，对于优化城镇化空间格局、“托底”完成城镇化进程、推进城乡融合发展意义重大。河南省位于中部地区，是农业人口大省，户籍人口和常住人口城镇化率均较低且相差较大，城镇化任务较重，且大中城市农民工市民化速度放缓，郑州、洛阳两大都市圈整体辐射带动力较弱，提高县城综合承载能力更具现实意义。

一　县城综合承载能力的评价分析

近年来，河南省高度重视以县城为重要载体的城镇化建设，特别是2016年底实施以105个县级城市为重点的百城建设提质工程以来，河南省县城的基础设施、生态环境、公共服务、产业发展、吸纳的农业转移人口数量等方面明显改善提升，综合承载能力显著增强。

（一）基础设施支撑能力明显提高

河南省实施百城建设提质工程以来，将基础设施作为以县城为重要载体城镇化建设的首要任务，强弱项、补短板，大力推进基础设施建设。截至2020年底，新增各类城市道路4691.02公里，城市路网密度提高到5.1公里/公里^2，人均城市道路面积15.19平方米。累计开工建设地下综合管廊262.6公里。城市建成区供水管道密度8.76公里/公里^2，供水普及率97.38%，总供水能力达到1295.06万吨/日。铺设供热管网1.3万公里，集中供热面积达到600平方公里，用气家庭1295万户，城市燃气普及率达到97.05%。老城区改造快速推进，完成老旧小区改造6400多个，惠及群众88.6万户。新建、改造7346座城市公厕。新建街头游园2011个，新建公园2198个，全省设市城市建成区绿地率35.59%，建成区绿化覆盖率41.03%，建成区人均公园绿地面积12.69平方米。[①]

（二）公共服务能力大幅提高

2016年以来，重点围绕“就学难、看病难、养老难、停车难”等一大批民生难题，想人民所想，急群众所急，加大基本公共服务供给，公共服务能力得到较大提高。新建、扩建幼儿园1075所，新增学位24.05万个。新建、扩建中小学1723所，新增学位154.41万个。新建、扩建医院501所，新增床位14.03万个。新建、扩建文化项目3163个，体育项目2114个。新建停车场2727个，新增车位79.52万个。

公共服务能力的提升，还集中体现于居民基本居住条件的改善。2016年以来，全省累计开工棚改安置房191.54万套，基本建成162.5万套。在重点保障城镇中低收入住房困难家庭基础上，将公租房保障范围逐步扩大到符合条件的外来务工人员、新就业大学生和青年医生、青年教师等群体。推进公租房实物保障与租赁补贴相结合，不断丰富公租房保障方式。通过这些保障性安居工程，全省住房保障水平从2008年的人均8平方米提高到了当前的人均15～20平方米，全省150余万户棚户区居民和130万中低收入住房困难家庭住房问题得到解决。[②]

（三）人口吸纳能力显著提高

总体上看（见表1），2010年“六普”以来，河南省大中小城市人口吸纳能力和吸纳速度快速提升，位于中部地区首位，居于全国前列。“七普”数据显示，河南省常住人口比“六普”上升5.68%，高于全国平均水平5.38%，也高于中部地区其他五省；城镇常住人口比重比“六普”提高

---

① 《“十三五”期间河南百城建设提质工程成效显著》，建筑界网站，https：//www.jianzhuj.cn/news/52982.html，2020年12月23日。

② 《“十三五”期间河南百城建设提质工程成效显著》，建筑界网站，https：//www.jianzhuj.cn/news/52982.html，2020年12月23日。

16.91 个百分点，高于全国平均的 14.21 个百分点，也高于中部地区其他五省，更高于东部发达省市。

表 1　河南省“七普”常住人口纵横比较

国家及相关省市	常住人口（万人）	常住人口比“六普”上升（或下降）的百分比（%）	常住人口城镇化率（%）	城镇常住人口比重比“六普”提高的百分点
国家	141178	5.38	63.89	14.21
河南省	9936.55	5.68	55.43	16.91
湖北省	5775.26	0.90	62.89	13.19
湖南省	6644.49	1.13	58.76	15.46
安徽省	6102.7	2.57	58.33	15.34
山西省	3491.56	-2.23	62.53	14.48
江西省	4518.86	1.39	63.89	14.21
北京市	2189.3	11.0	87.5	1.5
上海市	2487.09	8.0	89.3	—
江苏省	8474.80	7.74	73.44	13.22
浙江省	6456.76	18.63	72.17	10.55
广东省	12601.25	20.81	74.15	7.97

资料来源：国家及相关省市的常住人口、常住人口比“六普”上升（或下降）的百分比、常住人口城镇化率、城镇常住人口比重比“六普”提高的百分点是根据互联网上公布的第七次人口普查数据整理得到的；上海市城镇常住人口比重比“六普”提高的百分点数据缺。

分地市来看（见表 2），郑州市、新乡市、洛阳市、济源市的人口吸纳能力较强，与“六普”相比常住人口上升的百分比，均高于全省平均水平，常住人口城镇化率也均高于全省平均水平，且四市下辖的县城多属于纳入中心城市组团发展的县城，产业发展和综合承载力较强；开封市、濮阳市、南阳市、商丘市、信阳市、周口市、驻马店市的人口吸纳能力较弱，常住人口城镇化率分别为 51.83%、49.97%、50.59%、46.19%、50.12%、42.58%、44.14%，均低于全省平均水平，且七市下辖的县城多属于特色保护县城（历史文化保护或处于限制开发地区的县城）、集聚提升县城（非中心城市组团、具备较强资源环境承载力和人口吸纳潜力的县城，如永城市和固始县），产业发展和综合承载力相对较弱。

表 2　河南省 18 地市“七普”常住人口纵横比较

地市	总人口数（万人）	常住人口（万人）	常住人口比“六普”上升（或下降）的百分比（%）	常住人口城镇化率（%）	城镇常住人口比重比“六普”提高的百分点
郑州	795	1260.05	46.07	78.40	14.91
开封	528	482.40	3.16	51.83	16.37
洛阳	717	705.67	7.74	64.98	20.88
平顶山	555	498.71	1.69	53.42	12.19
安阳	595	547.76	5.89	53.04	14.66
鹤壁	167	156.60	-0.20	60.98	13.55
新乡	620	625.19	9.53	57.58	16.78
焦作	378	352.11	-0.53	63.03	16.21
濮阳	401	377.21	4.82	49.97	18.65
许昌	500	438.00	1.69	53.55	15.09
漯河	285	236.75	-8.0	54.84	15.75
三门峡	231	203.49	-8.9	57.26	13.27
南阳	1202	971.31	-5.36	50.59	18.11
商丘	930	781.68	6.17	46.19	16.7
信阳	888	623.44	2.06	50.12	15.95
周口	1166	902.60	0.81	42.58	—
驻马店	923	700.84	-3.07	44.14	14.68
济源	72	72.73	7.63	67.47	17.94

资料来源：18 个地市的常住人口、常住人口比“六普”上升（或下降）的百分比、常住人口城镇化率、城镇常住人口比重比“六普”提高的百分点是根据互联网上公布的第七次人口普查数据整理得到的；各地市的总人口数来源于《河南统计年鉴 2020》中的 2019 年底数据。

二　县城综合承载能力的不足及其根源分析

河南省县城综合承载能力不足，集中体现为人口吸纳能力普遍较弱，常住人口城镇化水平偏低。主要是县城人口就业吸纳能力有限、公共服务能力不足、人口吸引力不强造成的。

（一）综合承载力不足，城镇常住人口比重偏低

从全省来看，河南省常住人口城镇化率55.43%，不仅低于全国平均水平（63.89%），也低于中部地区的湖北（62.89%）、湖南（58.76%）、安徽（58.33%）、江西（63.89%）、山西（62.53%）五省，更低于江苏省（73.44%）、浙江省（72.17%）和广东省（74.15%）等东部发达地区。

就地市而言，开封市、濮阳市、南阳市、商丘市、信阳市、周口市、驻马店市的总人口数之和为6038万人，而七市常住人口仅为4839.48万人，说明有1198.52万人流出，且七市下辖的县多为农业人口大县，县城人口吸纳能力较弱，导致城镇常住人口城镇化率偏低，不仅大幅低于全国平均水平，也低于全省平均水平。

（二）产业基础相对薄弱，人口就业吸纳能力有限

与大中城市以及发达地区县城相比，河南省县城产业基础普遍薄弱，产业发展落后于城镇化。

1. 营商环境较差

经济步入高质量发展阶段后，地区间对优质要素的争夺更为激烈，优化营商环境对于欠发达地区产业发展尤为重要。河南省县域经济营商环境中，受“熟人社会”影响大、业务办理环节多时间长费用高、政策可持续性差、信息互通共享困难等问题突出，增加了招商引资和产业发展的难度。

2. 工业强县“产强链短”情况较为普遍

郑州、洛阳、焦作、新乡、许昌、平顶山等传统工业强市，有很多工业强县市，如巩义、长葛、禹州、新密、孟州、长垣、新安、汝州等县市，虽然工业相对较强，但是产业链条较短，且与所处区域中心城市及县域内的一产、二产互动关联较弱，融入不够，没有形成区域产业整体竞争优势。

3. 农业人口大县“有城无产”“城强产弱”

很多农业人口大县，如邓州、固始、太康、唐河、上蔡、郸城、新蔡、杞县、商水、淮阳、滑县等，县城布局框架较大，但由于缺乏工业基础和传统，县城制造业和配套服务业发展缓慢，进城农民就业功能不足。要通过强化产业基础，稳固就业支撑。

4. 产业发展与“稳就业”缺乏紧密结合

河南省是劳动力资源大省，但很多县城，一方面没有将产业发展与“稳就业”紧密结合起来，没有充分发挥劳动力资源丰富的优势，劳动密集型产业引进发展不足；另一方面，就业容量高的服务业发展不足，县城服务业普遍发展落后，交通物流中心、金融配置中心、市场消费中心等服务中心功能不强。

（三）公共基础和公共服务设施欠账较多，公共服务能力不足

县城公共服务设施历史欠账较多，其人均市政公用设施固定资产投资仅相当于地级及以上城市城区的1/2，不仅财政投入不足，而且公共服务设施供给粗放，效率低下，成为公共设施供给面临的突出问题。

1. 财政投入长期不足

公共基础和公共服务设施欠账较多，说到底是财政投入长期不足造成的。河南省是农业大省，整体财政收入不高。2020 年，在 183 个县市区（含 158 个县市区和 25 个功能区）中，7 个一般公共财政收入超过 60 亿元的县区，全部分布在郑州市；37 个县区处于 20 亿～60 亿元，全部分布在河南省中北部；67 个县区低于 10 亿元，主要分布在豫南、豫东、豫西南和豫东北的粮食主产区。显然，财政收入较低的县市区常住人口城镇化率较低。

特别是一些农业人口大县（区），如固始、太康、淮阳、郸城、上蔡、新蔡、滑县等县（区），产业基础薄弱，以前均是国家级贫困县，是“财政小县”，而这些人口大县（区）每年一般公共预算支出均在 70 亿元以上（见表 3），财政支出缺口很大，是典型的“小马拉大车”，难以对公共基础设施和公共服务设施形成持续的高水平投入。

表 3　河南部分农业人口大县（区）财政收支一览

县(区)	总人口数（万）	一般公共预算收入（亿元）	一般公共预算支出（亿元）	备注
固始	185	16.34	85.11	曾为国家级贫困县
太康	152.6	12.2	77.65	曾为国家级贫困县
淮阳	149.5	11.4	84.4	曾为国家级贫困县
郸城	137	12.00	—	曾为国家级贫困县
上蔡	151	10.05	71.51	曾为国家级贫困县
新蔡	130	12.07	—	曾为国家级贫困县
滑县	148	13.82	74.00	曾为国家级贫困县

资料来源：总人口数据来源于各县（区）政府官网的 2020 年数据，一般公共预算收入和一般公共预算支出来源于各县（区）公开的 2021 年或 2020 年政府工作报告。

2. 县城公共服务设施供给低效

县城基础设施和基本公共服务设施供给，一般是由县级政府“自上而下”来决策供给的，缺乏足够的公众参与，一些地方受错误的“政绩”观影响，往往对居民实际需求关注不够，容易出现供需错位。特别是一些公共服务设施“贪大求洋”，大广场、大馆舍，“好看不好用”，居民使用率低，一些医院、学校、养老院、停车场偏离城区，使用不方便。

3. “一老一小”公共服务问题突出

公共服务供给短板中，“一老一小”群体的教育、医疗、养老服务供给不足问题最为突出，成为公共服务短板中的“短板”，特别是由于子女结婚和孙辈上学需要，农民多愿意在县城买房，进城人口不断增加，“短板”更“短”。强化优质教育、医疗、养老服务供给，不仅是解决进城人口“学”和“养”的问题，也能够通过城镇化最大限度化解农村“留守”儿童和“留守”老人的教育和健康养老难题。

（四）优势没有充分发挥，人口吸引力不强

从未来城镇化的趋势来看，县城既是城镇体系的“尾”，又是县域城镇化的“头”，具有城镇化成本低、无“大城市病”、地域文化认同度高等城镇化

优势，农民更有可能成为县城居民而非大中城市的农民工，“离土不离乡”就地城镇化优势十分明显。但是，这些优势在河南省各地推进以县城为载体的城镇化过程中，往往被忽视，降低了农民到县城就地城镇化的愿望。

1. 低成本优势没有被充分保持

相比大中城市，县城新型城镇化成本低，既体现在建设成本低，更体现在进城农民住房、教育和生活等市民化成本低，这是县城城镇化的最大优势。但是，在推进城镇化建设进程中，不少县城热衷于“土地财政”，大拆大建，推高了房价和生活成本，抬高了农民进城的经济门槛，河南省县城商品房均价已达到每平方米六千多元。

2. “小而优、小而缓”优势被弱化

与大城市“大而快、快而焦”生活相比，县城规模较小，生活成本低，城市生活方面具有“小而优、小而缓”天然优势，这不仅吸引了不少在外打工群体返乡创业，甚至吸引了不少在大城市工作的人退休后返乡养老。然而，一些县城向大城市看齐，“求大求快”，热衷于建新区、拉大城市框架、建大商场、修宽马路，很多地摊和小店经济失去了依托，在加快工作生活节奏和提高成本的同时，也增加了居民对自己所处城市的陌生感、疏离感与焦虑感。

3. 对于地域文化认同优势发挥不够

现阶段，我国城镇化的人口流向发生了变化，总体上处于“省外流”向“省内流”转变，“省内流”又以县城为“主流”。相对于大中城市，农民流入县城既是对县城经济门槛低、生活便利的认同，更是在心理上、情感上对地域文化的认同。中原是中华文明的核心区，乡土文化更加深厚，叶落归根的“老家”情节更加浓厚，地域文化认同成为推进县城新型城镇化的重要动力。但许多城市对此不够重视，未在城市风貌及居民精神面貌塑造、熟人社会建设、饮食文化传承等方面，充分彰显地域文化特色。

三　提高县城综合承载能力的路径

提高县城综合承载能力，就是要“以人文本”，紧紧围绕县城产业的就业承载力、公共服务设施承载力、吸纳人口进城的吸引力等方面存在的不足与短板，全面提升新型城镇化载体功能，大幅提高县城就地城镇化的成效。

（一）强化产业基础，稳固就业支撑

着力筑牢产业发展基础，既为县城提高综合承载力夯实经济支撑，更为进城农民稳固就业支撑，是提升县城综合承载能力的根本。

1. 优化环境“引产业”

优化县域营商环境，既要下大力气出“实招”“狠招”，持之以恒，弥补与发达地区的差距，甚至在某些方面超过发达地区，又要瞄准县域有条件、有基础、能突破的引产方向，锁定目标，久久为功，如此才能引来产业。

一是下大力气推动“关系型社会”转向法治社会。县城的社会关系往往是熟人间的“关系型社会”占主导，优化营商环境首先避免“关系型社会”对营商环境的干扰，要着力塑造强有力的法治环境。二是将招商引资与外出务工人员返乡创业就业结合起来。河南省县域经济的招商引资最大的优势在于“亲情招商”。很多人口大县扎堆到发达地区务工经商的人员多，经过多年发展，不少发达地区劳动密集型企业老板、主管和员工几乎都来自河南省某个人口大县，他们拥有一定的资金、技术，还有返乡创业就业的情怀，一旦家乡开展“亲情招商”，成功率极高。[①] 三是确保政策的连续性。一个县域经济的发展，需要在科学规划论证的基础上，确定好主导产业，制定好城市发展方向，一任接着一任干，最大限度保持政策的连续性。

2. 完善链条“强产业”

新发展格局下的县城产业经济，不是以县域行政区划为范围搞经济内循环，而是以统一市场为背景，全面参与市场分工，深度融入国内大循环、国内国际双循环，在细分市场中找到产品定位，并形成一定规模和集群。依据

① 如固始县作为河南省第一人口大县，多年在外地从事纺织服装产业的有 20 万人，其中仅在盛泽一地就有 13 万人。2017 年县委县政府抢抓东部纺织服装产业向外转移的发展机遇，将纺织服装产业作为工业发展的主导产业，已有几十家纺织企业入住开发区，不少是盛泽、吴江、嘉善等地以固始籍人员为主力的纺织企业。

县城自身特点，坚持错位发展，突出“融合”发展，持续打造县城产业优势。对于资源工业县，要高位嫁接，“延链、补链”，转型升级；对于先进工业县，要优中培新，“强链、延链”，做大做强，做精做优。对于农业大县，要无中生有，“建链、补链”，积极引进工业，打造新的产业优势。无论是工业县还是农业县，都要推动现代农业的发展，还要抓好“农头工尾”的衔接，强化工业的根植性，更要服务于工农业发展和居民消费，抓好服务业集聚发展。

3. 发展产业“稳就业”

与大中城市相比，县城作为连接工农城乡的重要节点，劳动力丰富，发展产业既是县域经济支撑的需要，更是吸纳就业人口、稳固就业的根本，也是“托底”完成城镇化的需要。因此，县城产业发展的就业功能远大于经济支撑功能，应该将就业功能放在产业选择和发展的首位，把强县与富民结合起来，重点发展就业容量高的产业。

一是发挥农业就业“蓄水池”功能。打造现代农业全产业链，积极培育新型职业农民，包括类农业经营主体、农业工人、专业服务人员。二是大力引进和发展劳动密集型产业。劳动密集型产业并非低端产业，要立足于县域劳动力丰富的优势，大力发展农产品加工、服装鞋帽、电子等劳动密集型工业。如睢县2012年以来，引进制鞋劳动密集型产业集群，打造中原鞋都，取得巨大成功，吸纳就业人员8万多人。三是大力发展就业容量高的服务业。县城是县域经济的消费中心、交通物流中心、金融配置中心、综合服务中心，要立足县城集聚发展商贸物流、交通运输、餐饮住宿、电子商务、文化旅游、技能培训等服务业。四是尽量避免产业数字化发展对就业岗位的侵占。

（二）强弱项、补短板，强化公共设施的基础支撑

坚持县城人口公共服务需求与公共服务设施相匹配，查缺补漏，完善公共服务设施配置，提高公共服务水平，为进城农民提高民生保障，是提升县城综合承载能力的基础。

1. 强化县级财政对县城的公共投入

进一步优化政府间事权和财权划分，上调县级收入分享比例并拓宽税源，增加其财政收入，适度下移有助于增加县城综合承载能力的部分事权，缓解县财政支出压力。认真落实河南省《深化省与市县财政体制改革方案》，各县（市）财政体制由省财政直接核定，与所在省辖市在财政管理体制上属并列关系，避免出现地市与其下辖县（市）间“财权上收、事权下移”现象，县（市）范围内的财政收入市级不再分享，最大限度赋予县（市）财政管理权。贯彻落实国家发改委《关于加快开展县城城镇化补短板强弱项工作的通知》，积极开展县城城镇化补短板强弱项行动，争取打造国家县城新型城镇化建设示范县，大力提升县城公共设施和服务能力。

2. 强化基础和公共服务设施“供需精准匹配”

主要体现在两个方面。一是与县城新增吸纳人口规模精准匹配。完善财政转移支付和城镇新增建设用地规模与农业转移人口市民化挂钩政策，加大对吸纳落户和提供保障性住房较多县城的基础设施投资补助、建设用地支持力度。根据人口流动实际调整人口流入流出地区教师、医生等编制定额和基本公共服务设施布局。二是与县城新增吸纳人口的真实需求精准匹配。应完善供给决策“公众参与”机制，在基础和公共服务设施规划、建设、管理的决策方面，应邀请居民共同参与，强化对居民特别是大量进城农民的真实需求的响应，提高供给精准度，实现公共资源有效配置。

3. 强化“一老一小”的公共服务供给

在完善县城公共服务体系中，重点完善“一老一小”的人口服务体系，增加优质“学”“养”服务供给，解决进城农民后顾之忧。一是强化学前、义务及高中教育的供给。创新公共服务供给方式，加快县城学前教育和义务教育学校扩容增位，增加有效供给。持续实施学前教育行动计划，着力办好公办幼儿园，提高公办园学位占比。扶持民办幼儿园提供普惠性服务，规范营利性民办幼儿园的发展。优化投入结构，将学前教育投入列入区财政预算，健全经费保障机制。推动实现县城义务教育资源供给与常住人口相匹配，增加教师两房建设。完善招生方式改革，全面落实公办义务教育学校免试就近入学政策，实施义务教育民办招生与公办学校同步政策。合理优化普通高中教育资源配置，进一步向县城集中。

二是强化养老服务供给。支持家庭承担养老功能，落实独生子女护理假政策，建立父母随子女异地养老定居、医疗转诊“绿色”通道机制。发展普惠型养老服务，深化公办养老机构改革，完善公建民营管理机制，支持培训疗养资源转型，发展养老服务，扩大养老机构护理型床位供给。加快建设日间照料机构等社区养老服务设施布局，强化社区嵌入式互助式养老服务供给。三是进一步加强老年健康服务体系建设。加强老年医疗机构建设，鼓励医疗资源丰富的市县将部分公立医院转型为老年医院、康复医院、护理院、安宁疗护机构，二级以上综合性医院设立老年医学科，三级中医院设置康复科，提高基层机构的康复护理床位占比，着力构建以市县老年医院、康复医院、护理院和安宁疗护机构为龙头，以区域医疗机构老年病特色专科为支撑的养老服务机制。

（三）强化县城天然优势，提高城镇化吸引力

强化县城独有的城镇化优势，提高吸引力，增强当地及返乡农民就地城镇化动力，是提升县城综合承载能力的关键。

1. 保持“低成本”

从降低住房成本、生活成本、教育成本等方面着力保持县城在吸纳人口过程中的“低成本”优势。一是着力降低农民县城购房成本。加快建立多主体供给、多渠道保障、租购并举的住房制度，并将进城农民也纳入公租房保障范围。积极稳妥推广农村承包土地的经营权抵押贷款业务，结合宅基地“三权分置”改革试点进展稳妥开展农民住房财产权抵押贷款业务，支持农民进城购房。鼓励有条件的县（市）政府对农民和外来人员进城购买的首套商品住房，给予一定比例的购房补贴，或由当地财政对购房者按所购房屋缴纳契税额度的适当比例给予购房补贴。二是进一步降低县城各类生活成本。减少大型商超建设，鼓励发展地摊和小店经济。

2. 塑造“慢生活”

在城市生活塑造方面，县城作为城镇体系中的“小城市”，不仅要有小

的样子，更要有小的气质，要力避大城市“大而快、快而焦”发展逻辑，凸显“慢生活”优势，避免大城市的“焦虑感”“紧张感”。一是促进产城融合、职住平衡。要避免不少大城市产城分离、职住分离、通勤时间长的“大城市病”，从县城规划、建设和运营管理等多环节入手，统筹生产、生活和生态布局，着力优化职住空间，推进产城融合，全方位打造30分钟“就业圈”、15分钟“生活圈”，最大限度减少通勤距离和时间。二是增加城市“慢生活”容量。试点推广街区制，增加饮食、文化休闲街区，开辟自行车道、步行道等慢行网络，适当增加早市、跳蚤市场、地摊和小店经济街区场所，多措并举，营造“慢生活”环境。

3. 凸显“文化认同”

在城市风貌塑造、居民精神面貌、行为规范等方面彰显地域文化特色，强化文化认同，增强吸引力。一是在塑造城市风貌中彰显地域文化。作为文化大省，河南省历史文化资源丰富，县城更是众多物质及非物质文化资源聚集地，要保护和恢复历史文化街区和历史建筑，更要传承和弘扬富有地域特色的非物质文化，延续地域文脉。特别是要传承和弘扬当地饮食文化，开发建设当地传统美食文化街区。二是在塑造居民精神面貌方面彰显地域文化传统。在弘扬诚信守法、勤俭节约、互帮互助、孝敬老人、家庭和睦等风气的基础上，积极融入当地优秀传统文化风俗，营造向上人文环境。

参考文献

李铁：《新型城镇化路径选择》，中国发展出版社，2016。

B.14
增强乡镇联城带村功能研究

金　东*

摘　要： 河南省委第十一次党代会指出，要践行乡镇工作“三结合”，增强乡镇联城带村功能。作为人口大省和农业大省，河南的乡镇数量众多。乡镇在基层社会治理、经济发展、公共服务和基础设施建设等方面取得了长足进步，成为推进就地城镇化和带动农村发展的有效载体。然而，从现有的发展水平来看，河南的乡镇在乡村治理、公共服务、引领带领乡村经济发展等方面尚有不足。为此，应当从“里子”与“面子”两个层面双管齐下，聚焦存在问题，补齐短板弱项，在转变乡镇政府职能、优化公共服务供给、提升镇容环境品质、融入现代城镇体系等方面持续下功夫，以全面提高乡镇的承载力、吸引力和带动力，早日把乡镇建成联城带村、服务农民的区域中心。

关键词： 乡镇　服务农民　河南省

乡镇上连着县、下接着村，在农村资源要素交换、公共服务供给和基层社会治理中发挥节点和枢纽作用。中央“十四五”规划建议和 2021 年一号文件都明确提出，要强化县城综合服务能力，把乡镇建成服务农民的区域中心。河南省委第十一次党代会指出，要践行乡镇工作“三结合”，增强乡镇

* 金东，河南省社会科学院城市与环境研究所助理研究员，博士，研究方向为城乡经济、经济史。

联城带村功能。推进县域内城乡融合发展，推动实现农业农村现代化，需要乡镇发挥更为积极的作用。经过多年努力，河南“三农”发展取得历史性成就，乡镇的面貌也得到极大改善，但从现状来看，省内多数乡镇在社会治理、公共服务、经济发展等方面距离农民群众对美好生活的期待尚有不小差距。要夯实全面建设社会主义现代化河南的底层支撑，加快建设现代农业强省，必须将乡镇作为乡村振兴的重要场域，持续推进小城镇发展，强化乡镇联城带村功能，把乡镇建成名副其实的服务农民的区域中心。

一　全面推进乡村振兴时期的乡镇功能定位

（一）乡村治理的中心

在取得脱贫攻坚的历史性胜利之后，“三农”工作重心已经转移到全面推进乡村振兴上来。全面推进乡村振兴，需要统筹推进农村的经济发展、社会文化、生态文明、党的建设等各类工作，是一项复杂的系统工程，有赖于多元主体的积极参与和良好社会秩序的营造，因而需要不断创新基层社会治理，提高乡村善治水平。乡镇是最基层的行政单位，离农村距离最近，和农民关系最密，是打通服务农民“最后一公里”的关键所在。作为党和农民联系的桥梁纽带，乡镇党委政府理当发挥好核心引领作用，进一步加强和改进乡村治理，不断完善乡镇治理体系，为乡村振兴强基固本。在20世纪60年代，浙江省绍兴市诸暨县枫桥镇的干部群众创造了“小事不出村，大事不出镇，矛盾不上交，就地化解”的“枫桥经验”，成为乡镇治理的宝贵财富。然而，从20世纪末的农村税费改革以来，乡镇政府的财权、事权和人员一度受到削减，出现弱化趋势，乡镇面临着权力有限、责任无限、任务繁多、应对乏力的挑战，导致乡村管理碎片化、浅层化、形式化，一些深层次问题迟迟得不到妥善解决。做好新时期的“三农”工作，需要积极向乡镇扩权赋能，加强乡镇党委对各类组织、各项工作的全面领导，强化乡镇政府在社会治安、食品安全、道路交通安全、矛盾纠纷化解等方面的监督和管理，建立健全党委领导、政府负责、社会协同、公众参与、法治保障的基层治理体制，进一步推进乡镇治理体系和治理能力现代化。

（二）农村的服务中心

全面推进乡村振兴的目标是高水平实现农业农村现代化，使农业高质高效、乡村宜居宜业、农民富裕富足。实现这一目标，迫切需要增强为农服务的供给力度，解决长期困扰乡村发展的市场化分工不足、专业化程度不高、体制机制不够健全等问题。我国提出把乡镇建成服务农民的区域中心，在很大程度上，就是要通过以点带面的辐射与延伸，全面增强农村服务效能、提高生产生活服务质量。为此，应当以乡镇为中心，着力深化农业农村社会分工，聚焦农民日益多元化、个性化、品质化的服务需求，打造农业生产性社会化服务体系和农村生活性社会化服务体系，在最直接、最现实、群众最关心且由乡镇服务管理更为方便有效的事项上下功夫。在生活性服务领域，着眼于广大群众的教育、医疗、养老、住房、购物等需要，持续加强和改善农村医疗卫生、社会保险、劳动就业、义务教育、文化体育等基本公共服务供给，特别是要补上教育和医疗方面的短板，打造以乡镇为中心的半小时生活服务圈。在生产性服务领域，要按照市场化规律，瞄准传统农户和新型农业经营主体的各类需求，实行股份合作、土地托管、代耕代种、全耕全种等，建立和健全从产前到产后、从加工到流通、从第一产业到农村第二、第三产业的全领域、全链条服务体系。

（三）乡村的经济中心

产业兴旺是实施乡村振兴战略的首要任务。在全面推进乡村振兴新时期，紧紧围绕农村第一、第二、第三产业融合发展，着力构建乡村产业体系，是促进乡村振兴的根本所在。乡镇是农村各类要素理想的集散地，无论是人员交往、物资集散还是道路交通、信息交汇，都有着地理上的天然优势。这一特殊的空间经济属性，使乡镇一级势必要承担起带动乡村经济发展的职能。在改革开放进程中，异军突起的乡镇企业曾经极大地改变了乡镇面貌，加强了农村地区与城市地区的联系。正如邓小平所说的，中国农村改革中，乡镇企业发展起来了，这是完全没有预料到的最大的收获。事实证明，一些沿海地区的经济之所以相对发达，在很大程度上要归因于充满活力的乡镇经济。新形势下，要充分发挥乡镇的集聚效应，坚持以镇带村、以村促镇，以乡镇为平台引导农产品加工等产业适度集中，延长产业链条，提升产品价值，有力带动农村第一、第二、第三产业发展，着力打造“生产在农户、基地在乡村、加工在乡镇、增收在农民”的乡村经济发展模式，推动形成以种养业为基础、农产品加工为重点、商贸物流为引领的乡镇经济发展新格局。

二　河南省优化乡镇功能的做法与成效

（一）不断优化乡镇管理体制，着力打造服务型政府

为了更好适应快速推进的城镇化进程和乡镇经济的发展，我国曾于20世纪80年代出台《国务院批转民政部关于调整建镇标准的报告的通知》等一系列政策举措，为合理调整行政区划、优化城乡结构创造了条件。河南也以此为契机，持续推进撤乡设镇和撤镇设街道办事处等工作。到2019年底，河南共有1804个乡镇，与1999年相比，有超过200个乡镇改制为街道办事处。河南在2019年尚存641个乡、1163个镇，分别占乡镇总数的35.5%和64.5%，相较于1999年，乡的数量减少了708个，镇的数量增加了493个。在乡镇数量构成不断优化的同时，乡镇的行政管理体制和服务能力也得到了改进。河南省先后出台《关于加强乡镇政府服务能力建设的实施意见》《关于进一步深化乡镇和街道机构改革的意见》等，要求各乡镇根据历史沿革、资源禀赋、经济基础等合理设置职能部门、提升基层服务能力，农业比重大的乡镇重在加强服务农业农村的能力，工业化和城镇化水平较高的乡镇重在强化基层社会治理和公共服务等职责，致力于转变乡镇政府职能、优化机构设置、扩大管理权限，构建简约高效的基层管理体制。在高位谋划推动和扎

实推进落实的双向发力之下，河南各地已经阶段性完成该轮乡镇机构改革。改革之后，乡镇新增了对县（市、区）职能部门派驻机构综合执法的指挥调度权、多部门协同解决的综合性事项统筹协调权和考核督办权等，权责不对等的局面得到有效改善。同时，乡镇内部的机构设置更加科学，编制分配更加合理，管理服务能力得到明显提高。

（二）持续推进就地城镇化，小城镇建设稳步推进

与异地城镇化一样，就地城镇化也是农业转移人口迁移的重要途径。就地城镇化能够较好地实现“现代性”与“乡愁”的平衡，避免了农村人口远距离迁徙以及由此衍生的家庭异地分离、农村“三留守”等问题，使农民足不离乡就得以完成生产生活方式的城镇化和现代化转型。从统计数据上看，河南是人口输出大省，同时也有大量的人口在乡镇实现了就地城镇化。从2010年到2019年，河南建制镇数量增长了28.57%；建制镇建成区总面积从168236公顷增加至272034.46公顷，增长61.7%；建成区户籍人口数从920.47万人增加至1205.42万人，增长31.0%。为了补齐广大乡镇基础设施建设和公共服务落后、公共环境脏乱差、城镇风貌特色缺失、综合治理统筹不足等短板，河南省百城建设提质工程工作领导小组办公室还于2020年5月专门出台《关于开展小城镇环境综合整治的实施意见》，以县城建成区以外乡镇政府驻地为主要对象，在省级层面选取鹤壁市、洛阳市宜阳县、平顶山市郏县、焦作市修武县作为全域整治试点，大力开展以整治城镇秩序、改善环境卫生、美化乡容镇貌、完善基础设施和公共服务为主要内容的环境综合整治行动。各试点单位也积极谋划部署，开展各项专项行动，并取得初步成效。如在平顶山郏县，通过实施拆旧复垦、“双违”整治、“一户多宅”治理、就业优先、教育倍增、医养结合、人居环境整治和共建共治共享等工程，大力开展县域新型城镇化建设和小城镇人居环境整治，该县小城镇的建设品质、环境质量和管理水平有了明显提高，住建部村镇建设司还特别于2020年12月在郏县召开了县域新型城镇化与小城镇人居环境整治工作现场会。

（三）着力提升公共服务水平，居民获得感得到增强

为了更好满足乡镇基层广大群众的日常公共服务需求，河南省在综合考虑各地经济社会发展状况和区域特点基础上，以中心镇、重点镇和特色小城镇为重点，优化乡镇基本公共服务资源配置，创新乡镇公共服务供给方式，致力于提升乡镇一级的公共服务品质和服务效能，提高城乡公共服务均等化水平。据统计，在2018年，河南的乡镇已经拥有2.6万个幼儿园、托儿所，拥有1.7万个图书馆和文化站。截至2020年底河南乡镇在义务教育阶段的学校布局基本实现“小学向中心村集中、初中向镇区集中”，乡镇教师待遇得到提高，师资队伍持续有新生力量注入。在医疗卫生领域，河南积极推进紧密型县域医共体建设，截至2020年4月，省内47个县（市）的149个紧密型县域医共体已经落地见效，乡镇的医疗服务能力得到明显提高。以济源为例，该地的市直医疗机构派出专家团队参与乡镇卫生院的管理，到乡镇卫生院定期坐诊、义诊、巡诊、查房、手术、示教，让周边就医群众在家门口就可以享受优质的专家诊疗服务。此外，河南不少地区还在乡镇建设了文化中心、科普中心、体育中心等文化体育设施，逐步完善敬老院、计划生育服务站等公共服务保障设施，助推乡镇全面提高人口吸引力和综合承载力。

（四）积极推进产业结构调整，不断壮大乡镇经济

乡镇经济是基层经济社会高质量发展的基石。近年来，河南省在开展脱贫攻坚、实施乡村振兴战略、推进县域经济高质量发展过程中，把推进产业结构调整、提高农业现代化水平作为发展壮大乡镇经济的重要抓手和拓宽农民增收的主要渠道，乡镇经济发展水平得到稳步提升。截至2019年底，全省各乡镇共有130313家工业企业，其中规模以上工业企业达13432家，营业面积在50平方米以上的综合商店或超市达126461家，为工商业的进一步发展打下了坚实基础。就农业而言，自2018年农业农村部、财政部启动实施农业产业强镇示范建设以来，河南省入选的农业产业强镇围绕优势特色产业推进产业链、价值链、供应链“三链同构”，产业转型发展取得新成

效，并积极带动农民分享种植、加工、销售等环节的增值收益，较好地促进了镇域内农民增收。从河南乡镇从业人员结构来看，第一产业从业人员呈持续减少趋势，第二、第三产业从业人员明显增加。根据河南省统计局2018年公布的数据，全省各乡镇一产从业人员为2356.9万人，比2007年减少了10.16%，第二、第三产业从业人员为1333.8万人、1278.3万人，分别比2007年增加了12.56%、34.19%，三次产业从业人员比重由2007年的54.6∶25.2∶20.2变化为2018年的47.4∶26.9∶25.7。与产业结构优化相伴而行的是产业发展形态的变革。农村耕地资源进一步向种粮大户、种粮能手聚集，农业生产的专业化、产业化水平得到有效提高。乡镇出现越来越多的种粮大户、畜禽养殖大户、家庭农场、农民专业合作社以及各种农业农村社会化服务组织，农业生产组织化程度不断提高。作为城乡商贸流动体系中的基础性节点，乡镇层面的现代物流、电子商务、零售连锁等也在迅速发展，建设了一大批乡级电商服务站、乡级物流快递配送站和电商物流园区等，为促进农产品上行、工业品下行和助力畅通国内大循环发挥日益突出的作用。

三　河南乡镇的发展短板与制约因素分析

（一）基层治理方式创新不够，治理机制尚不健全

虽然在经过多轮行政管理体制改革之后，乡镇权责不对等、公共服务能力弱化的问题有了改善，但不可否认的是，受现有制度架构和有限的治理资源等因素的约束，乡镇的治理能力和治理水平依然有待提升。其一，捉襟见肘的乡镇财力影响各项公共事业建设。2006年取消农业税和“三提五统”之后，乡镇财政由“向下汲取”转为“向上争取”，各地普遍推行“乡财县管”体制，财力和事权向县级及以上职能部门集中，乡镇政府只有执行的责任，却缺乏相应的执行手段，“建桥找水利，修路找交通”，开展工作的资金大多要靠向上级部门申请项目或专项转移支付等方式获得，余下的缺口

要通过设法借债、变更项目设计等方式解决，造成一系列隐患。其二，压力型体制下的大量指派性任务削弱了乡镇的自主权。乡镇政府不仅要处理好辖区内的各项日常性工作，还要承担上级安排的各种“中心工作”，任务多、考核多，政策落实的过程往往沦为开会、填表、迎检的过程。乡镇在被动接受和限时交差中疲于奔命，但针对广大居民的服务内容却缺乏吸引力，服务设施利用率不高。笔者在基层走访时就发现，一些乡镇建设的文化站、图书室等设施应付检查尚可，平时几乎无人问津。其三，落后的服务理念和服务方式使乡镇基层社会治理存在内在张力。一些乡镇干部仍不能适应服务型政府转型所需，公共服务理念转变不到位，还习惯于采用管制思维进行自上而下式的决策，导致乡镇治理主体与治理对象脱节，群众的公共服务需求表达机制不畅通，公共服务体验感不佳，乡镇政府的动员力和公信力受到影响，乡镇干部反过来还会产生“好心办成坏事”的委屈。

（二）基础设施建设水平较低，公共服务供给不足

由于发展基础和发展层次的差异，全国范围内都存在各项公共设施建设水平“城市—县城—建制镇—乡驻地—村庄”梯度递减的特征。河南也不例外。住建部2019年发布的《中国城乡建设统计年鉴》显示，河南省各建制镇的供水供气、污水处理、生活垃圾处理、道路、绿化等工作普遍落后于城市。2019年，河南建制镇的供水普及率为80.82%、燃气普及率为24.46%、污水处理率29.79%、绿化覆盖率为18.45%、生活垃圾处理率为78.88%，比河南城市相应指标分别低16.56、72.59、67.93、22.58和20.98个百分点，比上一级的县城也分别低8.16、56.42、66.61、16.18和19.59个百分点，乡镇与城市之间的建设差距已经不言自明。在乡镇公共服务方面，最值得关注的当属教育问题。尽管乡镇教师在工资和津补贴等方面已经拥有一定的优势，但这并不足以吸引其长期扎根于此，相较于有限的收入补贴，不少乡镇教师特别是青年教师更愿意到县城或者更大的城市工作，乡镇学校引人不容易，留人更不容易。同时，不少家庭对子女的教育越发重视，更加青睐县城的教育资源，甚至不惜在县城陪读也不愿选择在乡镇的学

校就读。在县域范围内，学校空间布局总体呈现“村空、乡弱、城挤”的现象，就近实施义务教育面临挑战。又如在养老方面，笔者在豫西某县调研时发现，该县虽然做到县城有养老院和养老服务中心、乡镇有敬老院、行政村有老年幸福院，实现了养老机构县、乡、村三级覆盖，但不少乡镇财力紧张，仅能让养老机构勉强维持运作，缺乏高素质的管理资源和专业化的服务人才，难以提供康复护理、医疗保健、精神慰藉等更加专业化的养老服务。

（三）乡镇经济发展不平衡，产业发展潜力有待挖掘

在河南这样的人口大省、农业大省，乡镇星罗棋布、数量众多，受资源禀赋、交通区位、发展基础、思想观念、营商环境等因素的影响，乡镇之间的发展水平存在显著的差异。中国中小城市高质量发展指数研究课题组、国信中小城市指数研究院于2021年9月联合发布的《2021年中国中小城市高质量发展指数研究成果》显示，河南有新郑市龙湖镇等34个乡镇上榜2021年全国千强镇。大体来看，经济发展状况较好的乡镇，一是位于大中城市周边，有条件承接城市的功能外溢；二是距离县城有一定距离，能够发挥辐射带动周边一般小城镇发展的作用；三是辖区有明显的资源优势，凭借特有的资源禀赋走特色发展之路，如各类产业特色镇、旅游小城镇、历史文化古镇等。然而，与之并存的还有大量经济空心化明显、经济发展落后、市场活力不足的乡镇。不少乡镇仅有一些餐馆、小超市、理发店、杂货店等日常生活性服务业，产业结构单一，就业吸纳能力弱。乡镇经济发展的相对式微，究其原因，在很大程度上是乡镇在现代社会体系中日益边缘化。交流运输、信息技术的发展迅速拉近了资源要素的空间距离，要素流动和能量传递呈现明显的网络化、开放式特征，传统意义上基于行政区划的层级关系受到很大影响。村庄一级直接通过互联网接入外部的生产消费网络，明显改变了传统的镇村关系。与县城及其他城市相比，乡镇的重要性相对弱化，大批的农村人口进城而不进镇，上级的一些涉农资金、政策以及人员返乡创业等自上而下的要素流动也是下乡而不过镇，乡镇在城乡互动中被“跨过去”了，经济发展的潜力并没有被挖掘出来。

四　增强河南乡镇联城带村功能的路径选择

（一）整合行政资源，优化乡镇政府职能

基层治理是国家治理的基石，提高乡镇政府治理能力、推动实现乡镇治理现代化，是实现国家治理体系和治理能力现代化的基础性工程。中共中央、国务院 2021 年 4 月发布的《关于加强基层治理体系和治理能力现代化建设的意见》明确提出，要加强基层政权治理能力建设，构建党委领导、党政统筹、简约高效的乡镇（街道）管理体制。这为进一步优化行政资源配置、强化河南的乡镇政府职能指明了方向和路径。一方面要优化政府职能体系的顶层设计。在现有的权力架构下，县市一级对乡镇政府拥有绝对权威，乡镇政府的话语权和自主权相对较弱，应当从顶层设计的角度将乡镇政府的职权加以明确，深入推进乡镇赋权、增能、减负，合理划分事权和财权，依法赋予乡镇在综合管理、统筹协调和应急处置等方面的权限。当然，一些乡镇政府干不了、干不好的事项不宜随意向乡镇下派。另一方面，整合乡镇现有各类行政资源和力量。按照综合化、扁平化的改革思路，持续推进基层综合行政执法改革，优化原有的垂直管理、双重管理机制，依法赋予乡镇行政执法主体地位，将原有的站所、分局执法力量统一到乡镇的领导之下，实现"一支队伍管执法"，让乡镇开展依法行政更加规范、更有力度。一些县级职能部门派驻的办事人员，如民政专干、文化专干、劳务专干等，也应交由乡镇政府统一整合、统一管理，将离散的组织转变为具有共同目标追求的基层治理力量。

（二）突出需求导向，重塑乡镇服务体系

突出乡镇的为农服务功能，就是要把握农民的真实需求，做到心中有数、靶向施策，才能不失焦不错焦。一是真正地深入农村、走进农民，对农民的所急所盼进行细分和跟踪，尤其需要充分了解农民时下对高质量的教

育、医疗、养老以及专业化的农技推广、智慧农业、土地托管等服务的具体期待。二是坚持自上而下传导压力和自下而上反馈意见相结合，建立畅通的农民需求表达机制，充分保障农民的话语权和监督权，让农民由缄默的旁观者变为主动的参与者，坚决避免“政府出钱办，群众围着看”的被动局面。三是运用大数据、云计算等现代信息技术，合法有效地采集农民的行为和状态数据，揭示一致性规律，以精准识别和预测农民服务需求。当然，在实际工作中也要注意防止“数据迷信”，受采集手段、采集范围和分析方法等因素影响，大数据并不等于事实本身，采用多种视角进行综合判断也许更为全面、准确。四是创新为农服务的方式和途径，积极探索多元主体参与乡镇公共服务供给的有效机制，引导各类群团组织、社工组织、村民自治组织、农村经济合作组织以及企业和个人等参与提供乡镇公共服务。同时，还要注重健全完善乡镇干部的正向激励和反向惩戒机制，围绕工资待遇、岗位聘用、职级晋升、职称评定等出台倾斜政策，努力改善其工作和生活条件，为乡镇干部在服务人民群众上力戒形式主义和官僚主义、满怀热情地干出一番事业创造条件。

（三）开展综合整治，提高乡镇承载能力

城镇承载能力指的是基础设施、公共服务、生态环境、产业规模等对人口和经济社会活动的综合承载力。提高乡镇的承载能力，就是要转变城镇化发展理念和发展方式，全面提升乡镇生产、生活和生态环境质量，克服有乡无市、有镇无业、有城无人的产—城—人脱节问题，让乡镇蜕变为乡村振兴的龙头、城乡融合的纽带。一是发挥规划的引领作用。本着以人民中心的发展理念，建立城乡一张图的规划管理和实施机制，统筹使用工业用地、居住用地和生态用地，明确城镇开发边界，细化镇村空间功能，推进镇村空间管控一体化。在乡镇空间塑造中，注重特色乡土文化与现代居住需求的有机结合，补齐乡容镇貌的美学短板。二是完善乡镇基础设施和公共服务设施。探索实施“多渠道引水，单龙头放水”的财政涉农资金整合使用机制，引导社会资本积极参与，本着适度超前、量力而行的原则，着力弥补交通、市

政、通信、防灾减灾等基础设施短板，完善各类基本公共服务和生产生活服务设施，推动乡镇基础设施向农村延伸、公共服务向农村覆盖。三是以治理公共环境脏乱差为突破口，以加强垃圾分类管理、做好污水收集处理为重点，深化乡镇街区环境综合治理，破解各类顽疾沉疴，努力提高乡镇的精细化、标准化、规范化管理水平，使乡镇整体形象和品质同为农服务区域中心的定位相匹配。

（四）加强分工合作，融入现代城镇体系

当前，我国正在致力于构建以国内大循环为主体、国内国际双循环相互促进的新发展格局，河南省也提出要紧抓构建新发展格局战略机遇，确保高质量建设现代化河南，确保高水平实现现代化河南。要在构建新发展格局中入局而不是出局，需要加快构建与新发展格局相对应的新型城镇化分工体系。从长远来看，乡镇的经济发展也要以统一市场为背景，全面参与市场分工，在融入新发展格局和现代城镇体系中找准定位、彰显特色。乡镇虽然在层级式的城镇体系中处于末端位次，传统的联城带村功能关系也受到挑战，但在区域经济一体化和信息化水平越来越高的大背景下，乡镇同样有机会在扁平化、网络化、多中心化的城镇体系中重塑分工优势，实现自身价值的跃升。一方面，乡镇的低成本优势以及故土情结的内在吸引力明显，且在未来相当长的一段时间内仍然是吸纳农村人口就地城镇化的重要节点和服务农民生产生活的区域中心。另一方面，随着城乡要素自由流动制度性通道的逐步打通，来自城乡两大场域的要素将围绕不同类型的乡镇产生空间聚合效应，而诸如“淘宝镇”“网红乡”等新业态的出现也为乡镇融入更大范围的产业链、价值链提供了便利。有鉴于此，新时代的乡镇发展应当发挥自身的比较优势，鼓励外出务工人员回乡创业，积极开展招商引资，在细分市场中寻找产品定位，努力形成一定规模的产业集群，在融入中心城市和城市群发展中实现差异化分工，推进乡镇经济社会发展不断迈上新台阶。

参考文献

耿虹：《构建新型镇村关系，稳定小城镇结构性职能》，《小城镇建设》2018 年第 9 期。

齐立博：《乡村振兴战略下小城镇的“惑”与“道”——江苏省的实践与思考》，《小城镇建设》2019 年第 1 期。

盛广耀：《中国城乡基础设施与公共服务的差异和提升》，《区域经济评论》2020 年第 4 期。

唐京华：《乡镇政府公共服务能力建设的体制困境与改革路径》，《宁波大学学报》（人文社会科学版）2020 年第 5 期。

龚一飞：《关于乡镇农业农村服务机构问题的思考》，《农村工作通讯》2020 年第 9 期。

韩园园、孔德永：《新时代乡镇服务农民的历史逻辑与提升路径》，《大连干部学刊》2021 年第 4 期。

乔晶、耿虹：《小城镇从“分化”到“再分化”的价值内涵辨释》，《城市规划》2021 年第 5 期。

B.15

河南省推进城乡公共服务一体化研究*

洪佩丹　崔学华**

摘　要： 本报告结合相关文献和统计数据，总结了全省在推进城乡公共服务一体化方面的实践和成效，分析了推进城乡公共服务一体化进程中存在的问题，进一步提出以下相关建议：强化公共服务财政投入保障、推进公共服务资源覆盖农村、促进公共服务供给多元并存、完善公共服务需求反馈机制。

关键词： 公共服务　城乡一体　河南省

长期的城乡二元体制造成了城乡公共服务发展不平衡的问题。为了解决这一问题，河南省积极开展城乡公共服务一体化试验，创新公共服务体制，加快建立政府领导的可持续城乡基本公共服务体系。

一　推进城乡公共服务一体化的实践与成效

河南省坚持以人为本，聚焦困难群体的基本权益，创新公共服务资源下沉机制，在公共教育、劳动就业、医疗卫生等公共服务重点领域进行了有益的探索和实践，公共服务的范围不断扩大，质量不断提高，逐步形成城乡公共服务一体化新格局。

---

* 本报告为河南省社会科学院 2021 年度创新工程重点项目“河南省巩固拓展脱贫成果同乡村振兴有效衔接研究”（21A12）的阶段性研究成果。

** 洪佩丹，郑州大学公共管理学院 2020 级硕士研究生；崔学华，河南省社会科学院副研究员。

（一）扩大教育资源规模，公共教育发展更加公平

百年大计，教育为本。河南省继续深化教育教学改革，创新城乡学校之间的管理模式，采取一体化办学、学区化管理，加快促进城乡教育资源共享，不断推进城乡公共教育一体化。第一，建立统一的城乡教育建设标准，加快实现农村义务教育拨款、教师数量和质量、学校基础设施建设等方面与城市同步，不断缩小城乡教育质量差距。第二，加强农村教师培养培训，实行城乡同岗同酬，不断吸引优秀高校毕业生和教师到农村任教，向农村调配高校志愿者，缓解农村地区中小学教师数量不足问题。第三，实行城乡校际优秀教师互派，逐步实现教学统一，加大教育支出向农村地区转移，加快完善农村教育资源配置，促进城乡教育更加均衡发展。

（二）实施就业优先战略，就业创业服务不断强化

就业是最大的民生。河南省坚持就业优先战略，多管齐下，努力创建更加公平、充分和高质量的就业环境。不断完善公共就业服务系统，采用线上线下相结合的工作方式，加强基层服务能力，逐步缩小城乡就业创业服务差距。通过设立“河南省农民工返乡创业投资基金”、降低创业担保贷款门槛等方式，为返乡创业的农民工提供资金支持。组织农民进行技能培训，创新培训模式，不断提高农民的就业能力，为有就业意愿的农民工提供技术支持。实施“七个优先”战略，创新“四有一可”模式，为特殊群体提供公益性就业岗位，稳定和保障贫困劳动力就业。2020 年末，河南省共有 3086 万农村劳动力就业，其中在河南就业的农村劳动力有 1850 万人。

（三）实施健康中原战略，医疗卫生服务不断改善

人民健康是国家富强的重要标志。河南省把以预防为主作为卫生健康工作的方针，全面实施健康中原战略，完善医疗卫生体系，着重提高基层医疗服务和保健水平，不断推进医疗中心和医共体建设。改善基层保健服务和医疗基础设施，采取基层医务人员保障激励政策，使农村医生队伍的规模和质

量不断扩大和提升，基层医疗服务水平得到显著提升。2019 年 3 月，河南省通过开展“优质服务基层行”活动，大大提升了基层医疗服务质量。截至 2020 年 3 月，已建成 1538 个符合标准的乡镇卫生院和社区卫生服务中心，拨款 11.1 亿元，在基层建成发热门诊 2093 个。

（四）创新住房供给方式，住房保障范围不断扩大

住房问题关系民生福祉。河南省强化住房保障机制，加快解决居民住房紧缺和住房安全问题，保障居民住有所居，居有所安。创新多样性公共租赁住房供给方式，不断发挥住房租赁市场的积极作用，加大租赁补贴力度，放宽住房保障条件，市场住房供给数量和保障范围不断扩大。持续重点建设保障性安居工程，加快改造城镇棚户区和老旧住宅区，保障城镇居民居有所安。在农村危房改造项目中，合理确定补贴对象和标准，优先改造贫困家庭危房，切实保障农村居民基本住房安全。2018 年至 2020 年，河南省累计完成困难群体危房改造 58.13 万户，顺利完成危房清零工作任务。

（五）完善农村基础设施，农民生活质量不断提高

农村基础设施建设是乡村振兴的基础。河南省积极采取了一系列措施，加快完善农村基础设施建设。通过“四好农村路”建设、“百县通村入组”工程等项目，基本形成所有行政村道路硬化、通客车，农村居民出行更加方便、快捷；引进高科技灌溉技术，建立骨干水系网，统筹建设农田水利工程，推动农业高质量发展；加速推进农村饮水安全工程，到 2020 年 3 月，累计投入近 19 亿元，保障 496 万人饮水安全；全省 4G 网络基本覆盖，电商平台及物流快递企业快速向农村边缘地区延伸，加快建立全域覆盖、普惠共享、城乡一体化基础设施网络。

（六）保障困难群体权利，基本社会服务更加完善

完善基本社会服务制度和服务体系，聚焦特定人群和困难群体权益，

织密兜底保障安全网。持续提高农村最低生活保障标准和扶贫开发质量，重点保障重度残疾人、重病患者等困难群众的基本生活，加大民生保障资金投入，全面实施特困人员救助供养政策，扩大困难群体保障范围，有效保障农村贫困人员基本生活。抓住重点环节，落实精准帮扶，保障孤儿和事实无人抚养儿童精细化服务，通过政策宣讲等措施，引导更多社会力量参与关爱农村留守儿童和困境儿童行动，加快构建政府主导、部门协同、家庭尽责、社会参与的多层次综合保障体系，切实保障困难儿童的基本权益。

二　推进城乡公共服务一体化存在的突出问题

推进城乡公共服务一体化是建设全面小康社会的重要内容，河南省加大对农村的财政投入，在体制创新中不断推进城乡公共服务一体化并取得了显著成就，但在城乡发展、财政投入、保障制度和社会参与等公共服务方面问题突出，阻碍了城乡公共服务一体化进程。

（一）城乡发展不协调，农村社会问题突出

城乡二元体制造成城市发展水平远超过农村。城市高水平的经济发展、完善的基础设施、适宜的人居环境以及卫生、文化等公共服务吸引着农村青壮年劳动力进城务工。第七次人口普查显示，河南省流动人口为2120.2万人，比2010年增长了163.77%。这一数据表明，河南农村进城务工农民数量持续增加，农村人户分离现象日渐普遍。这一现象引起了日益严峻农村社会问题：农村青壮年劳动力迅速大量流失，造成农村空心化，大量土地荒废，农村发展失去活力，制约乡村振兴；农村居住环境和基础设施建设落后，居民生活不便利，与城市差距越来越大，农村吸引力快速下降；农村空巢老人、留守妇女和留守儿童数量增加，空巢老人养老和人身安全保障、留守妇女权益保障和留守儿童隔代教育等社会问题突出。

（二）财政投入不均衡，农村资金占比受限

尽管河南省在不断加大对农村财政的支持力度，不断加大资源优先向农村配置的倾斜力度，但是城乡之间的财政投入仍然悬殊。参照河南省2020年统计年鉴，从总量上来看，2019年市级一般公共预算支出总额为2653.20亿元，而乡镇级仅有702.29亿元，仅占市级的26.47%，政府向农村投入的资金占比相对较小。通过2019年市级和乡镇级公共服务预算支出的对比可以看出，乡镇级除了在一般公共服务和农林水事务两方面的预算支出略高于市级，在其他方面均低于市级，特别是在教育、社会保障和就业、卫生健康、交通运输、住房保障支出五个公共服务重要领域明显低于市级，分别仅占市级支出的6.19%、12.32%、12.06%、1.42%、8.50%（见图1）。这表明政府投入农村的公共服务的资金占比较低，农村公共服务缺乏财政保障，城乡之间的财政投入悬殊，进一步拉大城乡之间公共服务的差距。

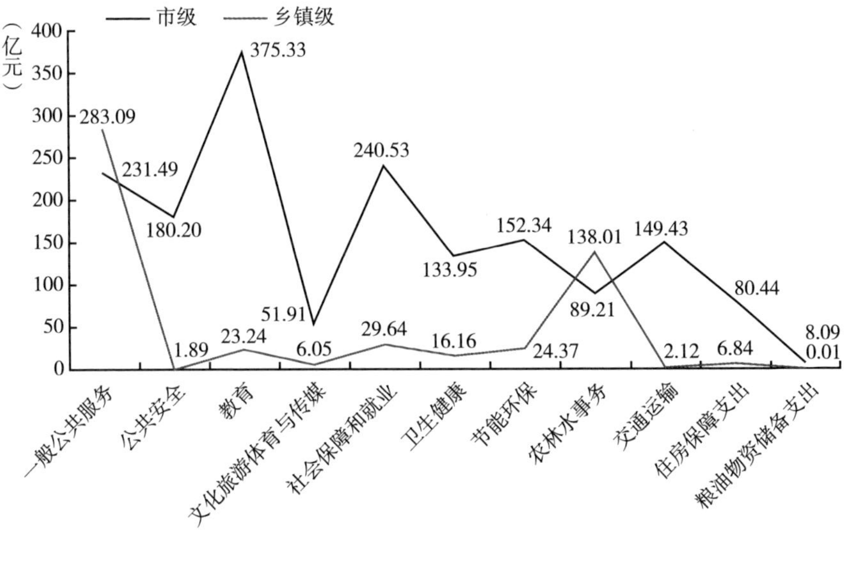

图1 2019年市级和乡镇级公共服务预算支出对比

资料来源：《河南统计年鉴2020》，河南省统计局网站，2021年1月20日，http://www.ha.stats.gov.cn/tjfw/tjcbw/tjnj/。

（三）保障制度不健全，兜底保障能力较低

河南农村低保覆盖率和保障标准远低于城市，缺乏对农村的兜底保障。2016～2020 年，河南农村最低生活保障覆盖率与全国平均水平的差距逐步缩小，但是从总体来看，2015～2020 年，河南省农村低保覆盖率均低于全国平均水平（见图 2），而且河南作为人口大省，农村贫困人口基数大，农村低保障覆盖率低，可能会导致农村贫困人口的基本生活无法得到保障。此外，2015～2020 年河南农村低保标准均低于城镇，而且二者的差距有不断增大的趋势，2016 年城乡最低生活保障标准每人每月相差 168 元，到 2020 年，城乡最低生活保障标准差值增长为每人每月 204 元（见图 3），这说明在农村低保障标准低于城市的前提下，政府提升城市最低生活保障标准的幅度要大于农村，河南省对于困难群体的保障存在城乡不平等问题，这将导致原本落后的农村居民保障水平与城市差距拉大。

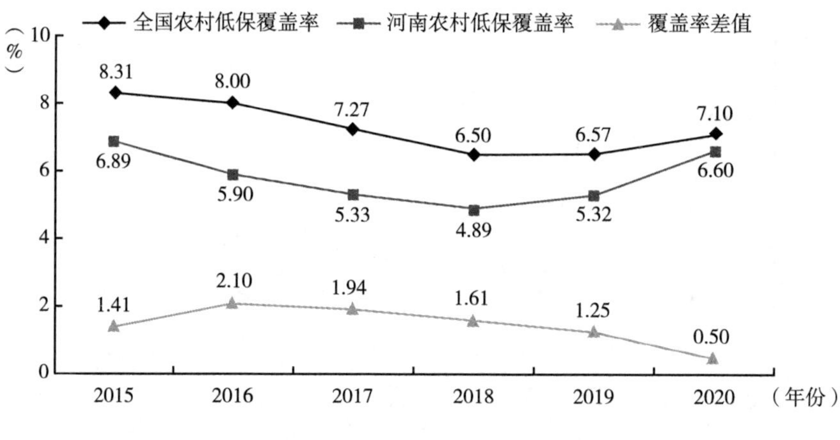

图 2　2015～2020 年全国与河南农村最低生活保障覆盖率及差值

资料来源：根据国家统计局和河南省统计局数据计算得出。

（四）社会参与不充分，服务方式主体单一

我国慈善事业发展速度慢，社会捐助力量有限；不健全的公共服务市场

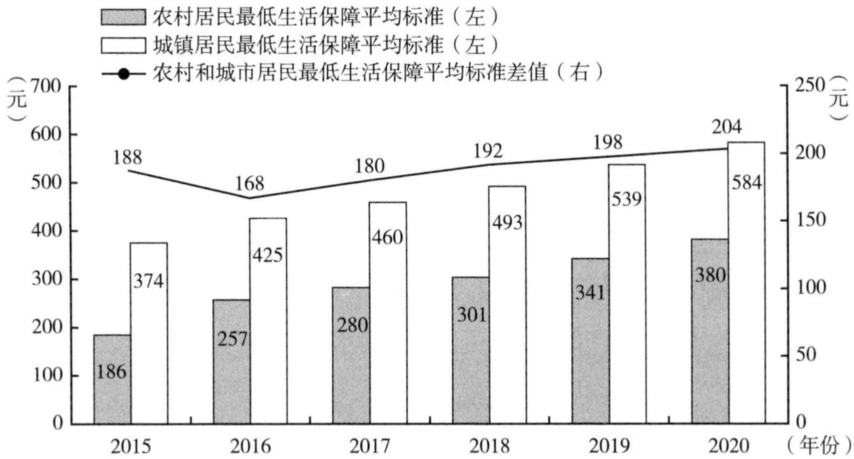

图3　2015～2020年河南省农村和城镇居民最低生活保障平均标准及差值

资料来源：根据国家统计局和河南统计局数据计算得出。

准入体系，阻碍了市场资源流向农村公共服务建设，导致社会参与在公共服务资源供给和使用方面受限，社会参与不充分。进入21世纪，我国面临的社会问题和社会矛盾不断增加，风险社会特征日益突显，社会治理的难度不断加大。以往政府自上而下的公共服务供给模式导致政府提供的服务与居民需求脱节，服务工作针对性不强，不仅无法满足居民的最真切和多样性需求，而且资金使用效率低，使原本有限的资源被浪费。公共服务供给主体的单一性，使各级政府几乎“包揽”了所有公共事务，一旦发生矛盾，村民就会将矛头直指政府，政府与村民之间的矛盾无法进行分化，使得政府与村民的关系变紧张，也使得政府在社会治理中压力倍增。

三　加快推进城乡公共服务一体化政策建议

河南省加快建设全民覆盖、普惠共享、城乡一体的基本公共服务体系，取得了显著成效，但是诸多数据表明，城乡公共服务仍存在很大差距，为进一步构建城乡公共服务一体化格局应加强以下四个方面的重点工作。

（一）强化公共服务财政投入保障

第一，加快转变财政资金投入观念，促进政府资金投入由“经济驱动”转向“公共服务”，增加农村公共服务资金投入占比，将财政资源优先向农村地区和困难群体倾斜，保障农村困难群体的基本生存和发展权益，补齐农村公共服务薄弱项目短板。第二，提高财政资金使用效率和配置能力，精简基层政府，减少一般公共服务开支，将基层财政资金用在改善农村薄弱公共服务项目上，避免浪费有限的财政资金，增进农村困难群众的福祉。第三，加大对农村产业建设与发展的资金投入力度，切实保障帮扶产业存活率，提高农村公共服务支出经济效益，同时提升农村集体收益，增强农村自身的资金保障能力，加快构建农村公共服务财政投入双向保障机制。

（二）推进公共服务资源覆盖农村

优化公共服务资源配置，优先考虑偏远农村和困难群体，补齐农村公共服务项目短板，确保公共服务资源全项覆盖；重点关注农村低保人群、农民工、失业人员、残疾人等特殊群体，切实提高农村低保标准和覆盖率，加大农村创业就业资金、技术和服务的支持力度，加强公共服务的兜底性作用，保障困难群体的基本生活，确保公共服务资源全民覆盖。发挥县域公共服务一体化的积极作用，在创新中加速推动县域资源向农村扩展；持续促进教育、就业、医疗、住房、文化等基本公共服务资源向基层扩展，优先保障偏远农村和困难群体的基本权益，逐步建立全民覆盖、普惠共享、城乡一体的基本公共服务体系。

（三）促进公共服务供给多元并存

加快转变传统政府职能和基层工作人员思想，创新多种公共服务供给模式，加大基层社会组织服务购买力度，使社会组织能够承接政府的部分职能，为群众提供公共服务，减轻基层政府公共服务压力，实行政社分开机制，使社会组织充分发挥优势，整合社会资源，根据专业价值指引，利用科学系统的实践理论和方法，针对居民多样化需求提供优质、便捷、有针对性的服务，弥补政府公共服务的不足；建立健全志愿服务机制，提高志愿者提供公共服务的意愿，鼓励志愿者在满足农村居民需求方面发挥作用；继续发挥农村群众利他意识，鼓励农村群众积极参与社会公共服务，建立互帮互助利益共同体，加快政府主导、社会参与的多元公共服务提供模式的形成。

（四）完善公共服务需求反馈机制

完善人民群众对基本公共服务满意度的第三方调查和反馈机制，建立公共服务人民评价系统，将农民公共服务满意度作为评价政府工作的重要指标，增加公共服务供给工作质量在基层工作绩效考核中所占的比重，将基层政府工作绩效与公共服务质量紧密衔接，促使基层政府提供高品质的公共服务。委托第三方调查农民对政府公共服务的满意程度、对政府改善公共服务的建议，以及个人对于公共服务的需求，通过定量和定性分析，系统地了解农民对于政府公共服务的满意程度和建议，及时了解农民对公共服务的需求。建立和完善农民需求表达机制，开辟农村公共资源需求表达渠道，增强农民表达需求的意愿，广泛征求农民意见，建立农民公共服务的“需求清单”，在农民充分参与的基础上进行公共服务资源决策，解决公共服务供求矛盾，提高公共服务供给的有效性。

参考文献

《河南省“决战脱贫攻坚决胜全面小康”系列新闻发布会“饭碗”端得稳脱贫底气足》，河南省人民政府网站，2020 年 9 月 23 日，https://www.henan.gov.cn/2020/09-23/1814855.html。

《河南“三个完善”全面提升基层医疗服务能力》，河南省人民政府网站，2021 年 3 月 3 日，http://www.henan.gov.cn/2021/03-03/2101397.html。

《河南对失业和困难群体“应保尽保”筑牢保障网》，中华人民共和国中央人民政府网站，2020 年 6 月 23 日，http：//www. gov. cn/xinwen/202006/23/content_ 5521316. htm。

《河南省人口概况》，河南省人民政府网站，2021 年 5 月 14 日，https：//www. henan. gov. cn/2011/03 -04/229549. html。

缪小林、高跃光：《城乡公共服务：从均等化到一体化——兼论落后地区如何破除经济赶超下的城乡“二元”困局》，《财经研究》2016 年第 7 期。

B.16

健全农业转移人口市民化机制研究

易雪琴*

摘　要： 有序推进农业转移人口市民化是一个职业转换、地域转移、身份转变、观念转化的复合过程，是当前和未来一个时期提高新型城镇化发展质量的关键所在。随着城镇化的加速推进，河南农业转移人口市民化进程持续加快，城镇化水平和质量都有了明显提升，但在产业支撑能力、公共服务供给、土地制度改革、资金保障等方面仍然存在一些障碍亟待突破。“十四五”时期，农业转移人口市民化在转移对象、转移需求、转移空间、转移政策等方面出现了一些新的变化趋势。未来，河南应从深化户籍制度改革、创新土地利用机制、优化公共服务供给机制、健全资金保障机制、完善就业创业机制、构建社会化支持机制六个方面努力，从而更加有效地提高农业转移人口市民化水平和质量。

关键词： 农业转移人口　市民化　河南

有序推进农业转移人口市民化是当前和未来一个时期提高新型城镇化发展质量的关键所在。推进农业转移人口市民化，不仅要吸引农村人口向城市迁移，使其从农业生产活动向非农生产活动转化，还要引导其价值观、行为习惯、生活方式等向市民转化并逐步融入城市生活，是一个职业转换、地域转移、身份转变、观念转化的复合过程，最终让农业转移人口能够“转得

* 易雪琴，河南省社会科学院城市与环境研究所助理研究员，研究方向为区域与城市经济。

出”“进得来”“落得下”“过得好”。河南是农业大省，也是人口大省。近年来，河南城镇化速度持续加快，城镇化水平和质量都有了明显提高，但与全国平均水平及发达地区相比还存在明显差距，其根本原因在于农业转移人口市民化的水平和质量不高。“十四五”时期，是河南新型城镇化发展的关键时期，从体制机制上寻求突破，对于更好地提高农业转移人口市民化水平和质量，实现新型城镇化高质量发展具有重要意义。

一　河南推进农业转移人口市民化的现状分析

（一）农业转移人口市民化进程加快，但任务依然较为艰巨

根据《河南省新型城镇化规划（2014—2020年）》，到2020年河南常住人口城镇化率要达到56%，户籍人口城镇化率要达到40%左右。从《河南省第七次全国人口普查公报》来看，2020年全省居住在城镇的常住人口为55078554人，城镇化率为55.43%；与2010年第六次全国人口普查相比，城镇人口增加18858787人，城镇人口比重上升16.91个百分点；与《河南省新型城镇化规划（2014—2020年）》中的计划目标相比差0.57个百分点，比全国常住人口城镇化率低8.46个百分点；常住人口中，人户分离人口占常住人口比重为25.80%，与2010年第六次全国人口普查相比增长162.59%。而河南省统计局2018年进行的全省人口抽样调查统计显示，2018年河南户籍人口城镇化率只有32.89%①，按照《河南省新型城镇化规划（2014—2020年）》中的计划目标40%计算，2019～2020年需要提升7个百分点左右才能达到目标，这显然不太现实。

（二）非农就业人员比重持续上升，但人口就业结构不合理

随着工业化和城镇化的推进，河南在城镇就业的人口数量占比持续上

① 《2018年河南人口发展报告公布，城镇化率增幅全国第一》，河南省人民政府网站，http://www.henan.gov.cn/2019/06-16/798474.html。

升，从1978年的15.1%上升到2019年的32.7%，上升了一倍多。从三次产业从业人员来看，河南第一产业从业人员占比持续下降，从1978年的80.6%下降到2008年的48.8%再到2019年的34.7%；第二、三产业从业人员的比重持续上升，到2019年达到65.3%。[①] 从发展趋势来看，城镇就业人口将超过农村就业人口，而且在非农产业中，第二产业的“机器替代人”趋势将明显快于第三产业，第三产业作为吸纳农业转移人口的重要领域，从业人员比重应持续上升。然而，目前从河南非农就业人口来看，农村从业人员占比仍明显高于城镇就业人员占比，且第三产业从业人员占比与第二产业从业人员占比差别不大，农业转移人口的就业结构仍待优化。

（三）各市农业转移人口市民化水平均有提升，但人口流动分布不均衡

从空间分布来看，根据各市全国第七次人口普查公报数据，2020年各市城镇常住人口占比排在前三位的分别是郑州（78.40%）、济源（67.47%）和洛阳（64.98%），排在后三位的分别是周口（42.58%）、驻马店（44.14%）和商丘（46.19%）；占比最高的郑州与占比最低的周口相差35.82个百分点，差距较大；有14个城市城镇常住人口占比超过50%，但有11个城市的城镇常住人口占比低于全省平均水平，说明多数城市农业转移人口市民化成效仍不够显著。从人口流动情况来看，郑州作为省会城市，在吸引省内外来人口方面具有绝对优势，根据各市全国第七次人口普查公报数据，2020年郑州市常住人口相比2010年第六次全国人口普查时增加了3974069人，增长46.07%，是全省唯一一个增长超过10%的城市，同时，南阳（－549894人）、驻马店（－222317人）、三门峡（－199000人）、漯河（－76613人）、焦作（－18782人）、鹤壁（－3127人）常住人口相比2010年第六次全国人口普查时减少，成为人口净流出城市。

---

① 河南省统计局、国家统计局河南调查总队编《河南统计年鉴2020》，中国统计出版社，2020。

（四）“新市民”待遇明显改善，但市民化质量仍待提升

积极推进农业转移人口市民化，不仅要让进入城镇的农民在就业上完成转变，还要确保其逐步享受到城镇的基本公共服务与保障，成为真正意义上的“市民”。近年来，河南先后出台了《关于实施支持农业转移人口市民化若干财政政策的通知》和《推动非户籍人口在城市落户实施方案》，以及新型城镇化年度重点任务，构建“一基本两牵动三保障”机制①，从公共服务、教育、社会保障、就业创业、住房保障等方面形成了相对完善的政策支持体系，不断提升市民化待遇。但随着农业转移人口市民化出现新的趋势特征，相关配套政策措施还不能完全适应新时期城镇化发展需要，导致农业转移人口市民化的水平和质量仍有较大提升空间。

二　河南推进农业转移人口市民化的制约因素

（一）产业支撑能力有待进一步提高

产业是城镇发展的基础，城镇是产业发展的重要载体。产业发展了才能提供充足的就业岗位，产、城、人的融合互动是实现高质量发展的关键。一方面，长期以来，河南重化工业增加值比重大，服务业作为就业最大容纳器的作用没有完全发挥出来，产业对农业转移人口而言还缺乏足够的支撑能力，与先进地区及中部部分省份存在明显差距。尤其是一些中小城市，经济实力薄弱，基础设施建设滞后，综合承载能力不足，产业与城市功能不匹配，难以有效发挥出吸引集聚农业转移人口的功能作用。另一方面，由于公共就业服务体系还不够完善，未能完全有效发挥出普惠性、保基本、均等化、可持续的功能作用，导致已经进城的农业转移人口虽然成为产业工人的主力军，但他们的就业质量还不够高，在工作时间、劳动

① 产业为基，就业为本；住房和学校牵动；基本公共服务保障、社会保障和农民权益保障。

报酬、社会保障、劳动关系、财政投入、权益维护等方面与城镇居民相比还存在一定差距。

（二）公共服务供给依然不足

无论是进城农民还是农村留守农民，对于医疗、教育、养老等公共服务的需求正在与日俱增，需求的种类正在加速多样化，需求标准和层次也越来越高。尽管当前政府连续增加公共服务财政支出，但公共服务资源供给总量仍然不足，供给分布也不够均衡。2019 年，河南的医疗卫生机构数和卫生人员数分别为 70734 个、887780 人，分别位居全国第 4 位和第 3 位，但是，河南每千人卫生技术人员数、每千人执业（助理）医师数分别为 6.8 人、2.6 人，分别位居全国第 24 位和 18 位，与山东、湖南、湖北等省份相比存在明显差距。[①] 再者，进城农民首先要解决居住问题，但目前还没有有效的机制将进城农民统一纳入城市住房保障体系，进城尤其是进入大城市后住房成本是农业转移人口望而却步的重要原因。另外，近年来河南外出农民工占总人口比重都在 10% 以上，而现行社保接续制度下户籍地与就业地、流出地与流入地等不同区域之间的社会保险经办服务缺乏统一标准和流程，这使得以农民工为主的流动人口能否可持续参保以及便捷快速地享受参保待遇都有较多的不确定性。

（三）土地制度改革实质性进展不明显

农民进城需要处置好农村土地权益以解决后顾之忧，而新市民增加催生的城市建设导致城市建设用地更加紧张，因此，无论是农民还是市民，都与土地息息相关。一方面，河南仍有部分地方特别是大城市面临用地指标不足、项目落地难的问题，一些能够支撑地方财力和经济社会发展的项目难以落地发展，同时，单位面积建设用地的第二、三产业增加值相对偏低，而且农村居民点占城乡建设用地比例较高，城乡用地结构性矛盾有待进一步缓

① 国家卫生健康委员会编《中国卫生健康统计年鉴 2020》，中国协和医科大学出版社，2020。

解。另一方面，随着我国城镇化的加快推进以及基本农田的划定，农村宅基地的潜在价值不断提高，预期收益呈攀升趋势，农民也越来越不愿意放弃土地的经营权，但宅基地不具备进入市场的条件，同时，通过城乡挂钩由农村转移到城镇的建设用地或者由农用地变性的城镇建设用地的出让收益，农村集体和农民的分配比例长期以来严重偏低。种种原因，让当前农民既不愿意放弃现有的土地权益，但同时没有享受土地权益带来的合法的应有的土地收益。

（四）资金保障力度仍然不够

当前，河南农业转移人口市民化仍然具有巨大潜力，未来一段时期每年转移农业人口需要大量的综合投资资金，农业转移人口市民化综合投资资金主要有政府财政资金、地方政府以发行债券等形式进行的直接融资、城镇化发展基金、政策性贷款及社会资本等供给来源。近年来，河南各地投融资平台发展很快，对于解决城镇化建设资金问题发挥了一定作用，但是整体资产规模偏小，信用评级低，优质资源少，有一些市县没有建立起适应市场经济发展要求的投融资体制以广泛吸引社会资金、民间资本的进入，没有完全实现市场化运作，管理水平落后，很难获得金融机构的青睐，导致不少市县在推进过程中存在融资难、融资贵的问题。再者，国家自 2017 年开始相继出台了相关政策进一步规范地方政府融资行为，同时基于社会资本参与的 PPP 项目从孕育到落地实施需要经历多个环节和步骤，手续烦琐、建设周期较长，而很多地方在政绩驱使下要求城镇化建设工程在中短期内出现成效，这两者之间的矛盾较为突出。此外，政策性银行由于缺乏稳定低息的资金来源，且贷款资金死滞沉淀过多，逾期贷款比例过高，导致政策性贷款申请条件日趋严格。

三 当前农业转移人口市民化的变化趋势

（一）转移对象：新生代农民工等成为重点群体

在城镇化早期，以进城打工为代表的农民工群体占农业转移人口很大比重。随着年龄、就业、落户政策、农村土地政策等方面的变化，在这一批早期农民工中，有一部分已实现市民化，剩下有一部分则选择回到农村，他们的子女即新生代农民工开始成为新时期农业转移人口的重点。根据《2020 年农民工监测调查报告》，2020 年全国农民工平均年龄为 41.4 岁，比上年提高 0.6 岁；21～50 岁的农民工占比达到 72%，其中 31～40 岁农民工占比达到 26.7%；初中及以上文化程度农民工占比达到 74.3%。多数新生代农民工具有初中及以上学历，从小就生活在城市甚至在城市出生，他们不像父辈一样对农村土地有强烈的眷恋或对城市抱有“过客”心态，有些甚至在农村没有承包地，他们的思想观念、生活习惯、行为方式日趋城市化。另外，城乡教育普及水平不断提高推动农村学生升学率逐年提升，因为升学、参军等因素进入城镇的人口也不断增加，这些群体与长期在城镇居住就业的农业人口、新生代农民工等是新时期农业转移人口的重点。

（二）转移需求：更加复杂多元化

随着转移对象的变化及户籍制度的不断完善，农业转移人口对于市民化的需求也越来越复杂多元。在城镇化 1.0 时期，农业转移人口进城更倾向于“寻求谋生”，获得与务农相比更高的收入，往往是在中青年时期个人或夫妻二人单向外出，在农忙时节回到农村务农。在城镇化 2.0 时期，农业转移人口不仅想要获得比务工更高的收入，更期望获得相对稳定的收入以及与工人相当的待遇，逐步从“亦工亦农”向“全职非农”的身份转变，并逐步将自己的儿女一并迁移甚至举家迁移至城市，不少人在城镇落户买房，成为新市民。在城镇化 3.0 时期，农业转移人口不仅期望工作稳定，获得与市民同等的身份，在子女教育、医疗、社会保险等方面也期望与市民无差别的待遇，同时还渴望得到身份的认同，在参与城市建设的同时能够真正融入城市。此外，随着城乡融合战略的深入推进，国家不断推出更大力度的惠农政策，推动农村一、二、三产业加速融合，美丽乡村建设不断加快，农村土地制度改革持续深化，城乡养老医疗等制度不断完善，农民得到的实惠逐渐增多，农村吸引力不断被重新激发，加之农民仍难以割舍土地利益，在一定程度上减弱了进城落户意愿，“不愿进城”“主动返乡”成为一些人的选择。

（三）转移空间：向省内中心城市、都市圈、县城集聚

当前，中心城市、都市圈、城市群成为承载城镇化发展的主要空间形态，资金、建设用地、激励政策等向中心城市和都市圈地区倾斜，具有较为完善的产业体系、便捷的交通设施、优质的公共服务，能够较好地保障新时期农业转移人口市民化的多元化需求，由此也成为农业人口转移的重点区域。与此同时，县级城市正在成为承接东部发达地区产业转移的重要基地，大多加快建设具有一定规模、基础设施完备的产业园区，同时“百城建设提质工程”的深入实施也不断提升了县级城市的综合承载能力，2021 年 9 月出台的《深化省与市县财政体制改革方案》给予县域更大支持，不断改善的产业支撑条件、城市基础设施，不断提高的就业容纳能力，以及不断降低的城市入户门槛，有效吸引外出务工人员“回流”。根据《2020 年农民工监测调查报告》，2020 年全国外出农民工 16959 万人，比上年减少 466 万人，下降 2.7%；在外出农民工中，跨省流动农民工为 7052 万人，比上年减少 456 万人，下降 6.1%；省内就业农民工占外出农民工比重为 58.4%，比上年提高 1.5 个百分点。根据《河南省第七次全国人口普查公报》，全省流动人口中，省内流动人口增加 12482195 人，相比 2010 年第六次人口普查增长 167.64%。

（四）转移政策：体制机制改革进一步深化

近年来，国家发展改革委印发了年度新型城镇化发展的重点任务，从 2019 年强调要积极推动已在城镇就业的农业转移人口落户，到 2020 年提出提高农业转移人口市民化质量，再到 2021 年明确促进农业转移人口有序有效融入城市，城市落户限制进一步放宽放开，城镇基本公共服务覆盖面进一步拓宽，城镇建设用地、农村“三权”改革等配套政策体系更加完善。河

南2021年出台的新型城镇化建设和城乡融合发展重点任务中提出，要以战略规划为引领加快农业转移人口市民化，全省除郑州持续放宽落户限制外，其他城市基本上全面放开落户限制，并探索实施农村大学生、退伍军人“来去自由”的落户政策及返乡创业就业人员落户政策改革，推动城镇基本公共服务常住人口全覆盖，健全“人钱挂钩、钱随人走”和“人地挂钩、以人定地”的政策体系，深化财政转移支付、公共服务资源配置、农村“三权”、行政区划优化等配套政策。与农业转移人口市民化相关的一系列体制机制改革进一步深化，触及改革的深层次问题，将有力地推动市民化进程进一步加快。

四　优化农业转移人口市民化机制的对策建议

（一）加快户籍制度深层次改革

长期存在的城乡二元户籍制度及附着在上面的各种权益，人为地割裂了城市与农村，给劳动力的转移带来了巨大障碍。因此，未来一段时间仍要持续深化户籍制度改革。一是以升学和参军进入城镇的人口、在城镇就业居住5年以上和举家迁徙的农业转移人口以及新生代农民工为重点，促进有能力在城镇稳定就业和生活的农业转移人口举家进城落户。二是以具有合法稳定就业和合法稳定住所（含租赁）、参加城镇社会保险年限、连续居住年限等为主要依据，全面放宽郑州中心城区落户条件，区分城市的主城区、郊区、新区等区域，分类制定落户政策。三是健全以居住证为载体、与居住年限等条件相挂钩的基本公共服务提供机制，剥离附着在户籍上的、用以分割城乡的配套政策，真正消除城市户口和农村户口的国民待遇差别，同时鼓励地方政府提供更多基本公共服务，提高居住证持有人城镇义务教育、住房保障等服务的实际享有水平。四是探索推行以经常居住地登记户口制度，支持郑州都市圈、洛阳都市圈户口通迁、居住证互认，有序引导人口落户。

（二）创新土地利用相关体制机制

农民面临着进城后与原有土地的关系怎样处理、农地的使用权能否转让、原有宅基地是否还耕等问题，这些是影响农民进城安居乐业的重要因素。一是持续推进农村产权制度改革，确保如期完成土地承包权、宅基地使用权等确权登记颁证，推进农村集体资产确权到户和股份合作制改革，进一步完善农户对“三权”的自愿有偿退出机制，探索建立离农人口土地承包经营权和宅基地的退出机制和补偿机制，支持和引导进城落户农民依法自愿有偿转让上述权益。二是在稳定农村基本经营制度的基础上，创新农村土地产权流转制度，赋予农民土地使用权的物权性质，实施以农村集体土地产权制度、征地制度和农村宅基地有偿退出制度为主要内容的农村土地管理制度，采取转包、出租、互换、转让或者法律允许的其他方式流转土地承包经营权，开展以完善土地招标拍卖挂牌出让制度、探索建立农村土地交易制度、统一城乡土地要素市场等为主要内容的土地有偿使用制度改革，有力保障城镇化进程中农民的土地权益。三是完善城乡建设用地增减挂钩机制，加快形成城乡统一的土地市场，进一步调整城镇建设用地年度指标分配依据，实施城镇建设用地增加规模与吸纳农业转移人口落户数量挂钩政策，建立同吸纳农业转移人口落户数量和提供保障性住房规模挂钩机制，加大对吸纳落户和提供保障性住房较多城市的基础设施投资补助、建设用地支持力度，力争在全省范围内建立健全跨区域调剂制度，提高土地资源配置效率。

（三）健全可持续的资金支持机制

农业转移人口市民化是一项涉及面广、周期性长、资金需求大的复杂系统工程，解决好“钱从哪里来”的问题是推进其发展的关键环节。一是完善财政转移支付与农业转移人口市民化挂钩的相关政策，提高均衡性转移支付分配中常住人口折算比例，推动市民化奖励资金分配主要依据跨行政区域落户人口数量确定，增强财政投入的针对性、引导性和实效性。二是坚持政府引导、社会参与，积极探索“资源资产化、资产资本化、资本债券化、债券市场化”等市场化办法，建立健全政府与市场分工合理的投融资机制，加快地方融资平台市场化转型，有效吸引社会资本参与市政基础设施和公共服务设施投资、建设、运营和管理。三是借助已有省级新型城镇化发展基金、人保河南城市发展基金、PPP开发性基金等基金的撬动作用，加快完善各类城市尤其是县级城市投融资体制机制，全面推行省直管县财政体制改革，提升与城镇化所匹配的投融资能力、扩大规模。四是坚持直接融资与间接融资相结合，鼓励金融机构深入了解农业转移人口市民化的资金需求，积极开发适应和满足城镇化建设要求的金融产品，加快构建融通开发性金融、政策性金融和商业银行中长期贷款的体制机制，支持有条件的市县政府发行市政债券和城投债券，积极探索和推行资产证券化，形成“融资—投入—收益”良性循环机制。

（四）构建更具吸引力的公共服务供给机制

优质均等的公共服务供给是促进农业转移人口市民化的重要因素，应加快构建更加完善的公共服务均等化供给机制，在不断吸引农民市民化的同时提高其市民化质量。一是科学规划布局城乡基础教育资源，推进城镇基础教育资源供给与常住人口相匹配，缩小城乡、区域、校际差距，深化职普融通、产教融合、校企合作，完善教师培养培训体系和待遇保障机制，推动实现优质教师资源共享。二是加快基层卫生机构基础设施提档升级，完善城乡、上下级医院之间高层次医疗技术人员的交流互动机制，构建网络化服务运行机制和平台，提升基层医疗服务人员的服务能力和水平，同时深化养老服务供给侧改革，落实国家支持养老服务产业发展的优惠政策，多元化、宽领域扩大养老产品和服务供给。三是完善社会保险待遇确定和调整机制、社会保险基金的平稳增长机制、社会保险统筹衔接机制，探索社会保险制度的结构性改革、社会保障领域的“放管服”改革、居民社会保险尤其是养老保险制度的指数化改革，优化社会保险基金调剂机制和转移接续机制，构建统一的社会保险综合服务平台，提升农业转移人口在市民化过程中的养老保障水平。四是坚持因城施策、一城一策，夯实城市政府主体责任，建立住房和土地联动机制，完善城镇住房保障体系，确保进城落户农民与当地城镇居民同等享有政府提供基本住房保障的权利，通过市场提供房源、政府发放租赁补贴方式，支持符合条件的进城落户农民承租市场住房，将农业转移人口纳入住房公积金覆盖范围，保障进城落户农民“住有所居”。

（五）完善农业人口就业创业机制

农业人口的就业技能既关系到农业现代化水平的提升，又关系到农村剩余劳动力能否在进城过程中找到赖以生存的就业岗位，还关系到在城镇产业转型升级过程中能否找到匹配的产业工人。因此，一是结合产业集聚区和向现代农业发展，健全农民转移培训就业的长效机制，完善就业培训、就业服务体系，紧跟产业转型升级需求，优化劳动技能人才培训课程，不断提高农民转移就业能力。二是加强就业服务体系建设，积极争取国家加大资金支持，建立人力资源市场，搭建人力资源交流服务平台，建设若干个国家级创业培训服务示范基地和省级就业公共实训中心，加快人力资源市场和培训基地项目建设，以农业转移人口为重点对象培养一大批高素质产业工人。三是扩大就业专项资金用途，增加创业服务补贴、困难企业社会保险补贴以及在岗职工培训补贴，推行创业指导和“订单式”“菜单式”“单向式”培训方式，放宽市场准入和投资领域，实行试营业制度，同时从拓宽融资渠道、整合创业孵化园区、完善服务体系等方面，破解资金、场地等的制约，全方位支持农业转移人口创业。

（六）建立农业转移人口社会化支持机制

农业转移人口市民化不仅是农村人口成为城市人口的单一过程，也是生活方式由农村转化为城市的过程，简而言之就是进城农民转变角色、再社会化的过程。因此，一是建立针对农民工的再教育机制，针对农业转移人口实际情况进行相应的文化知识、生产技能、法律常识、行为规范的教育和培训，体现人文关怀，改变对农民工的偏见。二是完善新市民参与城市社会建设的机制，发挥城市社区作用，为农业转移人口和城市老市民的交往积极搭建交流平台，鼓励新市民广泛参与各种社区活动，帮助农业转移人口构建有效的城市社交网络，提高和拓宽其社会参与的频率、深度和广度，通过与其他居民互动增强角色认同和社会参与意识，助推农业转移人口的城市融入。三是鼓励引导农业转移人口密集的企业加强企业文化建设，帮助农业转移人口认识到自己也是城市美好生活的建设者，使其找到归属感与认同感，营造和谐氛围。

参考文献

成秋英：《城乡融合背景下农业转移人口市民化问题研究》，《中国市场》2019 年第 7 期。

方创琳：《中国新型城镇化高质量发展的规律性与重点方向》，《地理研究》2019 年第 1 期。

李国正：《农地权益保障与农业转移人口市民化》，《中国土地科学》2020 年第 10 期。

赵新浩、李剑力：《农业转移人口市民化的促进路径与对策——以河南省为例》，《学习论坛》2014 年第 6 期。

韩立达、史敦友等：《农村土地制度和户籍制度系统联动改革：历程演进、内在逻辑与实施路径》，《中国土地科学》2019 年第 4 期。

罗峰、顾楚丹：《日常生活感受对农业转移人口市民化意愿的影响——基于全国范围内 3721 份调研数据》，《调研世界》2020 年第 6 期。

城市空间篇

Urban Space

B.17

实施城市更新行动研究

李建华*

摘　要： 城市更新是城市作为生命有机体的一种新陈代谢的过程，城市通过渐进地有机更新，对存量资源进行重建、整治和功能提升，实现新的动态平衡。实施城市更新行动是党的十九届五中全会做出的重要决策部署，是新时期推动城市高质量发展的必然要求。本报告针对河南城镇化发展实际，提出了河南实施城市更新行动的路径、重点和相关对策建议，以期为推动河南城市发展更健康、更安全、更宜居提供决策参考。

关键词： 城市更新　城市体检　河南

* 李建华，河南省社会科学院城市与环境研究所助理研究员，研究方向为城市管理、城市经济。

城市更新是社会、经济和政治等综合因素推动下的城市功能的调整和空间再利用。城市有其自身发展的客观规律，每一个城市都会经历“发展—衰落—更新—再发展”的新陈代谢过程，美国、英国、日本、新加坡等发达国家在城镇化发展到一定程度的时候，为解决城市发展不均、活力衰退等诸多问题，也都在城市更新上进行了各种实践探索。2021 年，我国常住人口城镇化率已经超过 60%，一些东部沿海城市的常住人口城镇化率已经超过 70%，处于城镇化较快发展的中后期，城市发展从“外延式扩张”转向“内涵式发展”，新增土地成为稀缺资源，城市空间增长的重心由过去的外延式扩张转变为控制增量、优化存量，城市发展进入城市更新的重要时期。2020 年《中共中央关于制定国民经济和社会发展第十四个五年规划和二〇三五年远景目标的建议》强调推进以人为核心的新型城镇化，明确提出要实施城市更新行动。

近年来，河南新型城镇化发展速度快，城市面貌焕然一新，城市生态环境和人居环境质量明显提升。但同时，城市发展还广泛存在重增量轻存量、重新城轻老城、城市功能不完善、城市管理方式粗放等问题，城市更新需求迫切、任务繁重。河南省第十一次党代会提出，要实施城市更新，加强老旧小区改造，提升城市人居环境质量。如何形成常态化、长效化、科学化的城市更新机制，从而激发城市活力、改善城市环境、传承城市文脉、创新城市治理，营造优质生产、生活、生态空间，是河南省城市发展面临的重要课题。

一　城市更新内涵

城市更新是指对于城市中不适合现代化城市社会生活需求的部分区域进行有计划的改建活动，通过对城中村、历史街区、老旧小区、工厂废旧区等存量资源进行重建、整治和功能提升，从而不断改善城市建筑环境、经济结构、社会结构和环境，推动城市转变开发建设方式，保障城市可持续的高质量发展。城市更新是城市自身的一种新陈代谢过程，内容主要包括城市空间结构完善、城镇老旧小区改造、城市生态修复等方面，这些内容涉及城市的生产、生活和生态空间，与市民的日常工作生活密切相关，是扩大内需、拓展投资空间的重要引擎。

改革开放以来，我国的城市建设成效显著。然而，经过40余年的快速发展，资源环境对城市发展的约束越来越明显，中国城市快速、粗放的发展方式已经难以为继。尤其是城镇化水平较高的北京、深圳、广州、上海等超大、特大城市表现得更为明显，城市增量空间资源非常有限，城乡建设用地规模不断收缩，新增土地资源接近临界点，城市发展方式已经由大规模增量建设转变为存量提质改造和增量结构调整并重，城市发展逐渐进入城市更新时代。自2015年始，国家提出了“有序推进老旧小区综合整治”旧改计划，确定“15个旧改试点城市”。之后，广州、沈阳、宜昌、长沙等城市先后提出了城市更新年度计划、老旧小区改造提质试点工作方案。2019年，中央和各省市都出台了城市更新的相关政策，2019年12月召开的中央经济工作会议提出，要加强城市更新，对存量住房以及城镇老旧小区进行改造提升，为进一步提升城市发展质量指明了方向。2020年，在十九届五中全会上通过的《中华人民共和国国民经济和社会发展第十四个五年规划和2035年远景目标纲要》明确提出，加快转变城市发展方式，统筹城市规划建设管理，实施城市更新行动，推动城市空间结构优化和品质提升，我国城市更新已上升到国家战略层面。2021年，在全国两会上，“城市更新”首次被写入政府工作报告，之后，中央和地方各级政府出台了更多的相关政策来推进城市更新，城市更新成为未来一段时期我国推动城市高质量发展的重要抓手。

二　实施城市更新行动的重要意义

（一）城市更新是推进城市高质量发展的要求

随着城市规模的快速扩大，环境设施严重不足、局部地区人口密度过高、交通拥堵、城市老化等现象已经严重阻碍了城市的高质量发展。如何恢复城市活力，推动城市功能完善和城市品质提升，是当前我国众多城市共同面临的现实问题。城市更新为解决这些问题提供了一种新的路径。通过城市更新，改造提升老旧小区、老旧厂区、老旧街区和城中村等城市里存量资源的生活和生产功能，赋予城市这些存量资源新的价值，从而拓展城市发展的新空间，为城市提供持续健康发展的动力。

（二）城市更新是贯彻落实新发展理念的要求

"创新、协调、绿色、开放、共享"，是以习近平同志为核心的党中央提出的新发展理念，贯彻落实新发展理念要求城市向绿色、低碳、智慧转型。城市更新本身就有绿色、低碳、智慧、节约等属性，现代大数据、5G等新型基础设施和科学技术也为城市更新提供了所需要的技术条件。"十四五"期间，可以通过城市更新把新发展理念贯穿城市发展的全周期和各领域，切实转变城市开发建设方式，形成更高质量、更有效率、更加公平、更可持续、更为安全的城市发展新局面。

（三）城市更新是提升人民群众获得感、幸福感、安全感的要求

在以往的城镇化进程中，城市发展比较注重追求速度和规模，城市基础设施和公共服务等方面存在短板。城市更新就是由城市大规模增量建设转为城市存量提质改造和增量结构调整并重，从"有没有"转向"好不好"，能够推动解决城市发展中的突出问题和短板。通过城市更新改造，不断推动配套基础设施建设更加完善，进而改善人居环境、提高人民生活品质，不断满足人民群众对美好生活的新期待。

（四）城市更新是重构城市经济新功能的要求

随着经济社会的发展，城市产业也在不断调整，传统制造业逐步被新兴产业取代，导致大量工业厂房闲置，制约了城市系统升级改造和产业更新换代。通过城市更新改造，释放城市闲置或低效空间资源，一方面可以有效降低产业用地成本，提高产业用地效能，为新产业新业态提供更适合的发展空间，促进城市的工业、商业、居住和公共设施等布局优化，推动产城融合良

性发展。另一方面也有利于充分释放巨大的内需潜力，形成新的经济增长极，有效推动经济长期持续健康发展。

三 河南实施城市更新行动进展

当前，河南也进入了城镇化较快发展的中后期，2020 年，河南常住人口城镇化率已经接近 55%，郑州、济源、鹤壁、焦作等常住人口城镇化率已经超过 60%。随着各地城市新区的开发建设，城市边界不断向外扩张，一些老城区渐渐失去了昔日的活力。顺应适应城市发展新形势，推动城市高质量发展，城市更新势在必行。

河南省实施城市更新行动，主要做了以下方面的工作。一是出台一系列政策引导城市更新。近年来，河南省各地先后出台了一系列的法规条例以及行动方案等文件，为河南实施城市更新行动提供了方向和路径。2021 年 3 月河南省出台《2021 年补短板“982”工程实施方案》，该方案明确了新型城镇化领域补短板的重要任务就是围绕加强郑州都市圈和洛阳都市圈建设、实施城市更新行动和补齐县城城镇化短板。之后又出台了《河南省深入实施百城建设提质工程推动城市高质量发展三年行动计划》，该行动计划提出要深入实施城市更新行动，加快补齐市政基础设施和公共服务设施短板，因地制宜推动老旧小区和棚户区改造，突出进行城市生态修复，塑造城市特色风貌。2021 年 8 月，开封市出台《开封市城市更新拆除重建项目实施办法（试行）》，积极探索拆除重建改造城市更新模式，进一步深化推进老旧小区改造，破解危破老旧住宅片区改造难题。洛阳市也出台了《洛阳市城镇老旧小区组团连片改造提质工作实施方案》，该方案重点对 2000 年前建成的城镇老旧小区组团连片改造提质，推动城镇老旧小区改造由单个小区向连片街区纵深推进。这些法规条例和行动方案，为城市更新提供了方向，明确了原则，为有效实施城市更新行动提供了顶层设计和制度保障。

二是打造成功案例，为实施城市更新行动树立了新样本。郑州二砂文创园即为郑州工业遗存成功进行城市更新的典范。郑州二砂文创园的前身为郑州第二砂轮厂（以下简称“二砂”），是“一五”期间由当时的东德协助兴建的全国最大砂轮厂，厂区内的包豪斯风格建筑在国内极其罕见。2003 年开始，由于体制、经营、技术等种种因素，二砂逐步走向没落，但二砂丰富的工业遗产历史资源得到了河南省市领导的高度重视，二砂被列入郑州市“四大历史文化片区”建设项目之一。二砂旧址上大量老工业厂房、老仓库等优秀历史建筑和景观绿化带、古树、工业制造机具、烟囱等被保留，同时，也合理布局文创产业区、艺术休闲混合区、文创商务办公区、文创配套服务区，引入文创企业等新业态重塑产业动能、活化城市生活。另外洛阳的西工硅巷创新产业社区，也是一个通过对既有建筑升级改造赋予城市新的产业活力的成功案例。洛阳市依托西工区紫金城五金机电市场“腾笼换鸟”工程，积极实施西工区城市更新的空间塑形，解决了“老城更新、旧城创新”这一难题。这两个成功案例为河南工业历史遗存和城市产业的更新提供了可供借鉴的示范样本。

三是推出了一批城市更新项目，有序开展城市更新试点城市建设。开封在城市更新中走在了前列，2021 年，河南省首个城市更新项目就是开封市联合收割机厂老旧工业区的改造更新，该项目成功获得国家开发银行河南省分行的 4.9 亿元贷款。开封市也在积极申报城市更新试点城市，开封市提出以城市更新工作为主要抓手，统领百城提质、老旧小区改造等工作，在制定城市更新拆除重建工作流程和配套政策等方面做出了积极探索。洛阳市也在谋划城市更新项目，洛阳市正在进行对春都食品厂的更新改造，该城市更新项目的概念方案已经完成，正在进行项目实施的科学性、可行性等论证工作。

四　河南实施城市更新行动的重点任务

（一）老旧小区改造提升

有序分批推进老旧小区的改造提升，着重对 2000 年以前建成、失养失修失管、市政配套设施不完善、社区服务设施不健全、居民改造意原强烈的住宅小区（含单栋住宅楼）进行改造完善。改善老旧小区居住环境和居住条件，重点改造、完善小区配套和市政基础设施，对小区实施绿化改造、墙体改造、雨污管网改造等，拆除老旧小区的违法建筑和视觉污染物，完善医疗、养老、托幼、护理、停车、充电、文化、健身等社区公共服务设施。加强老旧小区的治理，规范老旧小区物业管理，推动物业管理融入基层社会治理体系，建设安全健康、设施完善、管理有序的完整居住社区。

（二）老旧工业片区转型升级

转变老旧工业片区城市功能，完善配套设施，整合集聚创新要素，促进城市产业结构优化升级。全面摸清家底，建立老旧工业片区工业遗产数据库，落实工业遗产保护和利用。划分河南老旧工业区工业改造更新的类型，针对老旧工业区的不同情况和改造更新的特点难点，提出因地制宜的老旧工业区改造更新模式和拆除重建、综合整治的改造途径。推出一批老旧工业片区更新典型示范项目，为城市产业升级和创新驱动发展提供空间。有序推进鹤壁市山城老工业区、平顶山城区老工业区、开封市联合收割机厂老旧工业区、洛阳春都食品厂等老工业区企业搬迁改造和工业用地存量资源的再开发利用。

（三）传统商圈提档升级

拓展商圈新型服务功能，促进传统商圈转型升级。促进传统商业复兴，以郑州二七广场商圈更新改造为示范，全面推进全省各地市传统商圈的更新升级改造工作。优化商圈业态，突出商圈特色，以时尚购物为依托，集餐饮、娱乐于一体，融入时尚、直播、国际元素，打造集购物、休闲、娱乐于一体的沉浸式、体验式消费综合商业街区。推进商业步行街改造，完善配套设施，规范管理运营，发展楼宇经济，建设多功能复合中央商务区和商业街区项目，推动城市商业中心向活力中心转型。建设智慧商圈，引导全省零售、餐饮企业大力发展和应用物联网、电子商务、智能终端、智慧物流配送、智能化公共服务平台，优化提升消费环境和消费服务质量，推动传统店铺和商圈向科技时尚、信息互通、服务智能、安全规范的智能店铺和智慧商圈转型升级。

（四）基础设施和公共服务设施优化升级

补齐基础设施和公共服务设施短板，推动城镇设施向农村延伸，促进城乡公共服务设施一体化布局，市政基础设施一体化建设，统筹解决城乡发展不平衡、不充分的矛盾，推动城乡融合发展。推进基于数字化、网络化、智能化的新型城市基础设施建设。加快市政基础设施智慧化建设和改造行动，推进城市道路、城市照明、排水、燃气、供热等基础设施智能化改造，进一步提高市政基础设施运行效率。提升城市交通水平，积极推动郑州机场三期北货运区、安阳豫东北机场、商丘机场军民合用改扩建等项目开工建设，稳妥有序推进中原城市群城际轨道交通网建设，加快实施高速公路“双千工程”，增强城市社会经济活力。完善公共服务设施，提高公共服务水平，高标准优化教育、医疗、文化等各类公共服务设施，满足市民丰富多样的活动需求。

（五）生态环境治理修复与优化提升

牢固树立山水林田湖是一个生命共同体理念，修复城市中被破坏的自然环境和地形地貌，改善生态环境质量，让城市再现绿水青山。加大河湖水生态治理与修复力度，实施重点流域水环境综合治理、城市水系连通、水土流失防治、南水北调中线水源区水质保护等生态治理和生态修复工程，统筹推进大宗工业固废综合利用、危险废物无害化处置、静脉产业园建设、园区循环化改造等工作，提升生态环境质量。优化城市绿色公共空间，积极推进国家生态园林城市和国家园林城市建设，持续提升绿化总量。完善城市绿地结构，促进城市公共绿地均衡布局，整合城市公园绿地，结合实际需求，构建城市公园体系。加强居住区公共绿地配建，增加口袋公园、街旁绿地等，满足居民日常生活需求。推进城市绿道系统建设，加强城市绿道网的贯通和连接，提升绿道品质和管理水平，为市民提供健身路线和场所。

（六）城市安全设施优化升级

系统化全域推进海绵城市建设，增强城市防洪排涝能力。完善与海绵城市建设相关的供排水设施和雨水调蓄设施，清理整治城市内部蓄滞洪空间，畅通城市雨洪行泄通道，加快城市排涝沟渠建设改造，推进管网排查，提升城市应对洪涝灾害的能力。提高城市电网防涝抗灾能力，对住宅小区既有地下配电设施进行防涝迁移改造或防涝加固，提升新建住宅小区配电设施防涝建设标准，保障自然灾害情况下居民基本生活用电需求和医院、生产企业等重要用户的安全可靠供电。加强应急救援建设，建立救援基地和救援队伍台账，完善应急预案，丰富应急处置手段，提高城市自身抵御重大灾害和突发公共事件影响的能力。合理控制人口和建筑密度，为应对突发公共卫生事件预留空间，增强城市安全韧性。

五 河南实施城市更新行动的对策建议

（一）加强统筹谋划，坚持城市体检评估先行

实施城市更新行动涉及城市各个方面的改造和建设，必须从前瞻性、战略性、全局性和整体性的高度上来认识和推进这项工作。而城市体检正是提升城市更新工作整体性、系统性的抓手，因此，城市更新要坚持城市体检评估先行。在实施城市更新行动中，首先，要建立、完善城市体检评估机制，制定城市体检评估规程和办法，从安全、创新、协调、绿色、开放、共享等方面，查找“城市病”和空间品质方面的短板。其次，根据城市体检的结果，制定城市更新行动方案，以城市体检引领和推动城市更新。再次，要建立“实施—评估—调整”的动态反馈机制，对城市更新的工作成效进行定期分析、评估、监测和反馈，便于准确把握城市发展状

态，及时调整城市更新工作的目标和任务，确保城市更新行动的精准化和科学化。

（二）严格控制大拆大建，以“绣花功夫”进行微更新

与以往的城市改造不同，城市更新注重的不是“大拆大建”，而是将城市视作一个有机生命体，聚焦发展空间不足、公共设施欠缺、功能服务滞后等种种现代“城市病”，以“绣花功夫”来进行微更新、微改造。城市既要更新，也要“守旧”，城市更新要注重保留城市原有的历史文脉、生活场景和时代记忆，保护具有历史文化价值的街区、城市的传统格局和风貌，避免文化地标和特色建筑在城市更新中遭到破坏和影响。因此，河南在实施城市更新行动中应坚持“留改拆”并举、以保留利用提升为主，严格控制大拆大建，加强修缮改造，注重提升既有建筑功能，减少城市更新成本，使城市更新增添更多人文关怀和民生温度。

（三）鼓励创新，发挥试点示范突破带动作用

河南实施城市更新行动的工作刚刚起步，尚在实践探索过程中。为了积极、妥善、有序地实施城市更新行动，可以先推出一批试点城市及示范项目。一方面积极开展国家城市更新试点城市申报工作，在全省范围内选择一些能够体现新发展理念的代表性较强的城市作为省内城市更新试点城市，鼓励城市更新试点示范城市先行先试。鼓励支持城市更新试点城市大胆开拓工作思路，进行差别化探索。另一方面，在老旧小区改造、老旧工业区改造、生态治理修复等领域推出一批城市更新示范项目，在实践中不断完善推进城市更新的政策措施，在创新中深入推进城市更新综合示范工作，扩大示范效应，形成可推广、可复制的经验模式。

（四）统筹兼顾，鼓励多方参与推进城市更新行动

城市更新涉及投资建设方、居民、城市管理者等诸多利益主体，实施城市更新行动要调动各方力量，兼顾各方利益，共同参与推进城市更新。一是

发挥政府的引导作用，城市管理部门在城市更新总体规划方面做好顶层设计。二是发挥市场的力量，在城市基础设施领域的补短板行动方面，积极引入社会资本，鼓励投资商、运营商、金融机构等各方参与城市更新行动。三是充分吸收发挥民众的智慧，加快搭建公众参与城市更新的新媒体平台，采用听证会、公开征求意见、调查问卷、座谈会等多种形式广泛听取公众诉求和意见。四是健全社会公众满意度评价和第三方考评机制，绿化是否有改善、医疗养老设施够不够、菜市场分布是否便利等与群众息息相关的民生问题由群众来进行城市更新效果满意度评价，推动城市更新行动“共谋、共建、共管、共享”。

参考文献

郭丹丹：《加快城市更新　提升城市发展质量》，《河南日报》2020 年 12 月 9 日，第 6 版。

黄艳：《八方面全力推动实施城市更新》，《中国勘察设计》2021 年第 3 期。

姜珊：《以“城市更新”推动城市高质量发展》，《中华工商时报》2021 年 3 月 22 日，第 3 版。

《城市加快更新　生活更加舒心（实施城市更新行动①）》，《人民日报》2021 年 4 月 6 日，第 13 版。

胡茜：《“十四五”期间我国推进城市更新探析》，《城乡建设》2021 年第 5 期。

王蒙徽：《城市更新的重要内涵》，《施工企业管理》2021 年第 8 期。

陈晰：《关于加快实施城市更新行动的建议》，《甘肃政协》2021 年第 2 期。

B.18

加快老旧小区改造研究

柏程豫*

摘　要： 加快老旧小区改造对于促进新型城镇化进程、助力经济社会高质量发展意义重大。老旧小区存在诸多痛点，其改造与以往的城市发展方式有所不同，河南目前已经开展了部分实践，取得了一定的成效，但是依然在统筹安排、沟通协调、形成共识、持续推进等方面存在困难。未来还需要全面梳理现状，做好顶层规划设计；精准透视居民需求，确保居民参与共享；清晰界定各方职责，凝聚工作合力；及时总结经验，探索持续推进机制。

关键词： 老旧小区改造　新型城镇化　河南省

河南省第十一次党代会指出，要加强老旧小区改造，提升城市人民环境质量。随着我国城镇化进程的快速推进，在耕地红线的约束下，大拆大建的粗放型城镇建设方式已不能适应当下新型城镇化的发展需求。对老旧小区进行改造使其焕发新的活力，不但能够改善居民生活，更好地满足人民群众对美好生活的需求，促进社会公平正义；也能够扩大内需，提高城镇土地利用效率，助力经济社会高质量发展。因此，老旧小区改造是在新型城镇化进程中进一步提升城市品质、实现新时代城市高质量发展的一项重要战略安排，当深刻认识，着力推进。

* 柏程豫，河南省社会科学院城市与环境研究所副研究员，研究方向为城市与区域发展。

一　关于老旧小区改造的认识

老旧小区是指建设年代较早、目前仍在居住使用、但已不能满足居民较高甚至正常生活需求的住宅小区。这类小区大多数位于城市早期建成区，拥有较好的区位条件以及成熟的城市生活环境，因此在城市中依然具有较高的经济社会功能价值，而且数量庞大，不可能大规模拆除重建，更可行、经济的方式是通过细致地修补和开发再利用来实现系统的改造与更新。

（一）老旧小区的痛点

老旧小区建设年代久远，按照当时的条件无论是建设标准还是相关的配套指标都普遍较低；同时，产权复杂不明晰以及当时的法律法规缺位等历史原因，导致其缺乏必要且稳定的管理与维护，也没有配套维修基金等相应的改造资金。因此，老旧小区存在诸多的痛点：一是建筑性能退化，比如外观破败、物质损耗、设备老化等，从而导致结构、防火等方面的安全隐患加大；二是配套设施严重不足，不仅缺少养老、文体、停车等设施，甚至排水、环卫、照明等基础生活设施也不完善；三是安全管理缺位，大量房屋用于出租，人口流动大，同时缺乏规范的物业管理，因而治安方面亦存在隐患。四是社区文化丧失，原有居民逐渐搬离，原有的社会网络逐步解体，而居住条件恶化又会加剧稳定居民的流失，使小区的物质环境与文化氛围无法进入良性循环。

（二）老旧小区改造机理

老旧小区的改造以保留为主，在维持原有建设格局的基础上，根据实际情况对建筑物的局部进行保留修缮或者适当的拆建，并完善相关基础设施和公共配套，从而实现功能置换和整治改善，由此提升人居环境、保护文化遗产、促进社区活力。不同于大拆大建的整体改造方式，老旧小区改造是一种渐进式、多样化、综合型的改造方法，通过局部改善促进整体形成良性循环。同时，这种改造模式也需要改变以往由政府主导的自上而下的推进模式，转而以上下结合的方式实现居民的充分参与。

（三）老旧小区改造内容

针对老旧小区的特点和居民的现实需求，国家明确提出了老旧小区的改造内容框架。一是基础类内容，目的是满足居民基本生活需求和安全需求，主要包括市政配套基础设施改造提升，比如水、电、暖、燃气、消防、通信、网络等，以及小区内建筑物屋面、外墙、楼梯等公共部位维修。二是完善类内容，目的是满足居民生活的改善性需求和便利性需要，主要是环境及配套设施改造建设、小区内建筑节能改造、有条件的楼栋加装电梯等，比如拆除违章建筑，整治绿化、照明，增加适老设施、无障碍设施、停车场等。三是提升类内容，目的是提供更多的社区服务、提高居民生活品质，主要是公共服务设施配套建设及其更高级的智慧化改造，比如幼儿园、社区综合服务设施、卫生服务站等公共卫生设施以及智能感知设施，此外还有托育、养老、便民市场、家政保洁、助餐、邮政快递末端综合服务站等社区专项服务设施。①

二　河南省老旧小区改造的实践探索

针对老旧小区改造工作，河南各级政府高度重视，采取多种举措，积极动员各方力量参与，2020 年全省共计完成了 76 万户城镇老旧小区的改造工作，大大超过了省政府制定的 50 万户的目标任务。

（一）细化政府指导与服务

2020 年河南省政府工作报告中明确提出要开展城镇老旧小区改造提质

① 《国务院办公厅关于全面推进城镇老旧小区改造工作的指导意见》（国办发〔2020〕23 号），中华人民共和国中央人民政府网站，http：//www.gov.cn/zhengce/content/2020－07/20/content_5528320.htm，2020 年 7 月 20 日。

工作，并将其纳入全省保障性安居工程。在总体部署之下，为确保工作进度与质量，相关部门提供了如下指导与服务。一是河南省办公厅于2020年初即印发了《关于推进城镇老旧小区改造提质的指导意见》，对河南城镇老旧小区改造工作的开展从总体要求、范围和内容、主要任务、资金筹措、组织保障等方面给予了全方位指导；2020年底又进一步出台了《关于深入推进城镇老旧小区改造工作的实施意见》。二是全省18个省辖市根据本地的实际情况均制定出台了本地城镇老旧小区改造的相应标准，为科学改造当地城镇老旧小区提供了技术支持和保障；部分地市如郑州、许昌、洛阳、漯河等还为老旧小区加装电梯出台了资金补助办法。三是根据老旧小区改造项目涉及面广、内容繁杂的特点，各地市积极为其开辟“绿色”通道，通过网上审批、简化程序、容缺办理、多评合一等一系列措施，有效提高了项目推进效率。四是加强相关工作调度，建立工作台账，对各地改造工作的进展实时跟踪与督促，及时为各地市解答疑惑、解决困难。

（二）贴近实际探索创新

城镇老旧小区大多规模偏小，同时分布散、空间乱，历史遗留问题较多，改造难度大，工作不易开展。为此，各地在实践中积极创新，比如郑州市打破固有思维，不再把小区问题局限到小区范围来考虑，转而将其与规模化的社区建设结合起来，对公共资源进行整合利用，因地制宜将相邻小区联动起来进行改造，探索出了片区改造的新模式。也有城市将老旧小区改造与城市历史传承、街区风貌塑造相结合，在完善老旧小区居住功能的同时还提升了片区的文化品位与服务功能。此外，在项目实践中各地也注重组织群众参与，前期通过广泛征集居民意见，根据群众意愿来确定改造内容和标准，过程中由群众对改造工作质量进行监督，最后由群众来评价改造效果。

（三）多元渠道筹措改造资金

城镇老旧小区改造需要大量资金，在改造工作推进过程中，一方面积极争取财政资金补助，包括国家对城镇老旧小区改造的补助资金和地方财政安排的补助资金，2020 年分别共计 96.5 亿元和 23.2 亿元，其中争取到的国家补助资金规模居全国各省榜首。另一方面积极引导社会资金投入，一是从金融机构争取贷款支持，同时发行了相关的专项债券，2020 年共计发行专项债券 9.33 亿元。二是鼓励管线单位和原产权单位出资参与改造工作。三是动员居民出资，按照“谁受益、谁出资”原则，对于群众改造意愿强、参与度和出资比例高的老旧小区，将其优先列入改造计划，引导鼓励居民投入资金参与改造项目，2020 年居民出资累计达到 1.5 亿元。

三 河南省老旧小区改造面临的困境

尽管取得了一定的成效，但城镇老旧小区改造数量大，涉及面广，复杂性高，目前在推进过程中还面临不少困难。

（一）实际情况繁杂，统筹安排困难

根据国家要求，到“十四五”末期，要基本将 2000 年底前建成的需要改造的城镇老旧小区改造完成。这些老旧小区的设计标准、建造质量、功能配套等条件参差不齐，还有众多小区产权归属不清，纠纷很多，实际情况非常复杂。因此各地市目前还没有能够对辖区内老旧小区的规模、特征、现状等做好详细和具体的摸底与分类，如此也就难以为下一步的改造工作制定科学、精细的规划，做好统筹安排。

（二）居民诉求不一，形成共识困难

小区居民由于自身条件与需求不同，必然会有不同的诉求。比如增设停车位方便居民停车，但是会对与车位相邻的住户产生较大影响；加装电梯，给高层住户带来便利，但是会影响低层住户的通风、采光，以及增加噪音。又如有些居民不愿意在服务方面增加消费，因而会抵制物业管理的进驻，不愿出资推进小区环境的治理。还有由于历史原因老旧小区往往有较多乱搭乱建的违章建筑，其拆除难度很大。由此，小区居民达成共识相当困难。

（三）需多部门相互配合，沟通协调困难

城镇老旧小区改造工作会涉及规划、建设、房屋产权管理以及投资等多个部门，同时还需要卫生、环保、绿化、消防等多个部门配合，此外还需要一些垂直专营单位如电、水、气、通信等单位的支持。要沟通协调如此多的部门，达成共识，形成工作合力，难度很大。而且老旧小区本身就存在建设手续不全、缺失历史资料、原有建造标准与当前标准差距过大等各类问题，法律法规方面现有条文主要针对新建建筑，也很难为老旧小区改造工作的展开提供有效的保障。

（四）资金投入不足，持续推进困难

目前为止，老旧小区改造还处于“净投入”的状态，需要大量资金投入但是很少产生实际的经济收益，因此难以吸引社会资本参与。比如因为无法产生收益，只能由政府全部承担电、气、水、绿化、道路等基础设施的改造费用；停车位（库）的建设等项目虽然会有部分收益，但投资回收期过长，社会资本也很少介入。而在当前地方各级政府财政收支已经面临较大压力的情况下，依靠大规模的财政投入支持老旧小区改造也不能持续。并且资金有限的情况下，对老旧小区进行选择性改造，在一定程度上还存在公共财政资金使用的公平性问题。此外，老旧小区改造如果没有维修、管、养经费支持后期的长效管理与养护，则改造成果也难以长期保持，还浪费了前期投入的资金。

四 河南省老旧小区改造推进的思路与对策

老旧小区改造工作面临很多困难，是一个逐步完善的渐进式过程，不可能一蹴而就，需要深化认识，精准把握工作导向，系统设计，分步实施。

（一）全面梳理现状，做好顶层规划设计

在下一阶段，河南还要进一步把老旧小区改造与城市更新有机结合起

来，推动老城区连片改造，加快城市人居环境改善，促进城市高质量发展。这需要做好顶层设计，把老旧小区纳入到城市保护和更新乃至城市总体发展规划的范畴中通盘考虑，与提升城市建成区品质、优化建成区功能相结合，在满足居民现实需求的同时，改善城市环境、重塑城市形象。通过全面梳理老旧小区现状，做好分类甄别评价，建立起整治更新的系统档案；在此基础上，明确老旧小区改造提质的目标、范围和具体要求，做好总体规模和资金需求的估算；由此，编制改造规划，稳步有序推进，防止出现运动式改造的冒进现象。

（二）精准透视居民需求，确保居民参与共享

老旧小区改造事关居民最基本的切身利益，必须以提升人民群众的获得感、幸福感和安全感为导向，切实尊重和满足居民的实际需求与合理诉求，唯有此才能确保改造工作的顺利有效推进。这就需要确保居民能够真正参与其中，共享改造成果。要深入开展群众工作，一方面改造工作启动前期要采取多种方式充分了解居民对小区整治的需求，并理清紧迫程度，为后续工作奠定基础。另一方面要为居民搭建社区平台，建立多方共同参与机制，为居民开展民主议事提供条件，确保居民对小区改造的知情权、参与权、选择权和监督权，从而强化居民对改造工作的认同感，这也有助于使居民顺利适应改造更新后的环境和生活，维护已有社会网络的稳定，实现老旧小区设施设备长效管养，保持和巩固改造成果。

（三）清晰界定各方职责，凝聚工作合力

老旧小区改造是一项复杂的系统工程，政策性和技术性都很高，政府和市场都无法完全占据主导位置。可行的方法是通过政府干预，清晰界定各方职责，整合部门条线，从而引导多方力量参与配合，凝聚形成工作合力。一是将老旧小区改造纳入未来城市建设发展格局，按照规划目标定位强化政府引导。二是确定改造更新主管部门，由其负责指导、统筹、协调、监督等各项工作，研究破解重点难点问题，在实施过程中与相关职能部门协调沟通。三是引导组织党

政机关、群团组织、社会组织、驻区企事业单位、专业社工机构、社区志愿者队伍等各方力量共同参与。四是为居民参与谋划、实施、维护、管养等改造更新全过程提供条件，充分发挥出小区居民参与改造工作的主观能动性。

（四）及时总结经验，探索持续推进机制

现阶段我国对老旧小区改造的研究还主要集中于技术领域，比如建筑本体修补、公共设施配建和外部环境改造等，在系统化改造以及与之相关的法律法规建设领域则较为落后，因而缺乏系统、完善的理论来指导实际工作，导致改造工作的碎片化，影响改造工作的有效推进。因此，应当结合前期工作中的成功案例及时总结经验，推广运用，并进一步推进对老旧小区改造更新的系统研究和相关法律法规的制定工作，探索形成持续推进机制，从而保障城镇老旧小区改造实现系统性、持续性和常态化，将老旧小区打造成环境优美、服务完善、秩序井然、文明祥和的新社区。

参考文献

周晓东：《城镇老旧小区改造工作的问题与建议》，《城乡建设》2020 年第 23 期。

蔡云楠：《城市老旧小区微改造的内容与对策研究》，《城市发展研究》2017 年第 4 期。

张晓东：《老旧住宅区现状分析与更新提升对策研究》，《现代城市研究》2017 年第 11 期。

《国务院办公厅关于全面推进城镇老旧小区改造工作的指导意见》（国办发〔2020〕23 号），中华人民共和国中央人民政府网站，http：//www. gov. cn/zhengce/content/2020 – 07/20/content_ 5528320. htm，2020 年 7 月 20 日。

《关于深入推进城镇老旧小区改造工作的实施意见》（豫建城建［2020］475 号），遂平县人民政府网站，https：//www. suiping. gov. cn/web/front/news/detail. php？ newsid = 36859，2021 年 1 月 19 日。

《河南省人民政府办公厅关于推进城镇老旧小区改造提质的指导意见》（豫政办〔2019〕58 号），河南省人民政府网站，https：//www. henan. gov. cn/2020/01 – 13/1245710. html，2020 年 1 月 13 日。

B.19
加强城市空间地下空间利用研究

左　雯*

摘　要： 科学开发利用地下空间资源是拓展城市空间、节能减碳、防灾减灾的重要途径，有利于加快立体城市、碳中和城市、韧性城市建设。河南地下空间开发利用进入综合开发阶段，规划管理水平得到提升、地下交通建设加速推进、综合管廊建设初显成效，但是还存在地下空间利用总体规划缺乏、管理体制机制有待健全、地下空间开发功能单一等问题。在此基础上，提出了统筹地上地下空间开发规划体系、构建城市地下空间管理体系、提高地下空间开发利用效益、建立城市地下空间开发利用信息平台等建议。

关键词： 地下空间　地下资源　河南

河南省第十一次党代会提出，要加强“里子工程”“避险工程”建设，全面提高城市防御灾害、抵御风险能力，打造宜居、韧性、智能的现代化城市。随着城镇化的加速推进和城市人口的快速膨胀，土地资源日益紧缺，开发和利用地下空间成为现代城市发展的必然趋势。近年来，河南高度重视地下空间的开发利用，积极探索地上地下一体化发展，但是总体来看，河南地下空间利用仍处于起步阶段，落后于经济发展水平。地下空间是巨大而丰富的“隐形”空间资源，如果能够合理开发和利用，将极大缓解城市空间容

* 左雯，河南省社会科学院城市与环境研究所副研究员，研究方向为城市经济。

量供求矛盾，有助于推动城市交通立体化，提高城市环境质量，加快碳中和，实现城市集约化、立体化、智慧化发展。

一　地下空间利用的必要性和紧迫性

（一）有利于拓展发展空间，加快立体城市建设

科学利用地下空间，是缓解城市发展的空间容量需求与有限的土地资源矛盾的必然选择。根据发达国家的经验，当人均 DGP 达到 3000 美元时，地面价格不断上涨，大规模开发地下空间的条件成熟，将进入开发建设的高峰期。2010 年，河南人均 GDP 超过 8000 美元，迫切需要加速开发利用城市地下空间资源。一方面，可以缓解土地供给不足。河南是全国粮食生产核心区，要保证粮食综合生产能力稳定，就要保证耕地面积不减少；河南也是人口大省，人均土地面积较小，第二、第三产业发展和城市建设用地严重不足，部分城市中心城区土地利用达到饱和状态，特别是郑州市中心城区土地开发强度在 2018 年达到 52.38%，远远超过了土地开发强度国际警戒值（30%）。急需向地下要空间，开发利用好地下空间，可以守好耕地红线，拓展新的发展空间，在一定程度上缓解城市发展与土地资源紧缺的矛盾，提高土地利用效率。另一方面，可以缓解交通拥堵，提高城市功能。地铁、地下快速路与地上交通共同形成现代城市立体交通体系，极大地缓解了地面交通压力。此外，市政基础设施，包括供水与排水系统、垃圾地下集运与处理系统、通信电缆系统等进入地下空间，节约了地上空间，对于建设立体城市有重要的意义。

（二）有利于节能减碳，加快碳中和城市建设

科学利用地下空间，有利于推动城市绿色低碳发展，对建设碳中和城市有着重要的作用。一方面，可以节约能源。地上建筑占能耗排放的比例很大，而地下空间是恒温恒湿的环境，具有低温、气密性好的特点，所以地下建筑物能量消耗远低于地上建筑物，可以节约很多能源。据统计，地下建筑

与地上建筑节能率相比，服务型建筑可以达到60%，仓库可以达到70%，地下空间对存储物资非常有利，如粮库、油库、冷库等，其运行成本远远低于地上运行成本。另一方面，有利于减碳。可以利用地下空间节地绿化，地下建筑可以保护自然植被，维护生态平衡。将综合管廊、垃圾处理、交通等市政基础设施转入地下，可以减少垃圾围城、污水横流、空中电线拉网现象的发生，节约出更多的地面空间进行绿化，不仅美化了环境，还形成了生态空间，有更多的地面植物吸收二氧化碳，是直接减碳，实现生态碳汇。而且，利用地下空间封闭稳定的特点，将二氧化碳永久封存在地下，实现人工碳汇，特别是在焦作、濮阳等煤炭、石油开采区具有较大的应用潜力。

（三）有利于防灾减灾，加快韧性城市建设

在灾害到来时韧性城市可以抵御灾害、减轻损失，并能够快速合理调配资源恢复到受灾前状态，保持城市正常运转，地下空间是韧性城市建设的重要组成部分，科学利用地下空间对于防灾减灾有重大意义。与地上空间相比，地下空间可较好抵御外部灾害，对于战争、地震等灾难有较强的抵御能力，可以作为灾害时的临时避难场所。随着城市高密度建设的增多和人民生活水平的提高，城市生命线的防护就显得尤为重要，通过地下综合管廊建设将各类管线和设施转入地下，有利于减少拉链马路的现象，极大地提高了城市生命线的防灾抗毁能力。面对城市内涝，现有的排水能力满不能承载短时间超强降水或连续性降水，开发大深度地下蓄水排洪的深隧系统成为解决这一问题的重要途径，在城市防洪排涝方面发挥重要作用，增强城市综合抗灾能力。

二　河南地下空间利用现状及存在问题

（一）河南地下空间利用现状

近年来，河南的地下空间开发利用建设进入综合开发阶段，地下空间利

用方式呈现多样化，主要包括地下公共服务设施（地下商业、娱乐、体育设施）、地下交通运输设施（轨道交通、地下道路）、地下市政基础设施、防灾设施（蓄水池、人防工程）、地下储存设施、地下车库等。

1. 规划管理水平得到提升

河南地下空间的开发利用，经历了人防战备需求阶段到地下空间开发与人防工程结合阶段再到多样化综合开发阶段的转变，城市地下空间利用的理念在不断深化。部分市县相继出台了关于地下空间开发利用的规定，2018年8月20日，郑州市出台了《郑州市城乡地下空间开发利用管理暂行规定》，2021年7月13日，郑州市人民政府发布《郑州市地下空间开发利用管理暂行规定》，提出“加强地下空间建设用地的管理，促进地下空间合理开发利用，进一步完善城市功能，集约节约利用土地”，南阳、洛阳、驻马店等市也出台了相关规定。2020年，河南省住房和城乡建设厅与河南省人民防空办公室出台了《河南省城市地下空间暨人防工程综合利用规划编制导则》《河南省城市地下综合管廊工程人民防空设计导则》。这些指导性文件的出台，对于河南城市地下空间规划建设具有较强指导性，提升了河南地下空间开发利用的整体水平。

2. 地下交通建设加速推进

河南地下轨道交通发展较快，截至2021年9月，郑州地铁运营线路达到7条，分别为1号线、2号线、3号线（一期）、4号线、5号线、9号线（城郊线一期）、14号线（一期）；在建线路有8条，分别为3号线（二期）、6号线（一期）、7号线（一期）、8号线（一期）、9号线（部分）、10号线（一期）、12号线（一期）、郑许市域铁路（郑州地铁17号线）。2021年3月，洛阳地铁1号线正式通车运营，成为我国中西部地区首个开通地铁的非省会城市，同时在建2号线。地下交通的发展极大地缓解了城市交通拥堵，郑州、洛阳等城市立体化、综合性的交通体系正在形成。

3. 综合管廊建设初显成效

2016年4月河南省人民政府办公厅出台了《关于推进全省城市地下综合管廊建设的实施意见》（豫政办〔2016〕39号），该意见提出，到2020

年，河南全省力争建设城市地下综合管廊1000公里以上，初步建立干支结合、缆线管廊为补充的城市地下综合管廊系统。2015年，河南第一条地下综合管廊示范段在郑州经济技术开发区建成。2016年4月，郑州成功入选全国地下综合管廊建设第二批试点城市。2021年，河南省计划开建地下综合管廊61公里，各城市新区、园区和开发区的新建道路要按照各自不同的功能要求，建设适合该地区所需的城市地下综合管廊系统。同时各地积极促进管线入廊工作，加快电缆通信管线入廊、污水管线同步建设，清理了大量高压杆塔、“人造蜘蛛网”等设施，凸显了地下综合管廊的社会效益。

（二）河南地下空间利用存在问题

1. 地下空间利用总体规划缺乏

河南各地尚未出台城市总体地下空间发展规划，与地上空间规划相比，城市地下空间规划明显落后，没有系统整合地下资源，缺乏对地下交通、地下管廊、地下物流、地下建筑、地下商业、地下科研设施等整体布局，开发建设的地下项目分布较为零散且功能单一，导致地下空间利用的整体效能发挥不够。如由于缺少具有前瞻性、科学性的总体规划，地上大量高层建筑严重影响了地铁的规划、选线、建设，且盲目开发利用地下空间会对后续的建设管理带来了巨大的困难。

2. 管理体制机制有待健全

地下空间开发利用涉及多个部门，各部门间职责衔接不清晰，造成多头管理、交叉运作、职能重叠等现象，目前尚未建立地下空间综合管理的协调组织，造成相关政府部门在地下空间开发利用和管理上出现多头管理和管理缺位的问题，严重影响地下空间开发利用的进程。

3. 地下空间开发功能单一

目前河南地下空间的主体功较为单一，且各地下空间多是独立运营，相互之间缺乏联系，大大降低了空间利用效率，如郑州地铁沿线缺乏与周边地下商业设施的互联互通。特别是缺乏地下空间的连片、深度、综合开发，如2017年开工建设的南京江北新区地下空间是国内规模最大、最复杂的地下空间，包括商业、交通大平层、城市综合管廊、地下车库以及4条地铁线路站厅，共有地下7层。河南地下空间的开发和利用较为零散，缺乏这样综合性的项目。

三　河南加快地下空间利用的对策建议

（一）统筹地上地下空间开发规划体系

地下空间开发利用工程规模大、时间长，需要科学系统地合理规划。一是加快制定《城市地下空间开发利用规划》，按照地下浅层、中层、深层和超深层空间，制定出切实可行的近期、中长期开发利用规划。充分借鉴发达国家和先进地区的经验，加快制定河南各城市中浅层（40米内）地下空间开发利用规划，适时出台深层（40～100米）的地下空间开发利用规划。二是将地下空间开发利用规划纳入城市总体规划，增强规划的统一性、系统性、整体性，形成涵盖城市地上空间和地下空间的空间规划体系，实现城市规划的空间全覆盖。三是加强城市地下空间规划前期研究，在制定空间建设规划前要经过多轮详尽的研究论证，统筹城市发展与人防建设、近期目标与长远规划、合理开发与保护利用、商业开发与公益性开发的关系，充分考量未来可能面临的问题和后果。四是进行规划战略性留白，考虑未来地下空间发展的可扩展性，在开发技术不成熟的时候，采取“留白”方式，实现可持续发展。

（二）构建城市地下空间管理体系

在开发利用城市地下空间的过程中，多头管理和无人管理的现象同时存在，因此，各城市要把地下空间管理的权责相统一，加快构建统一高效的城市地下空间管理体系。尽快理顺政府部门的职责关系，明确各部门在城市地下空间规划建设管理中的职能和权责，减少部门间的权责交叉、管理空白现象。构建与城市地下空间开发利用相匹配的管理运行机制，建立由政府牵头，人防办、住建、自然资源管理、交通运输等相关部门组成的城市地下空间开发利用综合管理协调机制，成立“河南省市地下空间开发管理委员会”，建立联席会议制度。同时利用社会各界的智力资源，建立专家咨询制度。

（三）提高地下空间开发利用效益

地下空间资源十分宝贵，其开发建设具有不可逆性，不合理的开发利用会造成巨大的空间浪费，带来新的城市问题。因此，要注意以下方面。一是处理好保护和开发的关系，促进地下空间的有序开发。二是统筹地上空间和地下空间的开发，坚持地上地下同步规划，分批施工，避免重复性的建设。如在两条地铁线交汇口，统筹两个地铁站建设，避免建好一条地铁线刚恢复地面交通不久，又在同一路口再次封路建设另一条地铁线的情况。三是加强地下空间综合利用，避免地下空间利用功能单一。加快建设地下城市综合体，以地铁枢纽站点为核心，向空中、地下和周围地区扩展和辐射，通过地铁站将地下空间与公共设施、大型商业中心贯通与连接，创造出新的城市功能空间。四是统筹不同区域特点，因地制宜进行地下空间开发利用。地下交通枢纽地区，构建地下步行系统网络连通换乘空间、公共设施、停车设施及周边商业设施，实现交通枢纽地区人车立体分流，利用枢纽积聚效应增加经济收益；商业中心地区应重点构建地下步行网络，连通商业设施地下层，实现人行购物空间的连续性及舒适性，提升环境品质，合理补充公共停车设施；城市道路下的空间是设置城市公共交通的优选位置，应在竖向上充分分层利用；城市公共绿地下的空间资源，可作为防灾、停车、公共服务设施的补充。整合已有的人防工程和开发利用的地下空间，建设科学、平战结合的城市地下空间体系，提高城市防灾减灾能力，实现城市地下空间开发利用与城市防灾减灾建设的有机结合。

（四）建立城市地下空间开发利用信息平台

城市地下空间建设和管理需要高效统一、标准通用、智慧共享的信息平台，因此，要加快地下空间开发利用的信息平台建设，加强对地下空间开发利用信息平台的管理和应用。加快开展地下空间（管线）开发管理的基础性工作，充分借鉴发达地区的经验，如早在2004年，北京市组织开发了“地下管线综合管理系统”，将地下各类管线的空间分布、运行情况及各类管线间的相互关联的信息在“地下管线综合管理系统”上归集，可以准确全面地反映地下管线的基本情况。上海市政府由市建设交通委牵头，建立了“上海城市地下空间信息基础平台”。未来将进入地下空间开发建设高峰期，各类管网、地下交通、商业空间在地下立体交叉分布，急需尽快构建“河南地下空间信息管理平台”。将地下空间分布的各类设施通过平台统一管理，形成集储存、管理、分析、统计等于一体的智能化多功能地下空间信息系统。

参考文献

雷升祥、申艳军、肖清华、奚家米、顾霖骏：《城市地下空间开发利用现状及未来发展理念》，《地下空间与工程学报》2019年第4期。

程光华、王睿、赵牧华、苏晶文、杨洋、张晓波：《国内城市地下空间开发利用现状与发展趋势》，《地学前缘》2019年第3期。

朱合华、骆晓、彭芳乐、李晓军、刘春彦：《我国城市地下空间规划发展战略研究》，《中国工程科学》2017年第6期。

杨晓刚、王睿、黄伟亮：《基于国内典型城市对比的地下空间开发利用现状及问题分析》，《地学前缘》2019年第3期。

周旭、李松年、王峰：《探索城市地下空间的可持续开发利用——以多伦多市地下步行系统为例》，《国际城市规划》2017年第6期。

王梦恕、王永红、谭忠盛、黄明利、王秀英、余童真、周振梁、张志恩、陈雪莹：《我国智慧城市地下空间综合利用探索》，《北京交通大学学报》2016年第4期。

B.20
优化塑造城市风貌研究

赵　执*

摘　要： 加强风貌建设是城市彰显特色、提升品质、树立形象、凝聚力量、提升发展质量和竞争力的重要途径。河南城市不断加强风貌塑造和品质提升，在加强制度建设、打造生态景观、延续历史文脉、提升治理能力等方面进行了富有成效的探索，但与一线城市相比还有差距，应从高水平开展城市设计、高质量塑造城市生态景观、高品质延续城市历史文脉和高标准推进城市精细化管理等方面着手，提升风貌品质。

关键词： 城市风貌　城市设计　河南

中央城市工作会议强调，“要加强对城市的空间立体性、平面协调性、风貌整体性、文脉延续性等方面的规划和管控，留住城市特有的地域环境、文化特色、建筑风格等‘基因’”。河南“十四五”规划提出，要“高水平开展城市设计，优化塑造城市风貌，加强历史建筑和历史文化街区保护，延续城市文脉”。河南省第十一次党代会指出，要“传承历史文脉，提高城市审美”“提高城市人居环境质量”“打造品质河南”。城市风貌是城市特有的景观和面貌，是物质环境、自然生态、文化风俗、人文素养的综合体现，反映了城市的发展质量和竞争力。进入新发展阶段，作为高质量发展主阵地和重要动力

* 赵执，河南省社会科学院城市与环境研究所副研究员，博士，研究方向为城市土地利用与管理、国土空间优化利用。

的城市，如何以加强风貌建设管控彰显特色、树立形象、凝聚力量，对找准融入新发展格局的定位，推动经济社会高质量发展具有重要的作用和价值。

一　城市风貌建设的重点与难点

重视和加强城市风貌塑造，要把握好坚持市民主体地位、坚持生态优先、传承历史文脉三个重点，处理好自然生态与人文景观、历史传承与时代精神、新区建设与旧城改造的关系，避免在城镇化快速推进的过程中，因“大拆大建”造成城市形象趋同、产业同质、文脉断裂、特色模糊等问题。

（一）城市风貌建设的三大重点

坚持市民主体地位。城市设计要坚持以人为本，考虑到人的生活与审美需求。科学布局生产和生活功能区，提高基础设施建设标准和应急防灾能力，加强民生工程建设，解决好居民出行、居住、就医、养老等难题，促进城市职住平衡、安全便利。充分考虑到居民对城市整体风貌的期望和人居环境的需求，畅通社会组织和市民参与设计的通道，广泛听取意见和汲取智慧，努力为群众创造高品质的生产生活生态空间，让群众有更多的幸福感、获得感、安全感。

坚持生态优先。践行绿色发展理念，基于环境容量和城市综合承载能力推动城市建设，将现有山水等独特自然风光融入城市，加强绿道、生态廊道等建设，确保城市保留恰当比例的生态空间，提升城市生态网络的安全性和稳定性。加强资源节约集约利用，构建绿色、低碳、循环的经济体系，推动形成绿色生产方式和生活方式，把绿水青山留给城市居民，让居民望得见山、看得见水、记得住乡愁，促进人与自然和谐共处。

传承历史文脉。加强对文物古迹、非物质文化遗产等的保护和传承，加大对历史建筑、历史文化街区的保护力度，杜绝“大拆大建”以及擅自迁移和拆除历史建筑、传统民居、名木古树。深入挖掘城市历史、红色、民俗等各类文化资源，将历史文化元素融入到城市建设中，推动文旅产业与生态保护、体育康养、科技教育等融合发展，让城市留得住记忆，传承历史文脉，彰显城市人文精神。

（二）城市风貌建设要处理好的关系

自然生态与人文景观。依托城市山、水等自然资源和道路、生态廊道、广场等形成城市形态的骨架，在城市功能定位、人文精神中提取特色要素，融入到城市景观风貌的塑造中，形成城市独特的面貌和风格，打造“错落有致、疏密有度、显山露水”的空间格局，满足群众对美好生态环境、人居环境的需求。

历史传承与时代精神。运用大数据、人工智能等新技术加强城市历史文化的传承、历史建筑和历史文化街区的保护，最大限度地延续城市文脉、留住城市文化基因。将城市文化中提取的代表性形象符号，融入到建筑、街道、交通等基础设施建设当中，推动历史文化、文化创意和社区生活相融合，避免城市人工环境建设与历史人文特色相脱节，加强历史文化与城市建设的有机融合，推动城市内涵式发展。

新区建设与旧城改造。合理确定城市开发边界，对新区建设要坚持走差异化、集约式、紧凑式发展路子，避免贪大、媚洋、丧失特色，对旧城要加强基础设施的改造升级，注重对传统街区、街道和代表性建筑的保护和修复。新区与旧城要在建筑风格、城市天际线、城市特色上保持协调一致，共同构建城市独有的景观风貌，提高城市的辨识度。

二　郑州城市风貌建设的探索与成效

河南历来重视城市风貌的塑造和城市品位的提升，自2010年以来，历次五年发展规划提及“延续历史文脉”、“加强历史建筑和历史文化街区保护”、“提升城市设计与建筑设计水平”、“改善城市街景容貌”、“优化塑造城市风貌”和提升“城市空间品质”。2018年，河南省出台《城市设计导则（试行)》，就完善城市功能、提升城市品质、塑造特色风貌进行指导。

从最初的加强资源保护，到提升城市设计水平、优化塑造风貌，河南越来越重视城市风貌培育的系统性、协调性和主动性。除了物质性风貌打造外，河南还重视对人文风貌的塑造，如《豫见中国·老家河南》运用甲骨文、烩面、豫剧、剪纸、功夫等富有地域特色的代表性符号来构建城市的品牌形象，体现了城市的历史文化和精神气质，展现了城市独特的竞争力，让更多的人认识河南、了解河南。

省会郑州从加强制度建设、提高生态质量、提升文化品位和加强精细化管理等方面着手，促进城市“空间立体性、平面协调性、风貌整体性、文脉延续性的有机统一”，提升城市风貌和品质，彰显北方城市气派。

一是加强制度建设。出台《郑州市城市设计管理办法（试行）》，强调“自然环境保护和历史文化传承”，体现城市的“地域特征”“时代风貌”。研究制定《郑州市海绵城市规划建设管理办法》《郑州城市雕像管理办法》等，加强城市风貌塑造的专项管理。

二是提高生态质量。加强森林文化建设，打造宜居宜业的“绿都郑州”，满足城市居民拥抱森林、畅享绿色的美好生活需求。郑州加快推进国土增绿提质、廊道绿化提升、公园绿地建设和城乡绿化美化，构建“一屏二区三网四带多组团多园区”生态网络，建成国家级湿地公园、省级自然保护区各 1 个，森林特色小镇 18 个，森林公园 25 个，全市林木覆盖率达到 35%，廊道绿化率达 97%；推动城市拆墙透绿、补绿、增绿，促进道路绿化与庭院绿化有机结合，构建具有地域特色的园林绿化体系，对建筑物屋顶、立面及高架桥等构筑物合理开展立体绿化美化，全面提升城市绿化景观品质，提升市民的幸福感和获得感。

三是提升文化品位。深入挖掘城市历史文化内涵，高质量推进商都历史文化区、古荥大运河文化区、百年德化提升工程、二砂文创园等“四大文化片区”建设。加大历史文化遗产保护力度，按照修旧如旧、修古复古的原则对郑州国棉三厂等历史文化街区开展保护性建设，重视新建片区对城市文化的延续，提升城市文化感知环境。加强郑州火车站、二七纪念塔、少林寺、中原福塔、德化步行街、河南博物院等地标性建筑的保护和提质，注重城市轴线、重要街道、城市广场等公共空间的文化品位塑造，将富有郑州特色的历史文化元素融入到建筑风格和公共景观中。如郑州会展宾馆将嵩岳寺塔的密檐式建筑结构融入到外形曲线中，文博广场的“少林武僧群雕”将少林武术文化融入到城市公共景观中，彰显了郑州的历史文脉和人文精神，提升了郑州城市形象的美誉度和感召力。大型山地实景演出《禅宗少林·音乐大典》，深入挖掘嵩山少林文化、禅宗文化内涵，将文化特色与现代科技和演绎手段结合起来，创作出高质量的演艺剧目，形成城市独特的文化标识，推动郑州城市品牌的塑造。

四是加强精细化管理。不断完善“郑州智慧平台”，加强城市科学化精细化管理。持续推进“序化、洁化、绿化、亮化”管理和美丽街区建设，开展城市道路及沿街立面改造，改善街道空间品质，推动建筑与周边环境风格协调，体现郑州文化的韵味和厚度。加强对文化片区、重点街区、河渠、公园等夜景亮化提质，打造与城市文化内涵相协调的美丽夜景。凝练出郑州“博大、开放、创新、和谐”的城市精神，彰显郑州高质量发展的精神动力和城市品格。

三　加强城市风貌建设的对策建议

（一）高水平开展城市设计

城市设计应当遵循城市发展规律，始终坚持广大人民群众在城市建设和发展中的主体地位，以为群众创造安全健康便捷的生产生活条件、满足群众对美好人居环境的需要为导向，综合考虑河南户籍城镇化率增长提速、老龄化老子化情况日趋明显、县域综合承载能力不足等现实情况，结合各个城市的人口规模、资源禀赋和发展定位，科学确定城市规划、建设和管理的价值导向和总体思路。推动城市设计工作的规范化、标准化、精细化发展，支持各地深入开展系统调查研究，从城市的自然生态、历史文化中提炼出少林武术、中医、太极拳等具有明显地域性、代表性的符号，作为城市形象的典型代表，将其融入到城市建筑景观、整体风貌的建设中，尤其融入到中心城区、历史文化街区、休闲创意展示区等重点区域、广场游园等公共空间节点及整体景观风貌系统的建设中，塑造城市特有的形象，延续城市的历史文脉。加强城市设计与国土空间规划、城市规划、产业规划等有机衔接，健全城市设计的工作落实机制，确保“一张图”绘到底。建立、完善城市总建筑师制度，提高城市规划设计的专业性，加强对城市风貌建设的监督管理力度，确保城市整体建筑风格、自然人文景观协调。完善信息公开和征求意见的工作机制，畅通社会公众参与渠道，提高群众对城市风貌建设管理的关注度和参与度，广泛汲取人民群众的智慧，提高城市设计、建设、管理的适用性和可操作性，营造全社会协同参与城市建设与风貌管控的良好氛围。建立科学的评估机制，加强对城市设计的事前、事中、事后评估，及时反馈评估意见，确保动态维护和落实好城市设计的目标和重大项目。

（二）高质量塑造城市生态景观

城市建设要“树立‘绿水青山就是金山银山’的意识，强化尊重自然、传承历史、绿色低碳等理念”，促进城景融合、城绿交融、林水互渗，打造城市高品质的自然生态景观，促进人与自然和谐共生。要落实好主体功能区战略，科学布局生产、生活、生态空间，合理划定城市发展边界，将城市置于大自然中。高水平推进城市生态景观设计，充分利用城市的山、河、湖泊等自然资源，结合道路、沿黄河生态廊道、绿地等，共同构成城市景观风貌的“骨架”，利用城区的广场、游园、雕塑等呼应景观主题，塑造城市完整的景观风貌。加强生态环境保护，增强自然系统的自我循环和净化能力，提升城市生态环境质量，营造绿色、健康、安全的城市人居环境。开展国土绿化提速行动，持续推进污染防治攻坚战，全面推行林长制、河长制，在豫西城市加强太行山、伏牛山、桐柏—大别山等生态屏障建设，重视自然保护地建设和生物多样性保护，加强流域水系涵养，着力构建“一带三屏三廊多点”的生态格局。促进各类城市的城区与郊区、旧城与新区之间生态建设融合发展，做好风道、绿道和生态屏障规划，借助水系、主要交通线路等构建绿道网络。加强自然生态与城市公共空间的融合，借助绿道网络将公园、广场、风景区等公共空间串联起来，增强城市景观风貌的连贯性和协调性。豫西、豫北的资源型城市要加强工矿废弃地综合整治，做好生态修复和治理。加大绿色科技创新的投入，推动能源体系绿色低碳转型，加大清洁能源的应用，培育壮大绿色产业，推进开发区和产业集群绿色循环改造，构建完善绿色低碳的生产体系，减少经济增长伴随的高污染高耗能，减轻城市生态环境保护的压力。加快城市环境基础设施升级，提升对生活垃圾、污水等资源的利用能力。持续推进海绵城市建设，依托城市河道打造立体的滨水景观带，开展绿色社区、绿色建筑创建行动，支持城市留白增绿、拆墙透绿，增加街景绿化小品，强化微景观体系打造，满足市民亲绿近水的需求。构建政府、社会、公众共同参与的生态建设和环境治理体系，加快生产方式和生活方式绿色化转型，倡导绿色出行、绿色消费，全面推进节能减排，形成塑造城市绿色空间与景观的强大合力。

（三）高品质延续城市历史文脉

文化是城市的灵魂，城市风貌的塑造要注重挖掘城市的历史价值和文化内涵。河南的城市要深入挖掘黄河文化、河洛文化、殷商文化、炎黄文化、少林文化等具有地域性、代表性的历史文化内涵，准确定位城市的文化主题，加强城市文化标识塑造，打造城市独特的地标性建筑、城市天际线、城市徽标等，塑造以绿色为本底的沿黄城市风貌。将城市独特的文化标识融入到车站、会展中心、体育馆、图书馆、艺术中心等公共空间的建筑风格当中，延续城市的历史文脉，留住城市的记忆。除了挖掘城市的历史价值和文化内涵外，可从特色产业、传统活动等提取形象符号，如传统健身活动的发源、大型体育赛事和竞技活动的承办、特色体育产业等也是展示城市形象和城市精神、体现城市竞争力的重要标识，像焦作的太极拳、南阳的漂流、信阳的山地户外活动等，不仅可以作为城市的特色名片融入到城市建筑、街道、公共空间和整体风貌中，还可以依托城市的各类隐形体育资源，推动特色体育与文旅、休闲、康养等产业联动，打造体育产业集聚区，塑造城市的特色体育品牌。此外，城市设计、建设要注重总体风貌的统一，加强旧城区和新城区的协调，要兼顾传承历史传统和方便日常生活。旧城区在改造升级时要保留原有的文化底蕴，利用“微改造”的“绣花功夫”加强历史文化街区的保护，积极推动对文化遗产的活化利用，如将住宅功能的历史建筑群合理开发为文化创意园、爱国主义教育基地等现代功能区。在沿线地区逐步疏导不符合保护建设要求的设施，集中整治公共空间、交通秩序、建筑风貌等，避免因大拆大建、植入过多新业态导致原有风貌流失。新城区的规划建设要注重延续城市的特色文化和历史风貌，融入城市独有的文化元素，与旧城区保持风格协调，加强传统风貌与现代风貌的融合，防止因片面追求超高、超大型建筑，照搬、模仿程式化的现代建筑风格，造成城市文脉断裂、特色模糊。

（四）高标准推进城市精细化管理

全面提升城市精细化管理水平，优化提升城市面貌和城市形象。加大旧城区背街小巷、老旧小区、老厂房、老市场等改造力度，适时开展老旧小区适老化改造，加强工业遗产、工业博物馆等开发建设，保留城市发展的历史脉络和精神动力。将城市文化主题融入到广场、公园、游园、口袋公园、街头雕塑等公共空间的建设中，因地制宜打造城市书房等市民友好型空间，提升城市文化韵味和文化品位。加强城市环境基础设施建设，扩大生态保护和环境治理力度，完善“路长制”，扩大机械化清扫保洁覆盖面，加强市容市貌美化。在重要文化片区、街道、河道等区域实施夜景亮化工程，打造集生态景观、娱乐休闲、文体商贸等于一体的夜景路线，发展城市的特色夜经济。综合运用大数据、人工智能等，加强智慧城市管理系统建设，完善城市运行管理“一网通管”，加快互联网与城市社区治理、服务体系的融合，广泛发动社会组织、群众参与城市管理、社区治理。着力破解城市发展存在的不平衡不充分矛盾，精细化识别、防范和破解各类“城市病”。加快城市“断头路”“瓶颈路”打通进度，优先发展公共交通，推动公共交通与私人交通、机动化交通与非机动化交通、网络与服务相衔接，加强公交走廊、轨道交通站点等智慧化、绿色化改造，合理规划建设城市慢行系统，构建通勤、生活、商业相融合的通勤体系，让群众在日常生活途中感受舒心、美好的城市环境。解决群众“充电难”“停车难”“装梯难”等急难愁盼问题，通过精细化管理和人性化服务，切实提高城市治理效能。将社会主义核心价值观融入到公共文化治理体系建设和完善中，将城市优秀文化基因嵌入城市治理体系，凝练和塑造城市精神，融入市民的人生观价值观，增强城市的凝聚力、向心力和感召力，使城市风貌和品质不仅外化于行，更内化于心，进一步提高市民的认同感、获得感和幸福感。

参考文献

《河南省人民政府办公厅关于加强城市与建筑风貌管理的实施意见》（豫政办［2021］35号），河南省人民政府网站，http：//www. henan. gov. cn/2021/07－27/2190300. html。

袁青、于婷婷、王翼飞：《城乡统筹背景下城乡风貌研究进展分析》，《现代城市研究》2018年第6期。

张伟、田梦瑶、杨婷、雷旭：《基于获得感视角的品质城市建设研究》，《现代城市研究》2021年第1期。

占璇、罗仁朝、韩非、狄永梅：《城市特色空间的系统构建与引导策略研究》，《城市发展研究》2021年第6期。

江峰：《论城市公共空间景观的规划设计原则》，《低碳世界》2016年第24期。

史蕊、罗来军：《运用地域特色文化提升郑州城市内涵研究》，载王哲主编《2014年郑州文化发展报告》，社会科学文献出版社，2014。

连玉明、朱颖慧、邢旭东、张俊立：《以街区设计规划引领城市品质提升》，载连玉明主编《北京街道发展报告 No. 2 德胜篇》，社会科学文献出版社，2018。

Abstract

In October 2021, the 11th Party Congress; of Henan Province; proposed to ensure the high-quality construction of modern Henan, ensure the high-level realization of modern Henan, fully implement the "ten strategies", and strive to be the first in the new journey. Implementing the new urbanization strategy with people as the core is one of the "ten strategies". In 2022 and in the future, Henan needs to accelerate the transformation of urbanization development mode, adhere to the double improvement of scale and quality, optimize the spatial layout of urbanization, promote the "peak" of central cities and the "Plateau" of county economy, and accelerate the formation of Central Plains urban agglomeration as the main body The modern urban system of coordinated development of large, medium and small cities and small towns, and constantly strengthen the supporting role of new urbanization in high-quality development.

Focusing on the theme of "building a new pattern of urbanization development" and based on the development reality of Henan, *Annual report on urban development of Henan (2022)* systematically and comprehensively studies and discusses the ideas and Countermeasures for building a new pattern of urbanization development from the aspects of strengthening urban functions, strengthening regional linkage, promoting the high-quality development of county urbanization and creating high-quality living space, To promote and support the high-quality development of new urbanization in Henan.

The general report of *Annual report on urban development of Henan (2022)* is divided into two parts. The first part, giving full play to the supporting role of the new pattern of urbanization on high-quality development-review of the development of new urbanization in Henan in 2021 and prospect in 2022, systematically combs, summarizes and analyzes the main methods, achievements and existing problems of building a new pattern of urbanization in Henan in 2021, This paper analyzes and prospects the opportunities, challenges and future development trend of building a new urbanization pattern to support high-quality development in Henan in 2022, and puts forward countermeasures and suggestions for building a new urbanization pattern to support high-quality development in Henan in 2022. The second part, evaluation on the development quality of new urbanization in Henan Province, constructs the evaluation index system of the quality of new urbanization in Henan Province from the five dimensions of population urbanization, economic urbanization, social urbanization, spatial urbanization and Ecological Urbanization, and comprehensively evaluates and analyzes the quality of new urbanization in 17 provincial cities and Jiyuan demonstration area in Henan Province in 2019, Put forward countermeasures and suggestions to further improve the quality of new urbanization. Other special reports put forward countermeasures and suggestions to further build and improve the new pattern of urbanization development from the aspects of improving the functions of central cities and node cities, promoting the integrated development of metropolitan areas, strengthening regional cooperation and linkage, improving the comprehensive carrying capacity of counties, and strengthening the utilization of urban space.

Keywords: New Urbanization; New Pattern of Urbanization Development; Quality Evaluation

Contents

I General Reports

Abstract: Henan accelerated the transformation of urbanization development mode, adhered to the double improvement of scale and quality, optimized the spatial layout of urbanization, and constantly strengthened the supporting role of new urbanization in high-quality development. Now, the new urbanization of Henan province is facing the pressures of scale and quality, and serveral kinds of risks, and the tighter constraints of resources and environment, which urgently need to optimizing the layout of space, building the core engine, and improving the capacity of packing node, and so on.

Keywords: New Urbanization; New Structure; High-quality Development

Abstract: The new urbanization strategy with people as the core is one of the "ten strategies" implemented by Henan provincial Party committee. Starting from the basic connotation of new urbanization, the Research Report constructs a new urbanization quality evaluation index system including 33 specific indicators in five dimensions: population urbanization, economic urbanization, social urbanization, spatial urbanization and Ecological Urbanization, and uses an evaluation model combining exponential efficacy function and mean square deviation method, Comprehensively evaluate and rank the quality of new urbanization in 17 provincial cities and Jiyuan demonstration zone in Henan Province in 2019. Finally, based on the idea of making up and strengthening the weaknesses, the countermeasures and suggestions are proposed to further improve the quality of urbanization.

Keywords: Urbanization Quality; Exponential Efficacy Function; Mean Sq-uare Deviation Method; Henan Province

Ⅱ Urban Function

Abstract: Strengthening the leading role of Zhengzhou as a national central city is the practical need to give full play to the systematic effect of Zhengzhou metropolitan area, lead the integrated development of Central Plains urban agglomeration, support the high-quality rise of central China and efficiently serve the overall situation of national development. Based on the quantitative evaluation of Zhengzhou's leading position, radiation ability and driving ability, this paper analyzes the reasons for the weak driving effect of Zhengzhou from the dimensions of population and economic primacy, innovation competitiveness, economic structure, urbanization and income level. Finally, it puts forward countermeasures and suggestions to enhance the leading role of Zhengzhou from the aspects of enhancing the momentum of comprehensive development of Zhengzhou, improving the comprehensive level of surrounding cities, and unblocking the linkage channels between central cities and peripheral cities.

Keywords: National Central City; Leading Role; Zhengzhou

B.4 Research on Improving the Scale and Energy Level of Luoyang as the Sub Central City of Zhongyuan Urban Agglomeration

Abstract: In recent years, focusing on a good development foundation, Luoyang has always adhered to the new development concept and comprehensively promoted the "9 +2" work pattern. Through the transformation of old and new driving forces and the promotion of transformation and upgrading, the total national economy of Luoyang has successfully exceeded the 500 billion yuan mark, the industrial structure has achieved a historic leap, the urban image has taken on a new look, and the people's well-being has been continuously improved. However, in the process of building a high-quality sub central city of the Central Plains urban agglomeration, Luoyang faces problems and bottlenecks, such as insufficient stamina for the development of manufacturing industry, low innovation efficiency, relatively low level of public services, and cultural protection, inheritance and promotion to be improved. In the face of the new development environment, based on its own advantages and actively seize development opportunities, Luoyang should focus on promoting the construction of the metropolitan area in an all-round way, strengthening the leading role of innovation, constantly deepening reform and opening up, doing a good job in cultural exhibition and promotion, and implement accurate policies to continuously improve the city's support, cohesion, bearing capacity and attraction, giving full play to the radiation leading role of the sub central city and strive to write a more wonderful new chapter of Luoyang in the Central Plains in the new era.

Keywords: New Development Pattern; High Quality Development; Luoyang

Abstract: The high-level construction of urban cooperative areas is an important issue for promoting new urbanization and regional coordinated development in Henan Province during the 14th Five-Year Plan period. At present, the three regional central cities in north henan, south Henan and east Henan have achieved steady development, and the actual foundation of urban cooperative area construction is good, but the overall economic development level of regional central cities is not high; It is seriously affected by administrative divisions, and there are many obstacles to urban cooperation; Coordinated development mechanism is not perfect, lack of overall planning and standardized management and many other problems. Therefore, we should enhance the leading role of the central city and give play to the regional coordination role of large enterprise groups. Establishing and improving systems and mechanisms for coordinated regional development; Strengthen the docking of cities and improve the efficiency of coordinated development; Strengthen spatial zoning and optimize spatial development layout.

Keywords: Coordination Among the Three Districts; Urban Coordination Area; Regional Central City

B.6 Study on Improving the Energy of Regional Central Cities

Guo Zhiyuan / 090

Abstract: As a province with a population of nearly 100 million and the fifth largest economic province in China, it is far from enough to rely on the drive of Zhengzhou alone. Cultivating several regional central cities outside Zhengzhou has become an inevitable choice for Henan to promote regional coordinated development. At present, the biggest weakness of Nanyang, Shangqiu and Anyang, which undertake the regional central city, is the low scale energy level. In view of the outstanding problems to be solved urgently in improving the urban energy level of central cities such as Nanyang, Anyang and Shangqiu, this paper puts forward targeted countermeasures and suggestions from the aspects of improving the corresponding policy support system, accelerating the innovation of system and mechanism, comprehensively optimizing the business environment, practically enhancing factor guarantee, strengthening regional linkage development and sustainable implementation.

Keywords: Regional Central City; Energy Level; Regional Coordinated Development

B.7 Study on the Development of Urban Comprehensive Service Function Level in Henan Province

Zhang Xinxin, *Zhao Jianji* / 100

Abstract: The enhancement of urban comprehensive service function reflects the essence and characteristics of urban comprehensive competitiveness, and plays an important role in urban development. This paper takes Henan Province and its 18 prefecture-level cities as research objects, and the urban comprehensive evaluation index system is constructed from three levels of capital circulation, transportation and information level, by using the calculation formula of urban service function evaluation index, this paper studies the development level of urban comprehensive service function in Henan Province from 2008 to 2019 from the perspective of time and space. Henan Province and other cities need to accelerate the transformation of economic structure and pay attention to the formation of urban characteristic service functions; Improve the construction of transportation infrastructure and promote the improvement of transportation level; Strengthen the construction of urban information infrastructure, improve the level of urban informatization, and promote the improvement of urban comprehensive service function.

Keywords: Urban Comprehensive Service Function; Spatial-temporal Evolution; Henan Province

Ⅲ Regional Linkage

Abstract: As China's urbanization enters the middle and late stage, some cities close to developed areas are showing the trend of integration, urbanization and continuous development. Zhengzhou and Kaifeng (hereinafter referred to as Zhengkai) are geographically similar, close to each other, culturally connected, historically the same vein and complementary industries. Since entering the new century, the trend of integrated development has been obvious, which has laid a good foundation for the development of urbanization. To promote the development of Zhengkai's co urbanization, we should focus on promoting the construction of Zhengkai's first demonstration zone for CO urbanization, deepen land and space co-ordination, vigorously promote infrastructure interconnection, strive to ensure the common governance of the ecological environment, constantly strengthen the win-win and optimal allocation of resources, deeply promote the co introduction and common chain of industrial development, achieve equalization, and jointly build and share public services.

Keywords: Co Urbanization; Zhengzhou; Kaifeng

B.9 Research on Promoting the Integrated Development of Luoyang and Jiyuan

Guo Zhiyuan / 124

Abstract: Promoting the deep integrated development of Jiyuan and Luoyang is an important measure to implement the national strategy of ecological protection and high-quality development of the Yellow River Basin and the decision-making and deployment of Henan provincial Party committee and Henan provincial government, which is in line with the law of economic development and the trend of regional coordinated development. At present, Luoyang and Jiyuan have a good foundation in the integration development, and have made some achievements. However, from the perspective of promoting the construction of Luoyang metropolitan area, there are still many problems and constraints in the integration development between the two places, which urgently need to be solved in the construction of Luoyang metropolitan area.

Keywords: Integrated Development; Luoyang Metropolitan Area; Jiyuan Industry City Integration Demonstration Area

B.10 A Linkage Development Study of Metropolitan Area

Peng Junjie / 133

Abstract: The China's urbanization has entered a new stage, and it is transforming from quantitative urbanization to quality urbanization. Metropolitan areas that have the advantages of integrated and coordinated stage of cities and villages can efficiently integrate urban and rural resource elements, play an important part in accelerating the high-quality development of new urbanization. Promoting the development of Zhengzhou and Luoyang metropolitan areas is to accelerate the national central city of Zhengzhou, the sub-central city of Luoyang and the high-quality development of the Central Plains urban agglomeration. This report compares the development basis and status of Zhengzhou and Luoyang metropolitan areas, and analyzes the existing problems, and finally proposes the development strategy of Zhengzhou and Luoyang metropolitan areas.

Keywords: Metropolitan Areas; New-type Urbanization; Zhengzhou

Abstract: The construction of High-quality Development and Cooperation Belt of Zhengzhou-Luoyang-Xi'an (HD&CP of Zhengluoxi), which is of important practical value, is an important task of China's Yellow River Basin ecological protection and high quality development plan. Based on reviewing the relevant regional planning construction situation of Zhengzhou-Luoyang-Xi'an area, a preliminary study on the main body of HD&CP of Zhengluoxi, as well as its basic situations; then the realistic basis to jointly construct the HD&CP of Zhengluoxi, such as good economic, facilities and cooperation basis, as well as good support environment. There are also some problems for Henan, Shaanxi and Shanxi provinces and relevant cities to solve to promoting the construction of HD&CP of Zhengluoxi. main problem, which are discussed and some countermeasures are put forward from such aspects as deepening ideological understanding, streng-thening top-level design, improving cooperation mechanism, coordinating infras-tructure construction, promoting industrial cooperation and deepening cultural cooperation, etc., for reference of relevant departments.

Keywords: The High-quality Development and Cooperation Belt of Zhengzhou-Luoyang-Xi'an; Realistic Basis; Top-level Design

B.12 Research on Building the Economic Corridor Between the Central Plains and the Yangtze River Delta

Wang Yuanliang, Zeng Xinyi / 156

Abstract: It is of great significance to jointly build the economic corridor between the Central Plains and the Yangtze River Delta. We should deeply implement the achievements of strategic cooperation between Henan and the Yangtze River Delta, build a spatial layout of "one belt, three corridors and multiple clusters" with the construction of integrated logistics corridor, industrial corridor and science and innovation corridor as the support and various prefecture level cities along the line as the clusters, and form a new pattern of regional development with core guidance, plate linkage and multi-point support, It is proposed to establish an integrated cooperation and connection mechanism under the guidance of top-level design, build an integrated innovation and entrepreneurship ecosystem with strengthening innovation drive as the key, build an integrated industrial chain supply chain with promoting industrial links as the core, focus on giving full play to characteristics, build an integrated urban dense belt and take the Huaihe River Ecological Economic Belt as the link, Build an integrated composite transportation system, supported by tamping elements, and strive for integrated preferential support policies.

Keywords: Central Plains Yangtze River Delta Economic Corridor; Coordinated Regional Development; Integrated Development

Ⅳ County Urbanization

B.13 Research on Improving Comprehensive Carrying Capacity of County Town

Sheng Jian / 164

Abstract: Improving the comprehensive carrying capacity of the county is to enhance the carrier function of the new urbanization of the county, which includes improving the employment capacity of the county town industry, the population carrying capacity of the basic and public service facilities, and the comprehensive capacity of attracting population to county town. In recent years, the comprehensive carrying capacity of county town in Henan Province has increased rapidly, but overall the problem of insufficient comprehensive carrying capacity is still prominent. This is reflected in the low proportion of the county town's permanent population, limited industrial employment absorption capacity, insuffi-cient public service capacity, and weak population attractiveness. To this end, we should start from the aspects of stabilizing theindustry support of employment, strengthening the population base and public service support, and increasing the attractiveness of urbanization, so as to comprehensively improve the comprehensive carrying capacity of county town.

Keywords: County Town; Comprehensive Carrying Capacity; Henan Province

Abstract: The Eleventh Party Congress of Henan provincial Party committee pointed out that the "Three Combinations" of township work should be implemented to enhance the function of linking towns and cities with villages. As a populous and agricultural province, Henan has a large number of townships. The townships in Henan have made great progress in grass-roots social governance, economic development, public services and infrastructure construction, and have become an effective carrier to promote local urbanization and drive rural development. However, from the current development level, there is still a big gap in rural governance, public services, leading rural economic development and so on. Therefore, we should focus on the existing problems and supplement the weaknesses from the "lining" and the "face", make continuous efforts in strengthening the functions of township government, optimizing the supply of public services, improving the quality of town capacity and environment, and integrating into the modern urban system, so as to comprehensively improve the carrying capacity, attraction and driving force of township, and build the township into a well-known and real regional center serving farmers as soon as possible.

Keywords: Township; Serving Farmers; Henan Province

B.15 Research on Promoting the Integration of Urban and Rural Public Service in Henan Province

Hong Peidan, Cui Xuehua / 191

Abstract: Based on relevant literature and statistical data, this article summarizes the province's practice and effectiveness in promoting the integration of urban and rural public services, analyzes the problems existing in the process of promoting the integration of urban and rural public services, and further proposes the following related recommendations: Strengthen the guarantee of public service financial investment; promote public service resources to cover rural areas; promote multiple coexistence of public service supply; improve public service demand feedback mechanism.

Keywords: Public Services; Integration of Urban and Rural areas; Henan Province

B.16 Research on the Mechanism of Improving the Urbanization of the Agricultural Transferred Population

Yi Xueqin / 201

Abstract: The orderly promotion of the urbanization of the agricultural transfer population is a complex process, such as career transformation, geographical transformation, identity transformation, and concept transformation. It is the key to improving the quality of the development of new urbanization at present and in the future. With the acceleration of urbanization, the process of urbanization of the agricultural transfer population in Henan continues to accelerate, and the level and quality of urbanization have been significantly improved. However, there are still sevral obstacles need to be broken, such as industrial support capacity, public service supply, land system reform, and capital security. During the "14th Five-Year Plan" period, there have been some new trends in the urbanization of the agricultural transfer population in terms of transfer targets, transfer needs, transfer space, and transfer policies. In the future, Henan should strive to deepen the reform of the household registration system, innovate the land use mechanism, optimize the public service supply mechanism, improve the funding guarantee mechanism, improve the employment and entrepreneurship mechanism, and build a socialization support mechanism, so as to more effectively promote level and quality of the urbanization of the agricultural transfer population.

Keywords: Agricultural Transfer Population; Urbanization; Henan Province

V　Urban Space

Abstract: Urban renewal is a metabolic process of the city as a living organism. Through gradual urban organic renewal, the stock resources of the city are reconstructed, renovated and functional improved to achieve a new dynamic balance. The implementation of urban renewal action is an important decision and deployment made at the Fifth Plenary Session of the 19th CPC Central Committee. Urban renewal is an inevitable requirement to promote urban high-quality development in the new era. According to the actual development of urbanization in Henan, this paper puts forward the path, focus and relevant countermeasures and suggestions for the implementation of urban renewal in Henan, in order to provide decision-making reference for promoting the healthier, safer and more livable urban development in Henan.

Keywords: Urban Renewal; Urban Physical Examination; Henan Province

B.18 Research on Speeding up the Renovation of Old Communities

Bai Chengyu / 225

Abstract: Speeding up the renovation of old communities is of great significance for promoting the process of new urbanization and boosting high-quality economic and social development. There are many pain points in the old community, and its renovation is different from the previous urban development model. Henan has already carried out some practices and achieved certain results, but there are still difficulties in overall planning, communication and coordination, consensus formation, and continuous advancement. In the future, it is necessary to comprehensively sort out the current situation and do a good job in top-level planning and design; accurately see the needs of residents to ensure that residents participate in sharing; clearly define the responsibilities of all parties, unite the work together; summarize experience in time, and explore continuous promotion mechanisms.

Keywords: the Renovation of Old Communities; New Urbanization; Henan Province

B.19 Study on the Utilization of Urban Underground Sace

Zuo Wen / 233

Abstract: scientific development and utilization of underground space resources is an important way to expand urban space, save energy and reduce carbon, prevent and reduce disasters, and is conducive to accelerating the construction of three-dimensional cities, carbon neutral cities and resilient cities. The development and utilization of underground space in Henan has entered the stage of comprehensive development. The planning and management level has been strengthened, the construction of underground transportation has been accelerated, and the construction of comprehensive pipe gallery has achieved initial results. However, there are still some problems, such as the lack of overall planning for the utilization of underground space, the need to improve the management system and mechanism, and the single function of underground space development. On this basis, some suggestions are put forward, such as coordinating the development planning system of aboveground and underground space, constructing the urban underground space management system, improving the benefits of underground space development and utilization, and establishing the urban underground space development information platform.

Keywords: Underground Space; Hidden Resources; Henan Province

Abstract: To consolidate the city features is the important way to improving the quality and competitive power of the city. Henan Province has been strengthening the contribution of city features, by strengthened the institution, builded the ecology landscape, and continued the historial context. But there is still a gap between the level of first-tier cities, which urgently need to raising the level of urban design, forging the high quality of ecological landscape and historial context, and driving the detailed management with high standards.

Keywords: Cityscape; Urban Design; Henan Province

皮 书

智库成果出版与传播平台

皮书定义

皮书是对中国与世界发展状况和热点问题进行年度监测，以专业的角度、专家的视野和实证研究方法，针对某一领域或区域现状与发展态势展开分析和预测，具备前沿性、原创性、实证性、连续性、时效性等特点的公开出版物，由一系列权威研究报告组成。

皮书作者

皮书系列报告作者以国内外一流研究机构、知名高校等重点智库的研究人员为主，多为相关领域一流专家学者，他们的观点代表了当下学界对中国与世界的现实和未来最高水平的解读与分析。截至 2021 年底，皮书研创机构逾千家，报告作者累计超过 10 万人。

皮书荣誉

皮书作为中国社会科学院基础理论研究与应用对策研究融合发展的代表性成果，不仅是哲学社会科学工作者服务中国特色社会主义现代化建设的重要成果，更是助力中国特色新型智库建设、构建中国特色哲学社会科学“三大体系”的重要平台。皮书系列先后被列入“十二五”“十三五”国家重点出版规划项目；2013~2022 年，重点皮书列入中国社会科学院国家哲学社会科学创新工程项目。

皮书网

（网址：www.pishu.cn）

发布皮书研创资讯，传播皮书精彩内容
引领皮书出版潮流，打造皮书服务平台

栏目设置

◆ **关于皮书**

何谓皮书、皮书分类、皮书大事记、皮书荣誉、皮书出版第一人、皮书编辑部

◆ **最新资讯**

通知公告、新闻动态、媒体聚焦、网站专题、视频直播、下载专区

◆ **皮书研创**

皮书规范、皮书选题、皮书出版、皮书研究、研创团队

◆ **皮书评奖评价**

指标体系、皮书评价、皮书评奖

◆ **皮书研究院理事会**

理事会章程、理事单位、个人理事、高级研究员、理事会秘书处、入会指南

所获荣誉

◆ 2008 年、2011 年、2014 年，皮书网均在全国新闻出版业网站荣誉评选中获得“最具商业价值网站”称号；

◆ 2012 年，获得“出版业网站百强”称号。

网库合一

2014年，皮书网与皮书数据库端口合一，实现资源共享，搭建智库成果融合创新平台。

皮书网

“皮书说”微信公众号

皮书微博

S 基本子库
UB DATABASE

中国社会发展数据库（下设 12 个专题子库）

紧扣人口、政治、外交、法律、教育、医疗卫生、资源环境等 12 个社会发展领域的前沿和热点，全面整合专业著作、智库报告、学术资讯、调研数据等类型资源，帮助用户追踪中国社会发展动态、研究社会发展战略与政策、了解社会热点问题、分析社会发展趋势。

中国经济发展数据库（下设 12 专题子库）

内容涵盖宏观经济、产业经济、工业经济、农业经济、财政金融、房地产经济、城市经济、商业贸易等12个重点经济领域，为把握经济运行态势、洞察经济发展规律、研判经济发展趋势、进行经济调控决策提供参考和依据。

中国行业发展数据库（下设 17 个专题子库）

以中国国民经济行业分类为依据，覆盖金融业、旅游业、交通运输业、能源矿产业、制造业等 100 多个行业，跟踪分析国民经济相关行业市场运行状况和政策导向，汇集行业发展前沿资讯，为投资、从业及各种经济决策提供理论支撑和实践指导。

中国区域发展数据库（下设 4 个专题子库）

对中国特定区域内的经济、社会、文化等领域现状与发展情况进行深度分析和预测，涉及省级行政区、城市群、城市、农村等不同维度，研究层级至县及县以下行政区，为学者研究地方经济社会宏观态势、经验模式、发展案例提供支撑，为地方政府决策提供参考。

中国文化传媒数据库（下设 18 个专题子库）

内容覆盖文化产业、新闻传播、电影娱乐、文学艺术、群众文化、图书情报等 18 个重点研究领域，聚焦文化传媒领域发展前沿、热点话题、行业实践，服务用户的教学科研、文化投资、企业规划等需要。

世界经济与国际关系数据库（下设 6 个专题子库）

整合世界经济、国际政治、世界文化与科技、全球性问题、国际组织与国际法、区域研究 6 大领域研究成果，对世界经济形势、国际形势进行连续性深度分析，对年度热点问题进行专题解读，为研判全球发展趋势提供事实和数据支持。

法律声明